岩波現代文庫
学術 11

E. H. カー
塩川伸明［訳］

ロシア革命

レーニンからスターリンへ、1917–1929年

岩波書店

THE RUSSIAN REVOLUTION
From Lenin to Stalin, 1917-1929

by E. H. Carr

First published 1979 by Macmillan Publishers Ltd, London.

This Japanese edition published 2000
by Iwanami Shoten, Publishers, Tokyo
by arrangement with the author
c/o Curtis Brown Group Ltd., London
through Tuttle-Mori Agency, Inc., Tokyo.

序　文

私が過去三〇年の間携わってきて、最近ようやく四部作——『ボリシェヴィキ革命、一九一七—一九二三年』〔全三巻〕、『空位期間、一九二三—一九二四年』〔全一巻〕、『一国社会主義、一九二四—一九二六年』〔全三巻四分冊〕そして『計画経済の基礎、一九二六—一九二九年』〔全三巻六分冊〕——として完成させた大著の『ソヴェト＝ロシア史』は、非常に詳細にわたる研究に基づいたものであり、また専門家のために書かれたものであった。私は、この研究を蒸留して全く別種の新しい本にし、典拠や脚注といった学術書的スタイルをとらず、一般読者や、この問題に入門しようとしている初心者向きにするのも、何かの役にたつのではないかと思うに至った。その結果、この小著ができあがったのである。規模や目的が異なっているために、本書は実質上、新しい作品である。元の作品の中の文章がそのままこの新著に再現されるということはほとんどない。

『ロシア革命——レーニンからスターリンへ、一九一七—一九二九年』は、大著の『ソヴェト＝ロシア史』と同じ時期を扱っている。この時期は(それ以後の時代とは違って)、ソ連の同時代の資料が豊富に使える。しかも、その時代は、ソ連史のその後の道を多く暗示している。当時起きたことを理解することは、後に起きたことを説明するために必要なことなのである。一九二〇年代を、レーニンのロシア革命からスターリンのロシア革命への移行として描くことが単純化のしすぎだということはいうまでもないが、この副題は、重要な歴史的過程——その帰結は、まだはるかな将来によこたわっている——を人格的に象徴することができよう。

大著の各巻の序文でその名を挙げた多くの友人や同僚の方々は、本書においてもまた、間接的にお世話になったと感謝を申しあげねばならない。『計画経済の基礎、一九二六—一九二九年』の第一巻で私に協力してくださったR・W・デイヴィス教授に対しては、特に、工業化と計画化に関する章について専門的な批評を与えてくださったことにお礼を申しあげたい。また、アレク・ノーヴ教授の簡潔な『ソ連経済史』を読んだことは、私にとって大いに益のあるものであった。タマラ・ドイッチャー女史に対しては、本書を作成するに当たって遺漏ない援助を戴いたことにもう一度心からお礼申しあげたい。

一九七七年一一月七日

E・H・カー

凡　例

一、本書は、Edward Hallett Carr, *The Russian Revolution: From Lenin to Stalin (1917–1929)*, London, Macmillan, 1979 の全訳である。訳出に当たっては、著者より送られてきたタイプ原稿を底本としたが、最終段階で英語版最終校正刷りのコピーをも参照することができた。また、著者からの私信に基づき、若干の修正を施してある。なお、原書巻頭の略語一覧表のみは、本訳書では原則としてほとんど略語を用いなかったので、省略した。

二、概説書としての性格上、詳細にわたる訳注は不要と考え、必要最低限と思われる補足を本文中に〔　〕にくくって挿入した。なお、(　)内は原著者自身の補足である。

三、固有名詞の表記は、原音尊重を原則としつつ、適宜慣用をも考慮した。

四、原文イタリックの個所には傍点を付し、著作名・雑誌名・新聞名には『　』、論文名には「　」をつけた。

五、一九一八年一月までの日付は旧暦によっている。

岩波現代文庫版刊行にあたっての付記

本書は、一九七九年に岩波現代選書の一冊として刊行された書物(原書も同年刊)の改訳版である。今回、岩波現代文庫への収録に当たって、旧版に散見された誤訳・誤植などを訂正し、また生硬で直訳調だった文体を、より読みやすい日本語に変えるべく、多少の修正を施した。もっとも、新版準備時における訳者の身辺の事情により、その作業をそれほど徹底して遂行することはできず、なお不正確あるいは生硬な個所が残っていることをおそれるが、読者の寛恕を請いたい。

一九九九年八月

塩川伸明

目　次

第一章　一九一七年一〇月

一九一七年のロシア革命は歴史における転換点であり、後世の歴史家が二〇世紀の最大のできごとと評価するのも当然であろう。フランス革命と同様、それは、人類を過去の軛《くびき》から解放した一つの里程標として歓迎されもすれば、また人によっては犯罪とか災厄として非難されもするという風に、評価の両極化が永く続くことであろう。ロシア革命は、資本主義体制――それは一九世紀の終わりにヨーロッパで最高潮に達したのだが――に対する最初の公然たる挑戦なのであった。それが第一次世界大戦のまっただ中に起こり、しかも半ばはその戦争の結果でもあったことは、単なる偶然の一致以上のものであった。第一次大戦は、一九一四年以前に存続していた国際資本主義体制に致命的打撃を与え、その固有な不安定性をあらわにしたのである。ロシア革命は、資本主義の没落の結果でもあればまた原因でもあると考えられてよいであろう。

しかし、一九一七年の革命は世界的な意義をもっていると同時に、特殊にロシア的な諸条件に根ざしたものでもあった。ツァーリの専制のいかめしい外見の背後には、農奴解放後も実質上ほとんど発展がみられない停滞した農村経済と、飢えて反抗的な農民とがあった。テロリストのグループは、一八六〇年代以来、暴動と鎮圧を交互にくりかえしながら活動を続けてきた。この時期には、ナロードニキ運動の台頭がみられ、それはのちにエスエル(社会革命党)に継承され、彼らのよびかけは農民に向けられた。一八九〇年以後になると、原始的であったロシア経済に工業化が重大な侵入を開始した。そして、次第に有力かつ富裕になってきた工業家・金融階級——大いに外資に依存していたが——の台頭も、ある種のリベラルな西欧思想の浸透を促進し、それはカデット(立憲民主党)に最大の表現を見出した。しかし、この過程に伴って工場労働者たるプロレタリアートの成長がみられ、彼らの不穏な動きの初期の症候があらわれた。一八八〇年代に、最初の一連のストライキが勃発した。こうした経過を反映して、一八九八年に、レーニン、マールトフ、プレハーノフの党であるマルクス主義的なロシア社会民主労働党が創立された。日露戦争による挫折感と屈辱は、それまで渦まいていた社会不安を表面化させるに至った。

一九〇五年の第一次ロシア革命の性格は混合的なものであった。それは、恣意的で古色蒼然たる専制に対する、ブルジョワ自由主義者と立憲主義者の反乱であった。それはまた、「血の日曜日」の残虐行為によって点火された労働者の反乱でもあり、その結果が最初のペテルブルグ労働者代表ソヴェトの選挙となったのである。更にまた、それは自然発生的で統制のとれていない、しばしば極端に非情で、暴力的な農民たちの広汎な反乱でもあった。こうした三つの糸は決して一つに撚《よ》りあわされず、革命は立憲主義導入という譲歩――その約束は基本的には口先だけのものだったのだが――とひきかえに易々《やすやす》と鎮圧された。一九一七年の二月革命を鼓舞したのも同じ要因であった。しかし、今回は戦争による疲弊と戦争指導への一般的不満とによって強化され、それが支配的要因となった。ツァーリの退位以外の何ものも、反乱の潮流を押しとどめることはできなかった。専制は、国会《ドゥーマ》の権威に基礎をおく民主的な臨時政府の布告によってとって代わられた。しかし、革命の混血児的な性格がまたしても直ちに明白となった。臨時政府と並んで、ペトログラード・ソヴェト――首都ペテルブルグは一九一四年にその名を変えていた――が一九〇五年の例にならって再建されたのである。

一九一七年の二月革命によって、今まで追放されていた多くの革命家たちが、シベリアから、また国外の亡命地から、ペトログラードに戻ってきた。これらの人々のほとんどは、社会民主労働党の二派――ボリシェヴィキとメンシェヴィキ――、あるいはエスエル党のいずれかに属しており、ペトログラード・ソヴェトに、できあいの活動の舞台を見出した。ソヴェトは、ある意味で、旧ドゥーマの立憲的諸政党によって形成された臨時政府の競合者であった。「二重権力」という言葉が、どっちつかずの状況を言い表わすために作られた。しかし、ソヴェトの当初の態度は、それほどはっきりしたものではなかった。マルクスの歴史図式によれば、二つの異なった革命――ブルジョワ革命とプロレタリア革命――

が順次起きるはずであった。ソヴェトを構成する人々は、ごくわずかの例外を除いて、この二月のできごとを、西欧型ブルジョワ民主主義体制を確立するロシア・ブルジョワ革命として把えることに満足して、社会主義革命の方は不確定の将来のこととして後景に退かせていた。臨時政府との協調はこうした考えからすれば当然の帰結であり、この考えは、最初にペトログラードに戻った二人の指導的ボリシェヴィキ——カーメネフとスターリン——にも分かちもたれていた。

四月はじめにおけるレーニンの劇的なペトログラード到着は、この不安定な妥協を粉砕した。レーニンは——当初、ボリシェヴィキの中でさえも、ほとんど孤立無援だったが——、ロシアにおける現下の動乱はブルジョワ革命であってそれ以上の何ものでもないとする想定を攻撃した。二月革命以後の状況の展開は、それがブルジョワ革命の範囲内にとどまってはいられないだろうというレーニンの見地を確証した。専制の倒壊のあとに続いたものは、権力の分岐(「二重権力」)というよりも、むしろ権力の完全な拡散であった。労働者の気分も農民の気分も——つまり住民の大半ということであるが——恐るべき夢魔からの巨大な解放感といったものであり、自分たちのことは自分たち自身の流儀で勝手にやりたいという根深い願望と、それがともかくも実行可能であり、かつ本質的なことなのだという確信とを伴っていた。それは、広汎な熱狂の波によって、また疎遠で専制的な権力の軛からの人類の解放というユートピア的ヴィジョンによって鼓舞された大衆運動であった。それは、臨時政府によって布告された議会制民主主義とか立憲政府といった西欧的原理などを必要としていなかった。中央集権的権威の概念は暗黙のうちに退けられた。地方労働者ソヴェトや農民ソヴェトがロシア全土で発生した。いくつかの都市や地方は、ソヴェト共和国を自称した。労働者の工場委員会は、自分たちの領域内での排他的な権威を主張した。農民は土地を奪取し、それを自分たちで分配した。平和への要求、つまり残虐で無意味な戦争の恐怖の終結という要求が、他のすべてのものを圧倒していた。旅団から中隊に至る大小の軍組織単位で兵士委員会が選出され、しばしば将校の選挙を要求し、軍当局に挑戦したりしていた。前線にいた軍隊は、厳しい軍事規律の拘束を放擲し、徐々に瓦解現象を起こしていった。このすべてを席巻していくような、権力に対する反乱のうねりは、ほとんどのボリシェヴィキにとって、新しい社会秩序という彼らの夢の実現への序奏のようにみえた。彼らは、こうした動きを抑制する意志もなければ、またそうするすべももたなかった。

こういうわけであったから、レーニンが彼の有名な「四月テーゼ」において、革命の性格の再定義に着手したとき、彼の診断は、鋭い洞察であるだけでなく、予見的なものでもあった。彼は事態を説明して、革命は、権力をブルジョワジーに与えた第一段階から、労働者・貧農に権力をひきわたす第二段階へと移行しつつあるとした。臨時政府とソヴェトとは、同盟者ではなく、別個の階級を代表する敵対者なのである。目指すべき目標は、議会制共和国ではなく「下から成長してくる全土の労働者・雇農・農民代表ソヴェトの共和国」なのである。たしかに社会主義を直ちに導入することはできないが、第一段階として、ソヴェトは「社会的生産と分配」を統制するべきである。波瀾にみちた一九一七年の夏の間中に、レーニンは徐々にこのプログラムへと党支持者を結束させていった。ソヴェト内での進展の方は幾分遅めであった。全ロシア・ソヴェト大会——常設執行委員会をもった中央ソヴェト組織を創設しようという初の試み——が六月に開かれたとき、八〇〇名以上の代議員のうち、エスエルは二八五名を数え、メンシェヴィキは二四八名で、ボリシェヴィキに属するものは僅か一〇五名にすぎなかった。レーニンが挑戦に応えて、ソヴェトには政府権力を握る用意のある党がある、それはボリシェヴィキだといってのけて、非常な嘲笑をかったのはこのときのことであった。臨時政府の威信と権威が衰微するにつれて、工場と軍におけるボリシェヴィキの影響力が急速に強まった。そして七月に臨時政府は、彼らに対して、軍内部での破壊宣伝とドイツ側のスパイ行為のかどで弾圧策をとることを決定した。何人かの指導者が逮捕された。レーニンはフィンランドに逃れ、その地で、今やペトログラードでは地下活動に入った党中央委員会と定期的に連絡をとったのである。

まさにこの表舞台からの強いられた退去の期間中に、レーニンは彼の著作のうちでも最も有名で、また最もユートピア的なものの一つである『国家と革命』——マルクスの国家論の研究——をものしたのである。マルクスは、プロレタリア革命によるブルジョワ国家の破壊を説いただけではなく、革命の勝利とプロレタリアート独裁の過渡期の後には国家が衰退し、最終的には死滅すると期待していた。レーニンによれば、勝利のときにプロレタリアートが必要とするのは、「ただ死滅しつつある国家、即ち直ちに死滅し始め、死滅する以外にはないようにできている国家」なのであった。国家は常に、階級支配と抑圧の道具である。階級のない共産主義社会は、国家の存在と相容れない。レーニンは、彼一流の警句で、次のように要約した。「国家が存在する限り、自由はない。自由が存在するときには、国家は存在しないだろう」。レーニンはマルクスの卓越した弟子であっただけでなく、労働者・農民の革命的な気分に敏感な耳を持っていた。彼らの情熱は、強力で遍在する国家の束縛から逃れられるという期待で燃えていた。『国家と革命』は、マルクスの学説と素朴な大衆の願望とのみごとな総合であった。この著書では、党のことはほとんど触れられていなかった。

右翼のコルニーロフ将軍が権力を奪取しようとして失敗した後の九月の頃までに、ボリシェヴィキはペトログラードとモスクワのソヴェトにおいて多数派を獲得していた。レーニンは、幾分迷った後に、「すべての権力をソヴェトへ」というスローガンを復活させた。これは臨時政府に対する直接の挑戦であった。一〇月に、彼は変装してペトログラードに帰り、党中央委員会の会合に出席した。彼の説得により、中央委員会は――ジノーヴィエフとカーメネフの二人だけは反対したが――直ちに権力を奪取する準備をすることを決定した。準備は主に、ペトログラード・ソヴェトの執行委員会が設立した革命軍事委員会によって遂行されたが、この軍事委員会は今や確固としてボリシェヴィキの手に握られていた。トロツキーは、夏にペトログラードに戻ってからボリシェヴィキに加わっていたが、彼は、作戦計画を練るに当たって指導的な役割を果たした。一〇月二五日(露暦による。二、三カ月のちに導入された太陽暦では一一月七日に当たる)、工場労働者を主力とした赤衛隊が市の中枢部を占拠し、冬宮へと進軍した。それは無血の蜂起であった。臨時政府は、無抵抗のうちに崩壊した。数名の大臣が逮捕され、首相のケレンスキーは国外に亡命した。

この蜂起は、第二回全ロシア労働者・兵士代表ソヴェト大会と時を同じくするように計画されており、その日の夜にこの大会は開催された。今回は、ボリシェヴィキが全代議員六四九名中三九九名という多数を得て、議事進行を司った。大会は臨時政府の解散と権力のソヴェトへの移行とを宣言し、満場一致で三つの主要な布告を採択した。そのうちの最初の二つはレーニンによって提出されたものであった。第一の布告は、「労働者・農民の政府」の名においてすべての交戦国の国民と政府に対し、無併合・無償金の「公正かつ民主的平和」のための交渉に入ることを提議し、特に、「人類のうちの最も先進的な三国家」——イギリス、フランス、ドイツ——の「階級意識に目覚めた労働者たち」に対して、戦争終結を促すよう訴えかけていた。第二の、土地に関する布告は、エスエル作成の文案を含むものであったが、それは社会化された農業というボリシェヴィキの長年の理論よりもむしろ農民のプチブル的願望に応えたものであった。地主の土地所有は、無償で廃棄された。「普通の農民と普通のコサック」の土地だけが没収を免れた。私的土地所有は永久に廃止された。土地利用権は「自分自身の労働によって土地を耕作したいと願うロシア国家の(性別を問わず)全市民」に与えられ、鉱業権やそれに付属する諸権利は国家に委ねられた。土地の売買・賃貸および賃労働の雇用は禁止された。これは、自分の土地を自分自身と家族の労働で耕し、主として自分たちの欲求を満たしている小独立農民の憲章であった。土地問題の最終的決着は、来るべき憲法制定会議まで保留された。第三の布告は、この会議の議長をつとめたカーメネフによって提案されたが、それは、憲法制定会議の開催まで、全ロシア・ソヴェト大会とその執行委員会の権威のもとに国を統治するための臨時労農政府として、人民委員会議(ソヴナルコム)を設立するものであった。

これらの宣言は、いくつかの顕著な特徴をそなえていた。レーニンは、数時間前にペトログラード・ソヴェトにおいて、次の大胆な言葉で演説を結んでいた。「ロシアにおいて、われわれはプロレタリア社会主義国家の建設に従事しなければならない」。ソヴェト大会のもっと正式な布告においては、「国家」と「社会主義」の概念は背景に退いていた。古い国家とそれに付随する諸害悪が一掃されつつある勝利の熱狂の中では、だれも新国家建設の問題に直面しようとは思わなかった。革命は国際的なものであって、国境は無視された。労農政府は、領土的定義もされなければ領土的名称ももたなかった。その権威がどこまでの広がりをもつことになるのかを予見することはできなかったのである。社会主義は未来の理想であった。レーニンは、平和に関する布告を提議した際に、労働者の勝利は「平和と社会主義への道を切り拓く」ことになろうと述べた。しかし、これらの布告のどれも、革命の目標ないし目的としての社会主義に言及してはいなかった。その範囲に関してと同様、その内容に関しても将来に決せられるべく残されたのである。

最後に、後からふりかえってみれば奇妙で非論理的とみえることだが、憲法制定会議の究極的権威に対して敬意を表する態度が、異論なく受けいれられていた。二月から一〇月の間、臨時政府もソヴェトも、新憲法を起草するための伝統的な民主的手続きである憲法制定会議を要求していた。そして、一一月一二日が選挙の日と決定されていた。レーニンはその選挙を取り消そうとは望まなかった——あるいは、取り消せるほど自分が強力であるとは思わなかった。選挙民が圧倒的に農村的であったことから予想されるように、投票の結果、絶対多数がエスエルのものとなり、五二〇議席中二六七議席を占めた。ボリシェヴィキは一六一議席を得、残りは多数の小グループからなっていた。一九一八年一月に議員が集まったとき、労農政府はペトログラードに確固としてうちたてられており、二カ月前の農村地帯の混乱した気分を代表するような団体のために、この労農政府が退位するなどとは考えられなかった。ブハーリンは、「現在、この会議には分水嶺がひかれており……相容れない陣営、……社会主義に対して賛成か反対かという原則にかかわる両陣営に分かれている」と述べた。この会議は多くのとりとめのない熱弁を拝聴して、その夜遅く閉会となった。そして政府は、この会議の再開を実力で阻止した。これは決定的瞬間であった。革命は、ブルジョワ民主主義の慣習に背を向けたのである。

この革命の帰結で、西欧世界に衝突し、恐怖と憤激をかった最初のものは、連合軍が対独戦争において戦況たけなわの折にロシアが戦線から離脱し、連合軍を見捨てたことであった。この許せない裏切りに続いて、すぐさま旧ロシア政府の債務の支払い拒否や、土地所有者と工場所有者の財産収奪などといった措置がとられたとき、そして更に、この革命が自らをヨーロッパや世界中を席巻するはずの革命の第一段階であると宣言したとき、それは西欧資本主義社会全体への根本的攻撃としての姿をあらわした。だがこの脅威は、あまり真剣には受けとられなかった。当初、西欧ではロシアの革命政権が数日かあるいは数週間以上存続できると考えた人は稀であった。ボリシェヴィキの指導者たちも、もし資本主義諸国の労働者が自国の政府に抗して立ちあがることによって彼らを援助することがないならば、いつまでも持ちこたえることができるだろうとは信じていなかったのである。

この懐疑の念にはそれなりの理由がないわけではなかった。労農政府の法的文書は、ペトログラードや他の二、三の大都市以外にはほとんど拡がっていなかった。ソヴェトの中でさえ、ボリシェヴィキは未だ満場一致の支持を確保してはいなかった。また、全ロシア・ソヴェト大会という、唯一の主権的な中央政権が、全土に簇生している地方ソヴェトや、工場において「労働者統制」を執行している工場委員会や、あるいは戦線から故郷へと今や群れをなして帰りつつある数百万の農民たちによって、どこまで承認されるかということも、全く不確実なことであった。官僚や経営者や技術専門家は、その地位の高低を問わず、ストライキを行ない、新政府——彼らの目からは自称政府にすぎない——に仕えることを拒否した。体制の手中にある軍勢は、数千の赤衛隊の核心部分、および戦争に従事していた旧帝国軍のうち解体を免れた忠実なレット人〔ラトヴィア人〕狙撃兵部隊からなっていた。革命から二、三週間もたたぬうちに、ソヴェト政権の転覆を誓ったコサック軍が、ドン、クバン、ウラルの地域において組織されつつあった。ボリシェヴィキにとって、虚弱化した臨時政府を倒壊させることは容易であった。自らがそれにとって代わること、今はなきロシア帝国の広大な領土を圧倒する混沌に対して有効な統制を確立すること、ボリシェヴィキを救済者にして解放者であるとみなした労働者・農民大衆の期待に沿うような新しい社会秩序を建設すること——こちらの方が、はるかに手ごわく複雑な課題だったのである。

第二章　二つの世界

労農政府に〔ロシア・ソヴェト共和国として〕領土の名を与えた最初の立憲的法令《アクト》は、一九一八年一月の第三回全ロシア・ソヴェト大会によって発せられた「勤労被搾取人民の権利の宣言」であり、この宣言は、フランス大革命によって発せられた「人と市民の権利の宣言」のボリシェヴィキ版ともいうべきものであった。これは、ロシアが労働者・兵士・農民代表ソヴェト共和国であることを宣言し、更に「ロシア・ソヴェト共和国はソヴェト諸民族共和国の連邦として、自由な諸民族の自由な連合の基礎の上に築かれる」と述べていた。この文書の言葉づかいからは、革命体制が国際主義的意図を保持していることがうかがえた。革命は本質的に国際的なものであって、敵対諸列強間の戦争を階級間戦争にとってかえることを含意しているのであった。しかし、世界革命の推進はまた、闘争中のソヴェト体制にとっての第一級の必要条件でもあった。それは、陣営を整えた帝国主義諸国と対峙している中で、ボリシェヴィズムの手にある唯一の武器であったし、また革命なしには――少なくとも、主要交戦諸国における革命なしには――この体制が存続しえようとはほとんど思えなかったのである。また、両交戦陣営の間に区別をもうけることもできなかった。いずれの側も、革命が破壊しようとしていた資本主義秩序の旗手であることに変わりはなかった。それ故、革命のためのプロパガンダ以外のどんな外交政策の考えも、当初ボリシェヴィキの考え方になじむものではなかった。初代外務人民委員のトロツキーは、警句風に「私は世界の諸国民に若干の革命声明文を提出し、それから店仕舞しよう」と述べた。

しかしながら、外部の現実がじきにこの展望を雲散霧消させ、闘争中のソヴェト共和国に、諸国民国家からなる世界の中での一国民国家という役割をおしつけた。交戦諸国への講和交渉のよびかけに耳を貸すものはいなかった。ドイツとの関係について、何ごとかがなされなくてはならなかった。ドイツ軍はロシア領土深く侵入しており、依然軍事行動を展開していたからである。新政府の最初の行動の一つは、ドイツ帝国政府と休戦協定を締結し、和平を請うことであった。一九一八年二月、ブレスト＝リトフスクにおいて講和交渉が始まった。ソヴェト代表団を率いるトロツキーは、示威的に、外交の伝統的慣行を放棄し、交戦諸国政府の頭越しに諸国民に訴えかけ、ドイツ軍中に反戦プロパガンダを公然と持ちこみ、ドイツが西側連合国との交渉では受諾すると称していた「無併合・無償金の講和」の要求をつきつけてドイツ代表団を困惑させた。

しかし、ドイツの非妥協的態度とドイツ軍の圧倒的優位は、避けることのできないディレンマを提起していた。トロツキーは、帝国主義国との屈辱的条約に調印すること――レーニンはこれを不可避とみなすに至っていた――を、自分の革命的原則と和解させることができなかった。他方、彼の現実感覚は、ブハーリンや他の「左翼共産主義者」の「革命戦争」再開要求を支持することを彼に許さなかった。彼は「平和でもなく戦争でもない」という定式を考案した。しかしながら、ドイツがこうした外交とはいえないような奇妙なやり方に動ぜず、進撃を再開させるに至って、同様のディレンマがより一層緊迫した形で再発した。トロツキーは不承不承ながらレーニンに与して、ウクライナやその他の旧ロシア帝国領の広大な地域の放棄を含む、レーニン自ら「屈辱的」と認める講和の受諾に賛成投票し、外務人民委員の職を辞任した。この条約は一九一八年三月三日に調印され、ドイツの進撃はやんだ。ブレスト＝リトフスクの交渉と同時に、イギリス、フランス、アメリカ代表への非公式の――だが実りのなかった――接近工作が、ドイツに対抗するための西側援助を得ようという期待の下になされた。こうした資本主義政府への交渉の開始は、ブレスト＝リトフスク条約に劣らず、革命の国際主義的原則からの堕落だとして、ブハーリンの率いる党中央委員会のうちの無視できない少数派の強い憤激を招いた。こうした交渉についての承認を確保するためには、レーニンの全面的影響力が必要とされたのである。

軍事的無力の教訓は、今や指導者の胸に刻まれていた。一九一八年二月二三日、ブレスト＝リトフスク条約が調印されるよりも前に、当初「労働者と農民の赤軍」と呼ばれた赤軍が最初の小さな勝利をおさめた。この日は、それ以来、赤軍の誕生日として毎年祝われてきている。この名称は、その国際的革命的性格と目標を示すためにつけられたのであった。だが、この軍の創設を宣言した声明は「社会主義の祖国は危機にあり」と題されており、国際主義的意識と並んで国民的意識もその誕生にかかわっていた。この赤軍を組織する任務を帯びてトロツキーが軍事人民委員に任命された。彼は現実主義者であったから、軍が未熟で未訓練な召集兵によって建設されるなどとは考えなかった。緊急事態への彼の最初の対応は、新規の軍隊を訓練するために、公的には「軍事専門家」とよばれた職業軍人、旧帝国軍将校を徴募することであった。この便法はすばらしい成果を収めた。一九一九年はじめまでに、このような将校が三万人徴募された。かろうじて一万の訓練兵を集めた一九一七年の赤衛隊は、内戦が激烈を極める中で、五〇〇万人を数える赤軍へと成長した。トロツキー自身、類稀れな軍事的才能を発揮した。だが、彼はまた、絶対服従の要求と軍規違反者の処罰において容赦ないことでも知られていた。彼は、革命が破壊に着手していた軍事規律の徳を賞揚しなければならなかった。極端な状況の中では極端な治療法が必要とされたのである。

こうした便宜的方策は、政府――今ではペトログラードから新首都モスクワに移っていた――を悩ます危険に終止符を打ったわけではなかった。敵対するロシア「白軍」が、国の様々な地点で結集し始めた。ドイツ軍は民族主義的ウクライナ傀儡政権との協定によって、ウクライナを占領し続けていた。西欧の諸政府は、革命に憤慨し、また、連合軍が最も危急のときにロシア軍が離脱したことに憤激して、行動を起こそうとしていた。一九一八年三月、英軍、続いて仏軍と米軍はムルマンスクの北部の港を占領した。表面上は、ドイツの侵入続行に対抗して、当地に積み上げられている軍需物資を守るためということであった。他方、主にオーストリア軍からの脱走兵でロシアで捕虜となっていたチェコ人が数万人でチェコ軍団を形成し、ソヴェト政府との協力によって、西欧に向けて出航するためにヴラジヴォストークへと出発した。シベリアで、よく組織された軍団が、分散的で弱体なソヴェト当局と衝突し、おそらく初めのうちは意識せずにであろうが、反ボリシェヴィキ勢力の結集点となった。一九一八年四月、日本政府はバスに乗り遅れまいと、ヴラジヴォストークに兵を上陸させ、それに続いて二カ月後、イギリス、アメリカが派兵した。七月には、英・仏・米軍がアルハンゲリスクを占領した。一九一八年の夏〜秋には、モスクワの労農政府が存続しているのは、政府自身の力によってというよりはむしろ、諸国が西部戦線で生死を賭した戦いに釘づけにされ、よそで起きていることを構ってはいられないという事実によっているかのようであった。

ドイツの瓦解、そして一九一八年一一月一一日の休戦は新たな局面を拓いた。休戦後二カ月間のベルリンにおける初期的革命状況、二、三カ月後のバイエルンおよびハンガリーでの革命的蜂起の成功、イギリス、フランス、イタリアにおける散発的な情勢不安は、ボリシェヴィキ指導者たちをして、永らく待ち続けたヨーロッパ革命の機が熟したと信じさせた。しかし、このことはモスクワに希望と慰めをもたらした一方、西欧諸政府の革命政権への恐怖と憎悪を強め、それを根絶しようという決意を一層堅固にした。ロシアでの軍事行動は対独戦争の付随的部分だという口実は放棄されざるをえなかった。アルハンゲリスクやシベリアや南部ロシアで反ボリシェヴィキ十字軍に携わるロシア軍に対して、支援が公然と拡大された。しかし、ここでまた新たに複雑な事態が生じた。連合軍は、一つには厭戦気分から、またもう一つにはモスクワの労働者政府への大なり小なり大っぴらな共感のせいで、戦闘続行の意欲が全く無かった。一九一九年四月、オデッサにおけるフランス軍艦での暴動は、この港からの撤退を余儀なくさせた。アルハンゲリスクとムルマンスクにおいては、同様の暴動を未然に防ぐため、連合軍は徐々に撤退した。一九一九年の秋までには、ヴラジヴォストークに駐留する日本とアメリカの派遣軍を除いては、いかなる連合軍もロシアの地にとどまっていなかった。

この敗北は決して西側連合国の敵対的意図を緩和させるものではなく、彼らは軍を撤退させた代わりに、ボリシェヴィキに敵対している幾多の自称ロシア「政府」に対してますます軍需品・軍事使節団や口約束をつぎこんだ。こうした諸「政府」の中で最も有望だったのは、旧帝国提督コルチャークの指導の下に形成されたものであった。コルチャークは広くシベリアに一種の権力を確立し、ヨーロッパ＝ロシアに進軍を開始していた。一九一九年の夏、連合国の政治家たちはパリ講和会議で一堂に会し、コルチャーク政権を唯一の正統なロシア政府と認めることをめぐって協議に入ったが、それはなかなかまとまりがつかなかった。旧帝国将軍デニーキンは連合国の強力な支援を受けて、南部ロシアを支配し、ウクライナを席巻し、一九一九年秋にはモスクワの南二〇〇マイルの地点にまで到達した。またもう一人の将軍ユデニッチはバルト地方で、ペトログラードに攻撃をかけるため白軍を集めていた。しかし、この頃までに赤軍は、装備はよくなかったものの実戦能力ある戦闘部隊となっていた。様々な白軍は、彼らの奮闘を調整することもできなければ、彼らが活動している地域の住民の支持を獲得することもできなかった。この年の末までに、彼らは潰走状態にあった。一九二〇年一月、コルチャークはボリシェヴィキに捕えられ処刑された。同年の春までに、白軍は、抵抗を続ける若干の孤立軍を除けば、いたるところで駆逐され壊滅させせられていた。

一九一七年一〇月以来、二つの世界――資本主義世界と、その打倒に専念している革命の世界――が互いに相容れない矛盾の中で敵対しているという定型的イメージが、西欧とソヴェトの双方の思考において形成されてきていたが、内戦はこの定型的イメージを一層硬直化させせた。一九一八年一一月のドイツ軍の倒壊の後、中欧は暫時この二つの世界の抗争の地となった。一九一九年一月のベルリンの革命の息吹は、資本主義の弔鐘が鳴り革命の波がモスクワから西方へ拡まろうとしているという、ボリシェヴィキの自信に満ちた信念を助長した。レーニンが一九一四年秋以来いだいてきた野心の実現に着手したのは、こうした雰囲気の中においてであった。その野心とは、戦争の勃発に際してマルクス主義と国際主義の原則の放棄によって分裂し自壊した、今はなき第二インターナショナルすなわち社会民主主義インターナショナルに代わって、真に革命的な第三インターナショナルすなわち共産主義インターナショナルを創建しようという野心であった。これは、ドイツ社会民主党やメンシェヴィキとの連想によって今では穢《けが》されてしまったロシア社会民主労働党という古い党名を、ロシア共産党(ボリシェヴィキ)という名に代えるという一九一八年三月の党大会決定の論理的帰結であった。

一九一九年三月初め、一九カ国の共産党やそれに近い党・グループからの委任状を携えた三五名を含む、五〇名以上の共産主義者・同調者がモスクワに集まった。参加者の出身国の多くは、かつてはロシア帝国の一部であり、今ではソヴェト共和国と認められている小国——ウクライナ、白ロシア、バルト諸国、アルメニア、グルジア——であった。新しく創設されたドイツ共産党は、原則に関わる反対はしないがインターナショナルの創設はもっと適当な時期に延期させるようにという指示を携えた代表者を送った。西欧からモスクワへの旅は、事実上不可能であった。アメリカ合衆国、フランス、スイス、オランダ、スウェーデン、ハンガリーの各グループは、モスクワに居住する同国人に委任状を与えていた。一人だけのイギリス代表は、全く委任状を持っていなかった。ドイツ代表の警告は熱狂的な勢いによって圧倒された。オーストリアの革命的代表の到着が秤を傾けたのだといわれている。共産主義インターナショナル(コミンテルン)の第一回大会となったこの大会は、一八四八年の『共産党宣言』以来の資本主義の衰退と共産主義の前進の跡をたどる宣言(トロツキー起草)を採択した。またブルジョワ民主主義を退け、プロレタリアート独裁を宣言し、権威の落ちた第二インターナショナルを復活させようという試みを嘲笑するテーゼ(レーニン作成)を採択し、最後に、世界の労働者に、ロシアへの軍事介入を止めソヴェト政府を承認するよう彼らの政府に圧力をかけるようにと呼びかける時局的アピールを採択した。新生インターナショナルの組織的機関として、大会は執行委員会(IKKI)を選出し、ジノーヴィエフを議長に、ベルリンの刑務所に入っているラデックを書記に指名した。大会終了の数日後、ブダペストにおいて、短命なハンガリー＝ソヴェト共和国が宣言された。

この最初の大会でなされた最も重要なことは、共産主義インターナショナルの創立という事実そのものであった。それは、二つの世界の亀裂、とりわけ国際労働運動内で顕示された亀裂の劇的な声明であった。コミンテルンの創立者たちのかたく信ずるところでは、戦争という同胞あいはむ大虐殺の中を生きてきた西欧諸国の労働者たち——特に、マルクス主義によってよく訓練されたドイツの労働者たち——は、彼らを大虐殺にまきこんだ民族的社会民主党や労働党をすぐさま捨てて、コミンテルンによって宣言された世界労働者の国際的統一の大義に糾合するであろうとされた。この期待は実現せず、第二インターナショナルは再興の兆しさえ見せたが、そうした不首尾は、誤り導かれた党員を裏切った、堕落した不実な指導者たちのせいにされた。しかし、少数派の献身的な共産主義者たちと、「改良主義」指導者に忠実であり続ける多数派の労働者たちの間の西欧諸国での亀裂は、いつまでも続き、時を経るにつれて深まった。

この裂け目は、コミンテルン自身の内部の思いがけない進展によって悪化した。コミンテルンの創設者たちの展望は真に国際主義的なものであった。彼らは、その司令部がベルリンかパリに移る日を待ち望んでいたのである。しかし、モスクワで一九一九年三月に起こったことは、各国共産党の単一国際組織への融合ではなく、多数の弱体で未成熟な外国グループを、本質的にロシア的な組織に繋ぐことであった。そしてその財源と主要な原動力は、必然的かつ不可避的にロシアの党とソヴェト政府からきた。これは不合理というわけではなかった。国際革命の推進には、相互に補強しあう二つの局面があった。それはすべてのマルクス主義者の義務であったが、また、困難な情勢にあったソヴェト体制の兵器庫における重要な防御的武器でもあった。他国での資本家支配の転覆がロシア革命政権の存続の条件だとみられているかぎりは、二つの要素の間に相容れないものはなかった。それらは、単一の一貫した統合的な目標の異なる局面であった。しかし、このことは、外国の共産党のコミンテルンへの忠誠はモスクワで義務的とみなされる忠誠ほど強い基礎をもってはいないということを意味したのである。

一九一九年の残る時期は、内戦、連合国の干渉、そしてソヴェトの孤立の時期であった。一九一九―二〇年の冬の白軍の倒壊に続いて、短い休息期間がやってきた。そして、レーニンが有名な、大きな影響を与えたパンフレット『共産主義における「左翼」小児病』を書いたのは、この休息期間において――コミンテルン第二回大会準備中の一九二〇年四月――であった。攻撃の標的は、「原則」の名のもとに「妥協」に抵抗する共産党内のいわゆる左翼反対派であった。レーニンは特に、ブレスト＝リトフスクに対する反対派を念頭においていた。西欧諸国の共産党は議会や労働組合に積極的に参加し、そのような参加につきものの妥協も躊躇してはならないというのである。内戦へのイギリスの敵対的な干渉を念頭において、レーニンはイギリス共産党に対し、「ヘンダーソン一派とスノードン一派がロイド＝ジョージとチャーチルを敗北させるのを助ける」ために労働党と「選挙協定」を締結するよう勧めた。しかしこの勧告は、早期の革命の展望への自信を背景にして出されたものであった。このパンフレットの戦術的処方箋にみなぎっていたのは、労働者政党の平党員を彼らの指導者の本性について啓蒙し、指導者にそむいて党を分裂させることが必要だということであった。ヘンダーソンを支持するのは、「絞首刑にされている人を縄が支えるように」でなければならなかったのである。国際革命がないままに妥協や策略のこうした戦術が数年あるいは数十年継続されるかもしれないということは、レーニンの計算には入っていなかった。

一九二〇年四月末、ポーランドのピウスーツキがウクライナへの進攻を開始し、五月初めにはキエフを占領した。ソヴェト共和国は再び、内戦時同様の深刻な危機に陥った。だが、今度は抵抗はより迅速かつ強力であった。六月に赤軍は反撃した。拡がりすぎたポーランド軍の敗北は潰走となり、八月初め、赤軍はポーランド領土に進入した。この劇的な出来事は、一九二〇年七月一九日に二〇〇人以上の代議員を擁して開かれたコミンテルン第二回大会と時を同じくした。代議員の中には、小さなドイツ共産党(KPD)の代議員の他に、ドイツ社会民主党(SPD)から戦時に分裂したドイツ独立社会民主党(USPD)の代議員も含まれ、更にフランス、イタリアの社会党の代議員もいた。これら三党はコミンテルンへの加入の問題で分裂しており、参考となる情報を求めて大会にやってきたのであった。また、いくつかのイギリス極左派グループからも代議員が来たが、彼らは合流してイギリス共産党(CPGB)となることを決めた。赤軍の勝利を背景に、討議は自信と興奮に満ちていた。レーニンのパンフレットの指示は忘れられていなかった。労働組合とブルジョワ議会で共産主義者が活動すべきことを促した決議が通過し、イギリス共産党は——多数決をもって——労働党に加入申請するよう指示がなされた。しかし優勢な雰囲気は今や全く違ったものであった。大会は世界の労働者に、「白色ポーランドへのいかなる援助も、ソヴェト＝ロシアへのいかなる干渉も」許容せぬよう訴えた。世界革命は依然明確な展望のうちにあった。大会の声明文《マニフェスト》は以下のように宣言した。

「共産主義インターナショナルは、ソヴェト＝ロシアの大義は自らの大義であると宣言する。国際プロレタリアートは、ソヴェト＝ロシアが世界ソヴェト共和国連邦の一環となる日まで、刀を鞘におさめることはないであろう」

大会によって作成されたコミンテルンへの加盟「二一カ条」は、動揺分子を排除し、コミンテルンを(第二インターナショナルのような)大幅に分岐した諸党のゆるい連合ではなく、国際プロレタリアートの単一で均質的な規律ある党にすることをねらっていた。世界革命の展望がこれほど明るく、これほど近く見えたことはなかった。

大会が討議を行なっているあいだに、ソヴェトの指導者は重要な決定を迫られた。赤軍はポーランド国境でとどまり、ピウスーツキに講和条件を提起すべきであろうか？　あるいは、今やほとんど無敵の進軍を、ワルシャワやポーランドの他の工業中心地にまでも続行するべきであろうか？　レーニンは進軍を支持した。彼は、ポーランドの労働者が赤軍を資本家の軛からの解放者として歓迎し、ポーランドの革命がドイツと西欧への道を拓くだろうという期待に幻惑されたのである。トロツキーとラデックは彼に反対した。スターリンは彼らの懐疑を共有していたようであるが、重大な決定の時点には戦線におり不在であった。反撃を指揮した優秀な司令官トゥハチェフスキーは進撃を全面的に支持し、赤軍をコミンテルンの軍にしたいと願っていた。大胆と熱狂が勝利した。八月半ばまでに、赤軍はワルシャワの手前に配置された。しかし、ここでこの処置の重大な過誤が直ちに明らかになった。ポーランドの労働者は沸きたたず、ピウスーツキはロシアの侵略者に対する民族的抵抗を訴えて成功した。この直前まで敵に敗北の屈辱を味わわせていた赤軍は、続く数週間に大敗北を喫した。両軍は最終的にはいわゆるカーゾン線――ポーランドの東部国境線として、連合国からもソヴェト政府からも承認されていた――よりはるか東の地点で停止することになった。ここで、一九二〇年一〇月一二日、休戦協定が調印された。ソヴェト共和国は革命的楽観主義のために大きな代価を支払ったのであった。

赤軍の威信は、一九二〇年秋、最後の白軍将校ヴラーンゲリによる攻撃を南ロシアでたやすく退けたことによって、ある程度回復された。しかし、ポーランドでの敗北はソヴェトの対西欧世界関係に永く続く反響を及ぼした。この戦闘は、ポーランド労働者が支配者に対して反乱をおこし、ロシア軍と協力してワルシャワに革命政府を樹立するであろうとの確信に基づいてなされたものであった。この期待がはずれたということは、ポーランドの労働者は西欧労働者同様、国際プロレタリア革命の大義に帰依するにはまだあまりにも民族的忠誠心に深く浸透されているということを示していた。ヨーロッパの他の地域では、労働者はロシア革命への共感と熱狂を示し続けながらも、自国で革命の旗を直ちにあげようという動きは見せなかった。一〇月、ドイツ独立社会民主党はきわどい差でドイツ共産党への合流を決定し、残る党員はドイツ最大の労働者政党たるドイツ社会民主党とともに、ドイツ共産党およびコミンテルンに対する辛辣な感情と憤慨を心にいだくことになった。しばらく後、フランス社会党は、有力な反対少数派を残してフランス共産党(PCF)となり、イタリア社会党の分裂は小規模なイタリア共産党(PCI)の創設に至った。このようなコミンテルンへの加入追加は、モスクワでは勝利として歓呼で迎えられたが、今や西欧労働運動の至る所で有力となっているコミンテルンへの不信を強めた。一九二一年三月のドイツにおける革命的蜂起未遂(本書六四ページ参照)は、不吉な出来事であった。ヨーロッパにおける戦後の革命の波は明らかにひきつつあったのである。

ポーランドでの軍事的敗北から、もう一つの教訓がひきだされた。赤軍の人員を供給したロシア農民は、故国では革命の大義を逞しく守ったが、革命を他国に輸出するために戦う気はなかったのである。今や内戦の余波である悲惨と荒廃に対する反乱を開始した農民は、国際革命の名の下に負わされる苦難に従順ではなかった。一九二〇―二一年の酷しい冬に、中央ロシアの農民の騒擾は、指導者たちの気遣わしげな目を内政問題に集中させ、西欧世界に関するソヴェトの考え方を知らず識らずのうちに変形させ始めた。国際革命のヴィジョンは、内戦という外傷的経験によって増幅されて――あるいはほとんど強制されて――きた。一旦これが克服されると、国際革命の目標は、否認されはしないまでも、より遠い未来に静かに退かされた。安全と安定がこの時期に最も必要なものであった。このような雰囲気の中で、ネップの導入と同時に、ソヴェトの非ソヴェト世界との関係を調整する処置が講じられたのである。

第三章　戦時共産主義

外界の敵意は、政権獲得後のボリシェヴィキが直面した危険のうちのほんの一つにすぎなかった。ペトログラードの革命は無血であったが、モスクワではボリシェヴィキ部隊と臨時政府に忠実な士官候補生との間で激しい戦闘がおこった。追放された諸政党がソヴェトの権威に対抗して組織化を始めた。鉄道労働者――その労働組合はメンシェヴィキに支配されていた――のストライキによって、交通は杜絶した。行政サーヴィスは中断され、無頼漢が無政府状態を暴動と略奪に利用した。革命の六週間後、政府の法令によって「反革命・サボタージュと闘う」ための全ロシア非常委員会(チェーカー)が生まれ、地方ソヴェトも同様の委員会をつくるようよびかけられた。数日後、「労農政府に対する蜂起を組織する者、政府に積極的に反対し、あるいは服従しない者、政府への反対や不服従を教唆する者」を裁くために、革命裁判所が設立された。一九一八年六月にはじめて、革命裁判所は最初の死刑を宣言した。しかし、ボリシェヴィキと敵対者の無差別殺戮は国の至る所で行なわれた。そしてチェーカーは、活動的な反体制分子の逮捕にますます忙しくなっていった。一九一八年四月、数百人の無政府主義者がモスクワで逮捕された。七月には、おそらくブレスト＝リトフスク条約に抗議してドイツ大使を殺害した左翼エスエルによる未遂の蜂起を鎮圧するためにチェーカーがかりだされた。一九一八年夏の間に、二人の著名なボリシェヴィキ指導者がペトログラードで殺害され、モスクワではレーニンが狙撃された。内戦で見られた残忍さが緊張を高めた。一方の側の残虐行為は、それに匹敵する他方の報復行為を招いた。「赤色テロル」と「白色テロル」という言葉が政治的語彙に入ったのである。

このような絶望的な状況は、経済の完全な混沌の中に反映された。戦時中、軍需への集中のため、また徴兵に伴う農業・工業労働者の不在のために、生産は跛行し奇型化されていた。革命それ自体と内戦の惨禍は、経済・社会・金融の崩壊の図を完全なものにした。飢えと寒さが住民の大半を襲った。経済の病いに対するボリシェヴィキの最初の治療薬は、平等な分配、工業と土地の国有化、労働者統制といった一般的原則の宣言以上のものではなかった。革命の初めの数ヵ月間に、多くの工業企業が、あるときは最高国民経済会議に責任を負う国家機関によって、またあるときは労働者自身によって、接収された。農業に関しては、依然として農村であまり力をもっていなかったボリシェヴィキは、エスエルの綱領を採用して、土地の「社会化」とそれを耕作する人々への平等分配を宣言した。実際におきたことは、土地所有貴族の大小の地所や、ストルィピン改革によって土地を集めることができた、一般にクラークと呼ばれる富裕農民の耕作地を、農民たちが没収して自分たちの間で分配したということであった。このようなやり方のいずれも、生産の衰退を阻止しはしなかった。金融に関しては、銀行が国有化され、外国債務の支払いが拒否された。しかし、通常の税を徴収したり、国家予算を作成したりすることは不可能であった。日々の必要は〔紙幣〕印刷機に頼ることで満たされた。

六ヵ月間、政府はその日暮らしのありさまであった。それから、次第に勢いを増す内戦の嵐と経済の瓦解は、一九一八年夏に政府を駆りたてて、のちに「戦時共産主義」という曖昧な名によって知られることになる、より激烈な政策へと導いた。食糧が第一優先事項であった。都市と工場の労働者は飢えていた。五月、農村を訪れ、穀物を退蔵していると信じられたクラークや投機家——「農村ブルジョワジー」——から穀物を徴発する「食糧分遣隊」を組織する命令が発せられた。一九一八年六月一一日の法令は、「食糧人民委員部の一般的指示の下に」穀物その他の農業生産物の調達、分配、都市への発送を監督すべき「貧農委員会」を農村に設置することを規定した。レーニンは、貧農委員会の設置を農村における「一〇月革命——すなわちプロレタリア革命」として歓迎し、これがブルジョワ革命から社会主義革命への移行を画すると考えた。だが、この実験は短命であった。この法令は、この時代の他のそれと同様、書くのは容易でも実行するのは難しかった。革命初年の農民の自然発生的行動の結果は、ぎりぎりの水準で生活するおびただしい数の小規模耕作者への土地の分割、すなわち耕作単位の数の増大と規模の縮小であって、これは農業の効率化にも都市への食糧供給にも全く貢献しなかった。なぜなら、小規模生産者は、生産物を自分の必要のために消費する傾向が強かったからである。貧農は容易に組織されず、貧農委員会と農村ソヴェトの間に対立が生じた。農村での階級分化はたしかに事実であった。しかし、クラーク・中農・貧農という農民層分類の基準は不確実で、変動するものであり、そのときの政治的要求に左右されることもあった。特に「クラーク」は、穀物引渡しの要求に応じずに当局の怒りをかった農民に対して、党のプロパガンダがむけた讒謗の言葉となった。貧農も、モスクワで党指導者が期待したように、クラークに対抗する政府の同盟者として活動することをあてにはできなかった。貧農は、クラークの下で抑圧をこうむっているという意識をもってはいた。しかし、国家とその手先に対する貧農の恐怖はしばしばそれ以上のものであった。そこで彼は、遠くの権威よりは彼の知っている害悪の方がましだと考えがちであった。

一九一八年一二月、貧農委員会は廃止され、当局はその呼びかけの対象を、「貧農」の困窮程度よりは上にあり、「富農」あるいは「クラーク」のレッテルを貼られるほどではない、いわゆる「中農」へと転じた。しかし内戦の混沌のさなかで、いかなる策も農業生産を刺激することはできなかった。当局は時おり、大規模集団耕作という社会主義者の宿望をよみがえらせた。いくつかの農業コミューンあるいは「コルホーズ」(集団農場)が共同の労働と生活に基づいて、外国人を含む共産主義的理想主義者によって建設された。しかし、これらは都市への食糧供給問題にはほとんど貢献しなかった。ソヴェト政府、地方ソヴェト、時には最高国民経済会議の統制下にある工業企業によって、飢えた都市・工場労働者に食糧を供給するという特別の目的のために、「ソフホーズ」(国営農場)が設立された。それは賃金労働者を雇い、時には「社会主義的穀物工場」といわれた。だが、それらは農民の抵抗にあってあまり進捗しなかった。農民はソフホーズを、革命によって破壊された大土地所領への復帰だと考えたのである。特に、ソフホーズが、没収された所領の上に建設され、旧体制からひきつがれた管理人を雇っている——これはしばしば実際にあった——場合には、なおさらであった。レーニンはある折に、農民に膾炙しているといわれた言葉を繰り返した。「われわれはボリシェヴィキだが、共産主義者ではない。われわれは、ボリシェヴィキが土地所有者を駆逐してくれたからボリシェヴィキを支持するが、共産主義者は個人所有に反対だから共産主義者を支持しない」。

工業においては、戦時共産主義は、一九一八年六月二八日のあらゆる重要な工業部門を国有化する法令で始まったといってよかろう。これを促したのは、一つには増大する内戦の脅威であり、もう一つには、最高国民経済会議に知らせもせず、その認可も受けずに労働者が自発的に工場を奪取する——この時代のある著作家はこのことを「下からの自然発生的・無秩序的プロレタリア国有化」とよんだ——のを未然に防ぎたいとの願望だったようである。しかし、形式上の国有化はあまり重要なものではなかった。重要なことは、奪取したものをいかに組織し管理するかということであって、この機能を労働者統制が果すことはできなかった。これは最高国民経済会議の仕事であり、最高国民経済会議は全工業を管理するためにいくつかの「ツェントル」あるいは「総管理部(グラフキ)」を設立した。工業企業によっては地方当局によって管理されたものもあった。混沌状態は集権的統制を緊急に必要としたが、時によってはこのことが混沌を一層悪化させたかもしれない。工業生産に必要な熟練労働力は、新体制にはほとんど手に入らなかった。どのレヴェルの工業管理も、実際上は、革命前からそこで働いており今では「ツェントル」・「グラフキ」の部署についている人々に委ねられていた。時々、党員が最高地位に配されることもあったが、その地位を実効的にするだけの経験に欠けていた。上級管理者・経営者・技師はたちまちその仕事が不可欠であると認められるに至ったが、彼らは「専門家《スペシャリスト》」と呼ばれ、特別俸給と特権とを与えられた。しかし、内戦の緊急事態が次第に工業生産の上に影をおとしてきた。赤軍の需要が最優先であった。他の部門は犠牲にして、二、三の重要な工業部門に精力が集中された。一握りの労働者を雇っているだけの小規模企業、および都市・農村双方における手工業は、概して統制から免れたものの、しばしば資材不足に悩まされた。人的資源は戦線に動員された。運輸は崩壊した。原料供給は枯渇し、補給することはできなかった。工業の破滅的衰退を示す多くの統計のうち、おそらく最も雄弁なのは、大都市の人口減少であろう。革命後三年のうちに、モスクワは人口の四四・五パーセントを、また工業集中度最大のペトログラードは五七・五パーセントを失った。健康体の人々の一部は赤軍に徴集された。そして、大量の人々が、まだ食糧があるとすればそれは農村にだろうと考えて、農村へと流出したのであった。

分配の問題も、これに劣らず厄介なものであった。私的商業を「全国家規模での物資分配の計画的システム」でおきかえるという、党綱領で宣言された目標は、はるか遠くの理想であった。農民の貯蔵穀物と交換するための消費財ストックを獲得するよう食糧人民委員部に権限を付与した一九一八年四月の法令は、死文のままであった。都市における配給と固定価格を実施する計画は、供給の不足と有効な管理の不在に直面して崩壊した。いやしくも商業があるとするなら、それは非合法に行なわれた。商人――非常に大勢いたので、「かつぎ屋」という、よく知られた綽名《あだな》をもらうほどだった――は、単純な消費財の供給物をもって農村を旅して、それを農民と交換して、都市では法外な値で売れる食料品を手に入れた。「かつぎ屋」たちはしばしば当局に非難され、逮捕や銃殺に脅かされたが、繁茂しつづけた。既存の協同組合機構を利用する試みもある程度なされ、中央協同組合機構に対する統制が――軋轢がないわけではなかったが――確立された。貨幣は急速に価値を失いつつあったので、都市と農村との間の物々交換の計画がたてられたが、農民の欲した物資もまた供給不足であった。体制の存続が風前の灯のようにみえ、この体制に名目上支配されている領土さえも白軍の侵入によって絶えず収縮させられている内戦の危機的な年に、赤軍、軍需生産に携わる工場、都市住民の不可欠の必要を満たす方法は、徴発という粗野な方法であって、それは軍事的必要によって余儀なくされ、かつ正当化されたのである。赤軍への供給を維持することは、経済政策の最優先の課題であり、民間人の欲求や感受性に注意を払うゆとりはほとんどなかった。一旦白軍からの危険が去ったとき、戦時共産主義の厳しさに対する農民の反乱を惹き起こしたのは、とりわけ余剰穀物の広汎な徴発であった。

戦時共産主義は、労働の組織化にとって重要な帰結をもたらした。当初、地主とブルジョワには強制が適用されるが労働者の労働は自発的な自己規律に規制されるだろうと期待されたが、この期待はすぐに裏切られた。あらゆる工場における選挙制の工場委員会による生産の「労働者統制」は、革命の最初の興奮に刺激されて権力奪取に重要な役割を演じていたが、たちまち無政府状態をつくりだす手段と化した。一九一八年一月の次第に増す危機的雰囲気の中で、レーニンは意味深長に、「働かざるもの食うべからず」という有名な言葉を、「社会主義の現実的信条」として引用した。また、労働人民委員は「サボタージュ」と必要な強制策について言及した。レーニンは、出来高払いと「テイラー主義」——労働効率向上のための流行のアメリカ的システムで、かつてはレーニン自身、「機械への人間の隷属化」として非難していた——を奨励した。レーニンはのちに、工業におけるいわゆる「単独責任制」導入のためのキャンペーンを支持したが、これはまさに「労働者統制」とは正反対のものであった。ブレスト＝リトフスク条約批准を可決した一九一八年三月の党大会は、また「労働者・農民の自己規律と規律を高めるための厳しい処置」を要求した。これらの提案は、ブレスト＝リトフスク条約自体と同様、ブハーリンとラデックが指導的役割を担っていた当時の左翼反対派の憤激を買った。

革命は、労働者国家における労働組合のどっちつかずの役割に光を投げかけた。いずれも労働者の利益を代表すると主張している労働者代表ソヴェトと労働組合の関係は、最強の労働組合がメンシェヴィキに牛耳られていた革命初期以来の難問であった。一九一八年一月に第一回全ロシア労働組合大会が開かれたとき、そこにはメンシェヴィキや他の政党もかなり代表を送ってはいたが、多数を制したのはボリシェヴィキだった。大会は、労働者の小グループの特殊利益はプロレタリアート全体の一般的利益に従わなければならないという理由で、容易に工場委員会を服従させることができた。ごく少数の無政府主義者代議員のみが、工場委員会を労働組合の機関に変える決定に反対した。ここでもまた、革命によって拡散された権威の中央集権化の原則がすでに作用していたのである。

労働組合の国家との関係の問題は、さらに一層執拗に論議された。労働組合は他のソヴェト制度同様、労働者国家機構の一構成部分であるべきなのだろうか？　あるいは、労働者国家の他の要素からは独立に、労働者の特殊利益を擁護する機能を保持するのであろうか？　メンシェヴィキと一部のボリシェヴィキは、革命はまだブルジョワ民主主義段階を通りこしていないので、労働組合は依然担うべき伝統的役割をもっていると主張して、労働組合の国家からの完全な独立を支持した。しかし、議長をつとめたジノーヴィエフは、ボリシェヴィキの公式見解を容易に大多数で通すことができた。それによれば、革命の過程で労働組合は「社会主義国家の機関に不可避的に転化され」なければならず、またその資格において「生産組織化の主な責務を負わ」なければならないというのである。生産減退および絶望的状態の要請は、この指令を決定的に重要なものにした。労働生産性の向上、労働規律の改善、賃金調整、ストライキ阻止――これらは今や、労働組合が最高国民経済会議や他の国家機関と提携して果たすことを要求された義務であった。労働組合の機能と労働人民委員部(ナルコムトルード)のそれとの間の差異はほとんど形式的なものとなり、労働人民委員部の主要官吏はこれ以後労働組合から任命された。

内戦の緊急事態は、革命自体から生まれた熱狂的雰囲気を再生させ、活気をふきこんだ。そして、厳しい規律措置を受容できるものとしたのである。一九一九年四月、内戦が頂点に達していた頃、国民皆兵が発布され、これはたちまち事実上、重要な労働への労働徴募も含むことになった。ほぼ同時期に、チェーカーや普通裁判所で懲役労働を言い渡された犯罪者用の労働収容所が創設され、これらの人々はソヴェト施設の監督下に労務に服さねばならなかった。これらの収容所のうちでも最も厳しい「強制収容所」として知られたものは、内戦において反革命活動に携わり特に厳しい労働を課された者のためのものであった。しかし、自発的自己規律への訴えかけもなされた。一九一九年五月、レーニンは労働者に「共産主義的土曜労働」と名付けられたものをよびかけたが、このとき数千の労働者がモスクワとペトログラードにおいて、戦線への軍団と供給物資の急送を速めるため、進んで無給の時間外労働を行なったのである。そしてこの前例は一年後にも踏襲された。特に重要な労働を突貫作業で行なうウダールニキ(突撃労働者)の制度はこの時期に起源をもつものであった。過酷な強制と自発的熱狂のこうした組合せなしには、内戦を勝ちぬくことはできなかったであろう。

デニーキンとコルチャークが敗北した一九二〇年初め、軍事的危機は克服された。だが、それはほとんど全面的な経済崩壊という、同様に重大な問題に道を開いたのである。これらの問題が、戦場に勝利をもたらしたのと同様の形態の規律によって対処されねばならないというのは、理にかなっているようにみえた。軍事人民委員としてトロツキーは、経済復興の道を拓くための労働の徴募と「軍隊化」の唱道者となった。戦時共産主義の期間中、労働組合は無視されていた。労働は銃後での労働のために徴募されていた。そして戦闘がやんだとき、軍事単位は、再建に必要な労働のための「労働軍」に転用された。最初の「革命労働軍」は、一九二〇年一月ウラルにおいて形成された。しかし、内戦が終了した今となっては、状況は変化していた。当初から労働者への強制策を疑いの眼でみていた人々、労働組合の独立を支持していた人々、他の理由からトロツキーの党における卓越した地位に憤慨していた人々――これらの人々は結束して、彼の専横的行為を攻撃した。トロツキーは一九二〇年三月の党大会で、高まる反対に対して自分の政策を擁護し、レーニンの支持を確保した。ポーランド戦争の勃発は異議の声を沈黙させた。しかし、一九二〇年秋に戦争が終わり、内戦の残り火も南部で踏み消されると、労働徴募の継続と事実上の労働組合無視とに対する激しい反対が党内で起こった。トロツキーは、経済再建という巨大で緊迫した問題に衝きうごかされて、また自分の計画に対する労働組合の抵抗に苛だって、労働組合の「揺さぶり」を要求することで火に油を注いだ。レーニンは、この問題でトロツキーと袂を分かった。前代未聞の広がりをもつ激しい討論が冬の間中戦わされ、戦時共産主義の政策が最終的に一九二一年三月の党大会で放棄されたとき初めて決着がついたのである。

戦時共産主義に対する党の態度は分岐しており、両面価値的《アンビヴァレント》であった。戦時共産主義という言葉で総称されている実際的政策の総体は、ごく少数の異端者以外の全員によって、必要かつ適切なものと認められていた。だが、その性質の解釈は多岐にわたっており、おそらく、後になるとその当時よりも一層多岐にわたるようになった。ソヴェト統治の初めの八カ月で、地主とブルジョワジーの権力は崩壊したが、まだ社会主義的経済秩序は生みだされていなかった。一九一八年五月の時点では、レーニンはまだ「社会主義への移行を実現させる……意図」という慎重な語り方をしていた。同年夏、多くのボリシェヴィキにとっては未来の社会主義経済の先だめしのように見えた諸措置を戦時共産主義の名のもとに突然導入したことは、より慎重な党員の目には、単に、緊急事態へのやむをえざる対応、これまで追求されてきた注意深い前進の放棄、海図にはない水域への——確かに必要ではあるが、軽率で危険に満ちた——突進とみなされた。この見解は、内戦が終わり戦時共産主義の重荷がもはや我慢ならないように思えたとき、人気を博した。そしてそれは、農民反乱によって遂にやむなく戦時共産主義からネップに道を譲る決定をするに至ったとき、公式路線となったのである。

他方、他の共産主義者たちは、戦時共産主義の成果を経済的勝利とみなし、これまで可能だとされてきたよりも一層急速でありながらなおかつ印象的な社会主義・共産主義への前進として歓迎した。工業は包括的に国有化された。そして、たとえ工業生産が依然下降していたとしても、ブハーリンは「工業の革命的解体」は「歴史的に必要な段階」であると満足気に書くことができたのである。ルーブリの累進的減価は、ブルジョワ資本家に対する打撃であり、すべてのものが必要に応じて分配される、将来の貨幣の無い共産主義社会への前奏曲であると描くことができた。市場は既に分配機構としてほとんど排除されたと主張された。農民から余剰穀物が徴発され、主要食糧品は都市住民に原則として配給された。工業は主に政府の注文に従って作動した。労働は、市場の指示に応えてではなく、社会的・軍事的必要に応えて組織され、割り当てられた。内戦終了後、絶望的な経済状況の現実はこのユートピア像と明らかに衝突し、それを真剣に支持することはできなくなった。しかし多くの党の良心は、これの放棄に心を悩ませた。そして戦時共産主義の性質に関する意見の分岐は、ネップの性質と永続性に関する分岐として繰り返されたのである。

第四章　ネップの息つぎ期

戦時共産主義は二つの主要な要素からなっていた。一方では、中央集権的な統制と管理を含む経済的な権威と権力の集中、生産の小単位から大単位への代置、そしてある程度の統一的計画化があった。他方では、分配の商業的・貨幣的形式からの離脱、基礎的商品・サーヴィスの無料あるいは固定価格での供給および配給、現物支払い、仮説的な市場のためよりもむしろ直接使用のための生産の導入があった。しかし、これら二つの要素の間には、かなり明白に一線を画すことができた。集中と集権化の過程は、戦時共産主義という促成栽培室の中で度を超えて繁茂したとはいえ、既に革命の第一期間中から――実は第一次大戦中から――作動していた過程の継続であった。この点では、戦時共産主義は、以前にあったものの基礎の上に建設されており、その成果のうちの多くが試練に耐え、ただその細部にわたる適用に関してだけ、のちに拒絶や逆転を被ったのである。戦時共産主義の第二の要素である「市場」経済から「現物」経済への転換は、そのような基礎をもたなかった。それは、革命初期の諸政策から論理的に発展したものでは全くなく、それらの政策の正面きっての放棄という、未知への不用意な突入だったのである。戦時共産主義のこうした側面は、ネップによってきっぱりと否定された。そして、まさにこうした側面こそが、戦時共産主義批判者の眼には、何にもましてその評判を貶《おと》すものであった。

戦時共産主義の二つの主要な要素の間には、更にそれ以上の相違があった。集中と集権化の政策は、ほとんど専ら工業に適用された。それを農業へも広める試みは失敗に終わった。革命が主要な社会的支持基盤をもち、ロシア経済が高度資本主義の特徴をみせていたのは、この点においてであった。貨幣からの離脱および「現物」経済への代置の政策は、予期された計画から生じたわけではなく、人口の八〇パーセント以上を占める農民の後進的農業の問題が解決不能であることから生じたものであった。それが表現していたのは、小ブルジョワ的志向をもつ農民の反封建革命と工場プロレタリアートの反ブルジョワ・反資本主義革命とを二つながらに遂行しようとする試みの根本的困難性、そしてその試みにつきまとう、都市と農村の対立に対処することの困難性であった。これらは、結局のところ戦時共産主義への反乱をもたらし、それを破壊させた矛盾なのであった。

戦闘がおさまった一九二〇年秋までに、全経済は停止寸前であった。戦時共産主義の理論と実際の中の何ものも、いきづまりに達した生産・交換過程を再開させる解決の手がかりを与えはしなかった。ロシア経済において常にそうであったように、中心的問題は穀物であった。内戦中ともかくも遂行されていた徴発政策は、破綻をきたした。農民は自給経済へと後退し、当局に没収されてしまう余剰を生産する刺激をもたなかった。一九二〇―二一年の冬の間、中央ロシアでは広汎にわたる農民の騒擾が起きた。徒党を組んだ復員兵の群れが、食糧を求めて農村を徘徊し、匪賊行為で生計をたてていた。農村以外の地域が飢えないためには、徴発制度のもとでは農民に与えられなかった刺激を彼らに与えることが肝要であった。また、党内でもすべてがうまくいっているわけではなかった。「労働者反対派」と自称する異端的グループが形成された。その指導者は、かつて金属労働者であり、ソヴェト政府初代の労働人民委員にもなったことがあるシリャープニコフと、革命初期に一定の威信をもっていたアレクサンドラ・コロンタイであった。その綱領は主に、経済的・政治的統制の拡大および党・国家機構の権力増大に反対しており、革命の当初の理想の純粋性支持を主張していて、一九一八年のブレスト＝リトフスクの降服への反対派を思わせるものがあった。このグループの指導部はあまり強力ではなかった。しかし、党員間の同情と支持はかなり広かった。

　戦線の変更が今や緊急に必要となった。一九二〇―二一年の冬の間に作成された新政策の本質は、生産高のうちの決められた割合の国家機関への引渡し（いわゆる「現物税」）の後は、残余を市場に売りだすことを農民に許すということであった。このことを可能にするために、工業、特に職人的な小工業に対して、農民が買いたいと思うような商品を生産するよう推奨しなければならなかった。これはまさに、戦時共産主義下の大規模重工業重視の逆転であった。私的商業が復活を許されねばならず、ここでは協同組合——ある程度の活力と人気とを保持した稀な革命前の制度の一つである——に大いに依存した。最後に、これらすべては、ルーブリの急落への歯止めと安定通貨確立を含意していた。もっとも、この点は少し後になるまで把握されなかったが。新経済政策(ネップ new economic policy : NEP)として知られる、特に農民への譲歩を強調した一連の政策は、中央委員会によって承認され、一九二一年三月の歴史的第一〇回党大会にレーニンによって提出されることになった。

大会の議事は、その前夜に、不吉で不気味な災厄によって影を投げかけられた。クロンシュタット要塞に基地のある赤軍艦隊の水兵が、労働者と農民のための譲歩とソヴェトの自由な選挙とを要求して反乱を起こしたのである。暴動は労働者反対派と直接の結びつきはなかったが、党の政策動向に不満をもった同様の根深い感情を反映していた。実際にいた指導部は無政府主義者だったようであり、白色亡命者によって計画されたか教唆されたというボリシェヴィキの疑惑は、根拠のないものであった。もっとも、亡命者たちは後にこの反乱を宣伝材料として大いに利用することになるが。交渉や降伏への呼びかけは、成果をもたらさなかった。大会がレーニンの提案を討議している三月一七日、赤軍の部隊が要塞に向かって氷上を進撃した。双方ともに粘り強く戦ったが、流血の戦闘の後に反乱軍は制圧され、要塞は奪取された。しかし、これまで革命の英雄として栄誉を浴びていた人々による大規模な反乱は、党の威信と信頼への重大な一撃であった。おそらくそうしたことも影響して、大会は新経済政策を受容し、また党規律を引き締め、党内外の異端に対するより強力な保障を与える提案をあっさりと受け容れた。

レーニンがネップ提案を具現する決議を大会に提出したときの討議は、おざなりなものであった。戦時共産主義への幻滅は一般的であり、危機は一刻も猶予を許さないほど切迫していた。工業の「管制高地」は依然確固として国家の手中にあり、対外貿易の独占は不可侵のままであるとレーニンが保証したことで、疑いを抱いた人々も慰撫された。決議は、たとえ熱狂的にではないにしても、快く満場一致で採択された。大会での最も鋭い意見の対立は、冬の間中激しく争われた労働組合問題に関する白熱した論議から起こった。内戦の経験に鼓吹されたトロツキーは――ブハーリンもしばらく躊躇したのちに支持していた――再び、労働組合を「生産組合」に変形させ、それらを「労働者国家の装置」とする計画を提出した。その反対の極では、労働者反対派が、生産の組織化と統制を労働組合に代表される労働者の手中におきたいと願っていた。これは、サンディカリストに近い見解であった。この二つの争いあう分派の間に立ったレーニンは、最終的に折衷的決議案のまわりに党中央派を首尾よく糾合したが、この案は重大な問題点を解決することなくそれを避けて通るものであった。評判の悪い「軍隊化」の語は回避された。労働組合は、かちとられるべき「無党派大衆組織」と認められた。労働組合を国家機構に組み入れようとするなら、それは誤りであろう。強制ではなく説得がその適切な道具だとされた。もっとも、「プロレタリア的強制」は除外されはしなかったが。労働組合は常に生産への関与を公言してきた。早くも一九二〇年に、労働組合中央評議会は、労働者の生産性向上をめざした方法と技術の研究・訓練のための中央労働研究所を設立した。労働組合のこの責務は決議の中で強調された。労働規律を維持し欠勤と闘うことは労働組合の機能であったが、これは「同志的裁判所」によってなされるべきであり、国家機関によってではなかった。この決議は大多数によって可決されたが、幾分かの少数票は異端的な二つの案に投じられた。

この論議の熾烈さは党に衝撃を与え、大会にその跡をのこした。レーニンは、党をゆるがした「熱病」について語り、党には「討論・討議という贅沢」の余裕はないと語った。大会は、労働者反対派の綱領の流布は党員資格と相容れないことを宣言した「わが党におけるサンディカリスト的・アナキスト的偏向について」と題する特別決議を、「党の統一について」の一般的決議とともに採択した。後者は「あらゆる分派主義の全廃」を要求したもので、論争点は全党員によって討議されうるが、独自の「政綱」をもったグループの形成は禁止された。一旦決定がなされると、それに対する無条件の服従が義務とされた。この規則の侵犯は、党からの除名にまで至る可能性があった。当時は秘密で三年後に初めて公けにされた最終条項は、党中央委員会の一員であっても委員会の三分の二以上の多数によって、上記の理由で除名されることもありうると規定していた。党内における忠誠と意見の統一性を確保するためのこれらの規定は、当時は必要かつ妥当なものとみなされた。レーニンが述べたように、「退却期間中は、規律が百倍も必要」だったのである。しかし、党中央組織に事実上権力の独占を付与することは、広汎な影響を及ぼすこととなった。しかし、レーニンは、内戦たけなわの頃「党の独裁」を高唱し、「労働者階級の独裁は党によって実現される」と主張していた。第一〇回党大会によって引きだされた論理的帰結は、党中央機関への権威の集中であった。この大会は、労働組合に労働者国家の機関に対する一定の自律性を認めた。しかし、それらが果たすべき役割は、党組織に付与された権力独占によって決定されたのである。

党内反対派の厳重な禁止は、ネップ導入に伴った危機状況の所産であった。同様の過程が論理必然的に、革命後に生きのびた二つの左翼野党――エスエルとメンシェヴィキ――をも襲った。一九一八年一月の憲法制定会議解散は、ボリシェヴィキの最高権力行使の決意を宣言し、一党制国家の基礎をおくものであった。しかし、続く三年間――それは内戦の時期であった――、ソヴェト政府と左翼二政党間の相互関係は曖昧で流動的であり、彼らに対する措置は不確定なものであった。革命の数週間後、左翼エスエルのグループが党主流派から分離し、ボリシェヴィキと連立政権をつくった。三人の左翼エスエルが人民委員に任命された。一九一八年三月のブレスト＝リトフスク条約調印は、エスエルとメンシェヴィキの双方から激しく非難され、左翼エスエル閣僚の辞任を招いた。エスエル〔左右両派〕は明らさまに政府と対立し、一九一八年夏のモスクワ騒動、ペトログラードにおけるドイツ大使および二人のボリシェヴィキ指導者の暗殺、更にレーニン暗殺未遂〔本書三〇ページ参照〕に責任があるとされた。一九一八年六月一四日、エスエル右派とメンシェヴィキは「極悪反革命家」との連携の廉《かど》で〔ソヴェトから〕追放された。彼らの新聞は時おり発禁処分にされたが、しばしば別名で再刊された。カデットの新聞さえも、革命後数カ月間刊行された。全面禁止の執行というよりもむしろ間歇的な妨害は、当局の側のどっちつかずの態度と逡巡を反映していた。

体制の窮地を一層絶望的にした内戦は、二政党の立場を最初は幾分改善した。メンシェヴィキは断乎として、エスエルはそれほど一貫してではなかったが、白軍の行動およびそれを援助し煽動した連合軍諸政府の行動を非難し、かくして――国内政策での異論を保持しながらではあるが――暗黙のうちに政権を支持した。メンシェヴィキの追放は一九一八年一一月に、エスエルのそれは一九一九年二月に、撤回された。そしてメンシェヴィキとエスエルの代議員は、一九一九年と一九二〇年の全ロシア・ソヴェト大会において、明らかに投票権なしではあったが、演説を行なった。内戦中、多くのメンシェヴィキといくらかのエスエルがボリシェヴィキ党に加わった。更に多くの人々は体制の公務に参加し、ソヴェト施設で働いた。両党の支持者大衆は絶えず当局に迫害され、分解し始めた。内戦が終わると、連合や妥協をこれ以上続ける根拠はなくなった。党中央委員会全体を含む二〇〇〇人のメンシェヴィキがネップ導入前夜に逮捕されたといわれており、こうしたメンシェヴィキの絶滅は、与党ボリシェヴィキ党内異端の抑圧と時を同じくした。これら逮捕者の多くは後に釈放され、指導的メンシェヴィキは国外へ出ることを許された。しかしエスエル指導者の頑強な中核は、一九二二年、反革命的活動の廉で裁判にかけられ、死刑を宣告される(この宣告は執行されなかった)か、長期の禁固刑を宣告されるかした。

ネップによる農民への恩恵は、一九二一年の播種に影響を与えるにはいずれにせよ遅きに失したが、自然災害によって遅延させられた。厳しい旱魃のため、広い地域、特に中央ロシアとヴォルガ盆地にわたって収穫が損なわれた。飢饉はそれ以上に拡がり、大きな試練にさらされて衰弱した住民に、前回の一八九一年のロシア大飢饉以上の荒廃をもたらした。続く冬、数百万の人々が飢えたときの惨状は、諸外国の救済委員会、特にアメリカ救済管理局からの供給によって幾分かは緩和された。一九二二年の播種は拡大された。この年と一九二三年の収穫は良好で、ソヴェト農業の復活を告げ知らせるもののように思われた。少量の穀物が現実に輸出された。農村に市場過程を再導入することによって、ネップは戦時共産主義の平準化政策を逆転させて、農村経済の中心人物として富裕農民、すなわちクラークの再登場を奨励したことが注目された。貧農は、彼自身とその家族の生存のために生産した。彼は彼の生産するものを消費し、もし彼が市場に来るとすれば、それは売手としてよりもむしろ買手としてであった。クラークは市場のために生産し、小資本家となった。これがネップの精髄であった。土地を賃借し賃労働を雇用する権利は、体制初期以来理論的には禁じられていたが、一九二二年の新土地法典において、若干の形式的制限つきで認められた。しかし、農民が食べるに十分なものをもっている限り、そして都市に食糧を与えるのに十分な余剰を提供する限りは、最も献身的な党員の中でさえ、このような幸運な結果を生みだした革命の原則と理想からの逸脱に対して、すぐさま挑戦しようとするものは稀であった。ネップが工業や工業労働者を助けるためにほとんどあるいは何もせず、計画経済の大義の推進には全く貢献しなかったとしても、これらの問題は安んじて将来に委ねることができたのである。

戦時共産主義の性格に関する党内の潜在的相違がネップの実際的な含意と帰結に関する相違の中に反映され始めたのは、この点においてであった。一九二一年三月の危機の雰囲気の中で、戦時共産主義のより極端な政策からネップへの転換が、歓迎すべき必要な救済策として満場一致で受け入れられたとき、これらの分岐は棚上げされたにとどまり、全面的に和解させられたわけではなかった。戦時共産主義が社会主義に向かう前進としてではなく、軍事的必要に迫られた逸脱、内戦の非常事態に対するやむをえざる対応として考えられる限り、ネップは、強要されたものではあるが遺憾な脱線からの撤退であり、一九一八年六月以前にとられていた、より安全でより慎重な道への回帰であった。戦時共産主義が社会主義のより高度な点への過度に性急で過度に熱狂的な突進――確かに時期尚早ではあったが、それ以外の点では正しかった――として扱われる限り、ネップは、当面保持するのが不可能だとわかった地歩からの一時的撤退であり、その地歩は早晩奪還さるべきものであった。レーニンが――彼の立場は必ずしも一貫してはいなかったが――ネップを「敗北」、「新たな攻撃のための撤退」と呼んだのは、この意味においてであった。第一〇回党協議会〔一九二一年五月〕においてレーニンが、ネップは「真剣にかつ長期にわたって」意図されていると言ったとき(だが、質問に答えて、二五年という見積りは「あまりに悲観的」であると付けたした)、ネップは戦時共産主義という過誤の望ましくかつ必要な修正であるとの見解と、ネップ自身が将来修正され、とって代わられるべきものであるとの見解の両方に言質を与えたのである。第一の見解の言外の前提は、後進的農民経済と農民心理を勘案することが実際に必要であるという点であった。第二の見解のそれは、工業を建設し、革命の主要な拠点をなしている工業労働者の地位をこれ以上悪化させないことが必要だということであった。一九二〇―二一年の冬の党の一大難局が首尾よく克服されたことへの感謝によって当面かき消されていたこうした分岐は、二年後の更なる経済危機と党内危機の中で再び現われたのである。

第五章　新しいソヴェト秩序

党の中心的権威の強化という予期せざる結果をもたらしたネップの出現は、また、ソヴェト国家形成において既に作動していた中央集権化の傾向を助長した。一九一七年の国家権力破壊の大衆的熱狂は、実現されぬ夢の世界へと消えてしまっていた。この夢は、多くの党員の記憶につきまとい続けた。しかし、ブレスト＝リトフスク以来、また内戦以来、こうした非常事態に対処できる十分堅固な国家権力を創造することの必要性は、否応なしに受け入れられていた。そしてそのことは、今や、荒廃し破壊された国民経済を再建する必要によって増幅された。ネップ期は、ソ連邦の恒久的立憲構造となるものを形成したのみならず、諸外国との関係において永年踏襲されることになる路線を決定したのである。

ソヴェト体制の流動的な立憲秩序を安定させるときであった。ロシア社会主義連邦ソヴェト共和国(RSFSR)の憲法は、一九一八年七月に発布されていた。それは、その六カ月前の全ロシア・ソヴェト大会によって公布された「勤労被搾取人民の権利の宣言」(本書一三ページ参照)で始まっていた。それは都市ソヴェトと県ソヴェトによって選出された代議員からなる全ロシア・ソヴェト大会に最高権力を与えたが、その代表比率は、労働者の本拠である都市に有利に重みをかけられていた。選挙権は、「生産あるいは社会的に有益な労働によって生計をたてている」人々および兵士と労働不能者に限られた。大会は、閉会中その代理として権威を行使する全ロシア中央執行委員会(VTsIK)を選出し、次に全露中執が人民委員会議(ソヴナルコム)を任命した。後者の主な機能は行政的なものであったが、また指令や布告を公布する権限をも与えられていたため、人民委員会議と全露中執の権限の間に明確な区分線は引かれなかった。この憲法はまた、以下のような一般的諸原則を宣言した。すなわち、教会と国家の分離、労働者のための言論・意見表明・集会の自由、「働かざるもの食うべからず」の原則に則った全市民の労働義務、共和国防衛のための兵役義務、人種・民族によるあらゆる差別の廃止などである。内戦の混沌は、共和国領土のどのような確定をも不可能にした。共和国の名称の中にある「連邦」という言葉は、厳密な意味はなかった。それは、非ロシア人住民が主に居住する「自治」共和国・「自治」州のロシア共和国への編入という意味と、旧ロシア帝国の他の地で宣言された――あるいは宣言されるであろう――ソヴェト共和国とロシア共和国の提携の確立という意味とにまたがっていた。これらの提携は当初、連　邦《フェデレーション》よりむしろ同　盟《アライアンス》の形をとった。ロシア共和国は同盟条約を一九二〇年九月にアゼルバイジャンと、一二月にウクライナ・ソヴェト共和国と結び、一九二一年には白ロシア、アルメニア、グルジア各共和国と締結した。統合過程への抵抗がみうけられたのは、内戦期のいくつかの競合する権威の一つとして民族的反ソヴェト政府が存在したことのあるウクライナや、メンシェヴィキ政府が確立したことのあるグルジアにおいてであった。異端を放逐し、確固としてボリシェヴィキ政府をうちたてるために軍事力が行使された。この武力行使は、内戦に深くまきこまれ、対抗する種々の軍勢が国をほとんど無政府状態にしてしまったウクライナにおいては、グルジアにおいてよりも容易に正当化されえた。グルジアは、永いことソ連のうちでも反抗的で手に負えない一員であり続けた。

国全体が経済回復へ向かい、外界との接触を復活させようとするにつれて、こうした目的のために国が単一の単位として働くことが自然で必要であるようにみえた。地方自治の形式――そしてある程度の実態――は注意深く保持されたが、ロシア共産党は地方党をその支部として統一的規律を維持し、経済と外交の主要な政策決定はモスクワで行なわれた。最初の一歩は、トランスコーカサス〔ザカフカース〕三共和国――アルメニア、グルジア、アゼルバイジャン――を説得して、トランスコーカサス社会主義連邦ソヴェト共和国に統一させることであった。次に一九二二年一二月、個々に開かれた四共和国（ロシア、ウクライナ、白ロシア、トランスコーカサスの各共和国）の大会において、ソヴェト社会主義共和国連邦（USSR）を形成することが票決された。最後に、四共和国の代議員が一堂に会し、ソ連邦の第一回ソヴェト大会となり、憲法起草の任を負った委員会を選出した。ソ連憲法は一九二三年七月、委員会によって承認され、一九二四年一月、ソ連の第二回ソヴェト大会によって正式に裁可された。

この憲法は、ロシア共和国の最初の憲法にならって作成された。主権をもつ連邦ソヴェト大会は、構成共和国ソヴェト大会の代議員から成っていて、その代表率は各共和国の人口に比例していた。大会は中央執行委員会(TsIK)を選出し、後者がソ連の人民委員会議を任命した。人民委員部の組織は複雑であった。外務、貿易、軍事、およびチェーカー——今や統合国家保安部(オー・ゲー・ペー・ウー)と改称していた——による「反革命に対する戦闘指揮」は、排他的に連邦当局のものとされた。各共和国は国家保安部《ゲー・ペー・ウー》をもっていたが、それは直接統合国家保安部《オー・ゲー・ペー・ウー》に従属していた。ほとんどの経済問題は「統合」人民委員部システムに属していて、連邦人民委員部と共和国人民委員部があり、後者は一定の独立性を享受していた。農業、内務、保健、教育を含む他の行政分野においては、連邦人民委員部はなく、共和国だけに人民委員部があった。形式的にはソ連は共和国の連邦であった。しかし、その国名が「ユニオン(ロシア語でソユーズ)」という語を使い、通常連邦という場合に使われる「フェデレーション(ロシア語でフェデラーツィヤ)」を使わなかったことは、その統一的傾向が当初から明らかであったことと考えあわせて、意味深長であったかもしれない。ロシア共和国は〔当時、中央アジアをも含んでいたせいもあって〕、連邦人口の七五パーセント以上、その領土の九〇パーセントを占めていた。ソ連は大文字で書かれたロシア共和国と大差なく、モスクワの中心的権威の他の共和国への拡大を意味するのではないかと他の共和国が疑ったのも、ある程度理由があった。新憲法を起草した委員会では、特にウクライナと白ロシアの代表から反対の声がきかれた。

こうした反対に応える試みとして、すべての共和国の形式的平等を認めるための注目すべき新機軸がうちだされた。ソ連邦中央執行委員会は二院に分けられた。第一の、はるかに大きな連邦評議会は、共和国人口に比例して選出された代議員からなっていて、これはロシア共和国の圧倒的優位を認めるものであった。第二院たる民族評議会への代議員は、民族集団の平等を基礎にして、四大共和国と自治共和国から五人ずつと、各自治州から一人ずつ選出された。しかし、通常、両院は(重要な演説を聞くため一緒に開催されるときに)公認の政策の声明にただ耳を傾け、好意的に論評するだけで、議論を起こしそうな問題はほとんど提起されず、票決されることもなかったので、こうした複雑な手続きは、政策決定過程の中で実際的な意味はもたなかった。時が経つにつれて人数が拡大された大会と中央執行委員会の定例会議は、いかなる決定も下さなかった。しかしそれらは、ソ連の辺鄙でしばしば未開でもある地域の代表との接触を可能にし、モスクワで決定された主要な政策をソ連全土に大衆化し、知らしめるための重要な手段をなしていた。これらの会議の主要な機能は、討論することではなく、指示・説得・訓戒することであった。ソ連とその構成単位の憲法は、西欧諸国の憲法とは全く異なった目的を果たしており、その類似性はごく皮相なものでしかなかったのである。

中央アジアは、その複雑な民族構成およびそのイスラーム世界との関係のために、特別な問題となっていた。中央アジアのブハラ、ホレズム両共和国は、ロシア共和国との同盟条約によってモスクワの勢力圏下に入れられていたが、それらがまだ社会主義的ではないという理由で、以上のような憲法的手続きから除外された。ようやく一九二五年になって、中央アジアは民族的境界にそって再編された。従属的自治単位をもったウズベク、トルクメン両社会主義ソヴェト共和国が、第五・六番目の構成共和国としてソ連に編入されたのである。

党の組織構造は、事態のなりゆきの中でソヴェトの構造に劣らず重要な要素であった。党大会の開かれていない時期の最高権威は中央委員会に与えられた。一九一七年一〇月の蜂起を開始するとか、のちにブレスト＝リトフスク条約に調印するといった重要な諸決定を行なったこの委員会は、二二名からなっていた。続く重大危機の時期に、この機関は迅速な行動にはあまりにかさばったものだったので、重大問題の決定は事実上、レーニンと他の最高指導者との協議に任された。一九一九年三月の第八回党大会は、一九名の正式メンバーと八名の候補(会議への出席は許されるが投票権は与えられない)からなる中央委員会を選出した。しかしこの大会は、政治的決定に責任を負う五名からなる政治局と、党の組織問題を統制する組織局を任命した。そしてこれは、事実上の権威源としての中央委員会の衰退を意味した。一九二〇年の第九回党大会は書記局を再編して、党中央委員会のメンバーである三名の「常任」書記の管理下においた。そして続く期間、一新された書記局は急速に膨脹し、党活動の様々な部門を担当する各部局に分かれた、数百の役人からなるスタッフを獲得した。一九二〇年代を通じて保持されることとなる党構造の形ができあったのである。もっとも、進行中の過程が全面的に展開するまでに数年かかりはしたが。強力な党機構の創設はのちに、スターリン独裁の道具となった。党大会は一九二五年までは毎年開かれ、その後は、間隔がより不規則になり、より小規模でより非公式な党協議会と交互に開かれた。そして党中央委員会は一年に三、四回の会議が開かれた。これらの会議は、まもなく、書記局による代議員選挙の操作のため結果が初めからわかりきっているものになってしまったが、重要問題が討論されるフォーラムとしての役を果たし続けた。七名、のちには九名と数が増え、また数名の候補をもった政治局のみが、一九二〇年代を通じて最高位での決定源であった。そして、一党制国家における党の権威はソヴェト政府のすべての決定と活動にとって命令的なものであったから、党政治局はソ連の最高政策決定機関となったのである。

党・ソヴェト組織の強化は、ソヴェトの外界との関係の堅固化に見あうものであった。モスクワで世界革命への期待が最高潮に達した戦時共産主義の時代においてすら、西欧諸国政府と直接接触する稀な機会は看過されなかった。一九二〇年一月、ロシア協同組合代表は西欧政府代表とパリで、商品交換の再開について討論した。またコペンハーゲンではリトヴィノフが捕虜の相互送還協定を協議した。エストニアとの講和条約は一九二〇年二月二日に調印され、レーニンは「われわれはヨーロッパに窓を開いたが、それをわれわれはできるだけ広範囲に利用しようとするつもりである」と注釈した。一九二〇年三月の党大会でレーニンは、「われわれの国際政策において巧妙な策略を用いる」必要について語った。数日後、外国での商工業に経験のある指導的ボリシェヴィキ党員のクラーシンが、「通商専門家」の大代表団を伴ってスカンディナヴィアに向けて出発し、五月にはロンドンで慇懃に迎えられた。こうした交渉は、ポーランド戦争がモスクワにおいては革命への期待を再燃させ、西欧においては不安と憎悪を新たにかきたてたことで急に打ちきられた。しかし、一九二〇年秋までに平和は回復された。ロシアの通商会社がロンドンにおいて、アルコス(全ロシア協同組合商会)という名のもとに登録された。そしてクラーシンは、冬のほとんどをロンドンで過ごし、イギリス政府およびソヴェト=ロシア向け注文に関心のある会社と交渉した。最後に、レーニンがモスクワでネップを党大会に紹介したちょうど一週間後の一九二一年三月一六日、イギリス=ソヴェト通商協定が調印されたのである。

この通商協定は、ソヴェトの政策における突破口であり転換点であるとして、正当にも歓迎された。両国は相互の通商を妨げぬものとし、正式の外交上の承認がなかったため

〔大使の代わりに〕公的通商代表を交換することに同意した。イギリスの観点からして最も重要な条項は、両国が、相手国に対抗する「行為、企て」、「直接・間接の公的宣伝」を「控える」と約したものであった。「いかなる形にもせよイギリスの利益あるいはイギリス帝国に対する敵対的行為をアジア諸民族に唆かす行為や宣伝」が特筆された。敵対的宣伝をさし控える旨の保証は、ブレスト＝リトフスク条約においても、それほど精巧でない形で規定されてはいた。しかし状況は異なっていた。ブレスト条約は、永続するとは考えられていない情勢の中で締結されたし、実際永続しなかった。英ソ協定は、ネップ同様「真剣にかつ長期にわたって」企図されたものであった。これらはソヴェトの政策における強調の変化を予告した。世界革命に関する宣言はひき続き行なわれたが、意識的にせよ無意識的にせよ、ますます、正常な事務処理に影響しないお定まりの儀式とみなされるようになった。外務人民委員部の政策とコミンテルンのそれとの間の潜在的非両立性が表面化し始めたのである。

ソヴェトのイギリスとの接近の背景は経済的なもの、すなわち、相互に有利な通商を容易にしたいという願望であった。ドイツとの接近の背景は第一義的に政治的なものであって、ヴェルサイユ条約への共通の敵対と、ポーランドの主張に対する共通の反感に根ざしていた。一九一九年のほとんどをベルリンの獄中か軟禁状態ですごしたラデックは、多くの、様々な環境の出身のドイツ人との接触をやってのけ、その人々すべてに対して独ソ協力の長所を説いた。公式の独ソ関係は、一九一八年のモスクワでのドイツ大使暗殺以来断絶していた。一九二〇年夏、ソヴェト代表が再びベルリンで受け入れられ、またモスクワではドイツ代表が受け入れられた。ポーランド戦争は、ポーランドの二隣国〔独ソ〕間の友好的関係を強力に刺激した。トロツキーはドイツとの協定に賛成であると伝えられた。レーニンは一九二〇年一一月、「ブルジョワ的ドイツ政府は非常にボリシェヴィキを嫌ってはいるが」、それにもかかわらず「国際情勢の利害が、ドイツ政府をして不本意にもソヴェト＝ロシアとの和平へと向かわしめている」と述べた。ソヴェトの政策は、革命の追求と外交との間で分裂していて、依然どっちつかずであった。一九二一年三月一七日、ドイツ共産党は、党史上「三月行動」として知られている反政府武装蜂起を開始した。この企ては、ジノーヴィエフとコミンテルン関係者によって確かに支持され、おそらくは促されたものであった。当時クロンシュタット反乱と党大会に大いに心を奪われていた他のソヴェト指導者の関与は疑わしい。しかし、ドイツ蜂起の敗北は、西欧での革命に対するモスクワの衰えつつあった期待を一層減じ、資本主義諸国との外交上の調節を直接的目標とみる人々の勢力を強めたに違いない。

この時期の独ソ関係の特徴は、ヴェルサイユ条約におけるドイツの兵器製造禁止から生じた軍事協力の追求である。一九二一年四月、ベルリンにおけるソヴェト代表であるコップは、国防軍との秘密協議の後、ドイツ会社によるソヴェト＝ロシアでの、銃・砲弾・飛行機・潜水艦の製造計画案をモスクワにもちかえった。回答は好意的なもので、ドイツ軍代表団が夏の間モスクワを訪れた。一九二一年九月、クラーシンと国防軍司令官ゼークトを首席交渉者とする会議で、協定に決着がつけられた。ゼークトがドイツの文民政府に、目下進行中のことについて初めてうちあけたのは、このときのことのようである。潜水艦計画は削除された。しかし、ソヴェト＝ロシアのドイツ人工場はまもなく銃・砲弾・飛行機の生産に着手した。この計画に戦車が加えられた。そしてガス戦の実験が行なわれた。こうした企ての産物は、国防軍と赤軍の双方に供給された。後には、ドイツ人将校が、戦車戦と軍事飛行で赤軍の人員を訓練した。これらのとりきめは極秘のヴェールに包まれていた。ソヴェトの新聞では、このことに関していかなる言及もなされなかった。連合国のみならず、ドイツの公衆とドイツの政治家にも永い間隠しおおされていた。革命直後にボリシェヴィキが、戦時中ツァーリ政府によって連合国と締結されていた秘密条約を廃棄したころとは、はなはだしい隔りであった。他方、ソヴェト＝ドイツ間の経済関係は、「混合会社」設立、およびドイツ人会社へのソヴェト＝ロシアでの「利権」認可によって強固にされた。

一九二二年初め、ソヴェトとドイツの両政府は、四月一〇日にジェノアで開催される国際会議に出席するよう招待された。この会議は、その最も積極的な推進者たるロイド＝ジョージによる大胆な試みであって、これまでヨーロッパ社会から除け者にされていたドイツおよびソヴェト＝ロシアとの絆を回復しようとするものであった。レーニンはその招待に、抑制された熱意で応えた。「われわれはそこに商人として行く。なぜなら、資本主義諸国との貿易は(彼らが完全には崩壊していない限り)われわれにとって無条件に必要であり、われわれはそこに……この貿易にとって適切な政治的条件を討論するために行くのである」と彼は説明した。チチェーリン、クラーシン、リトヴィノフがソヴェト代表団を率いていたが、これは、他の主要な大国の代表団と対等な条件で国際会議に出席した、この種の最初のものであった。一つにはフランスがロイド＝ジョージの狙いに執拗に抵抗したことにより、またもう一つにはイギリスとソヴェトの交渉家がソヴェト負債問題に関して一致を見ることができなかったことにより、この会議は失敗した。ソヴェト政府は、旧ロシア政府の戦前の負債(戦債ではないが)を原則的には承認する用意があった。但し、その清算を容易にするためにかなりの額の外国債が承認される限りにおいてということであった。ソヴェト政府は、外国企業国有化の法令を撤回することを拒否したが、一定の条件で、外国会社が「利権」という形で彼らの元の企業を再び占有することを許可しようとした。いかなる工夫の才もこうしたギャップを埋めることはできなかった。

交渉の行き詰まりは、逆説的なことに、この会議の唯一の具体的な結果を生みだした。しばらくの間、ソヴェトとドイツの外交官はベルリンで、政治的性格の条約を結ぶ条件を討議していた。ジェノアのソヴェト代表団は、西欧連合諸国に何ら印象づけることができなかったが、今や、ラーテナウ外相に率いられたドイツ代表団に、直ちに条約を完成し調印するよう要求した。そして、同様に会議の進行に幻滅したドイツ代表団は同意した。その条約は一九二二年四月一六日ラパロにおいて、大急ぎでまた秘密裡に調印された。ラパロ条約の内容は驚くべきものではなかった。唯一の実効的条項は、金融上の権利要求の相互放棄と外交・領事関係の確立を規定していた。しかし、西欧連合諸国に対する団結の示威として、それはジェノア会議を粉砕し、国際社会に永続的な衝撃を与えた。ジェノア会議とラパロ条約はソヴェトの政策における里程標であった。ソヴェト＝ロシアはヨーロッパ列強中にあって、交渉力ある位置を獲得したのである。元来危機をのりきるための便法として考えられた策略は、一般的に認められたやり方となりつつあった。

コミンテルンにおいては、気分変化の兆しは早くも一九二一年六月の第三回大会で明らかになった。一年前の第二回大会の沸騰する革命的熱狂は雲散霧消していた。ボリシェヴィキが当初不可能と考えていたことが起こっていた。すなわち、社会主義ソヴェト共和国は資本主義的環境の中で維持されていたし、維持され続けるだろうあらゆる徴候を示したのである。レーニンは大会において、国内問題・国際問題いずれにおいても防衛にたたされていることに気づいた。彼は聴衆に向かって、ネップの必要性および農民との結合の必要性を説明する労をとったが、これら外国人の聴衆の中には、プロレタリア革命のこうした解釈に対し明らさまに懐疑的な者もあった。彼は、世界革命の進歩が「われわれが期待したような、まっすぐな道をたどってこなかった」ことを認め、「その具体的発展の深い研究」を勧告した。トロツキーは、一九一九年には世界革命は「数カ月の問題」のようにみえたが、今やそれは「多分、数年の問題」であると述べた。実際的な慎重さが、前回大会の抑制されない熱狂にとってかわったのである。

ドイツの「三月行動」の失敗とイタリア左翼の共倒れ的な分裂の分析に、多くの時間が費された。第二回大会で作成されたコミンテルン加盟の「二一カ条」はいくつかの主要な外国の党を分裂させ、それによって課せられる厳しい規律を受け入れようとしない同調者の排除をもたらした。一旦革命の最初の波が退くと、西欧諸国で共産主義への特別な忠誠心をいだくのは少数の労働者だけとなった。諸国の共産党が厳格な教義に縛られ、一般労働者の主要部分から孤立した小分派に堕してしまうかもしれないということが危惧された。イギリスとアメリカの党が特に、「小分派のままにとどまっていないということは死活の問題だ」と警告された。「大衆」に求婚する必要性に新たな強調がおかれた。大会の六カ月後、執行委員会は「労働者統一戦線」に関する宣言を発した。これは、特別な目的のための共同政綱に基づいて、他の労働者や左翼政党員と協力することを呼びかけたものであった。しかし、共産党員がその独立性と批判の権利を犠牲にしてはならないということが絶対条件だったので、統一戦線の概念は曖昧なままであり、その後数年間、多くの軋轢と誤解を生んだ。

ネップ導入に伴う外交政策上の新たな転換は、ソヴェトの東方諸国との関係にも拡大した。アフガニスタン、ペルシャとの各条約は一九二一年二月に調印され、トルコとの条約は英ソ協定と同じく一九二一年三月一六日に調印された。ちょうどその当時ペルシャ北部に独立共和国を樹立しようとしていた反乱指導者に与えられたソヴェト工作員による援助と、対ペルシャ条約は調和させるのがむずかしいようにみえた。しかし、夏の間にこの援助は撤回され、反乱は瓦解した。「帝国主義に対する闘争」における両国の連帯を宣言した対トルコ条約は、より大きくより持続的な困惑を惹起した。調印の三カ月前、非合法のトルコ共産党の指導者がケマルの手先によって殺害され、他のトルコ共産党員が殺害されたり逮捕されたりした。共産主義の弾圧は、ケマル体制のあまねく宣伝された目的であった。このことは、イギリスのトルコへの干渉に対する共通の利害の中でごまかされた。英ソ条約の中で約束された、アジアでの反英宣伝を控えるとの義務もまた、ある程度公けの抑制を課した。レーニンはコミンテルン第三回大会で、「東洋の数億の被抑圧諸民族の間での革命運動は、注目すべき精力をもって成長している」と保証したが、大会それ自体は、それ以前とは異なり東方問題には沈黙した。レーニンは一九二二年一一月の〔第四回〕コミンテルン大会における彼の最後の演説(彼はもう病人であった)の結びで、「今や始まっている時期の最も重要な任務は、革命活動における組織、構造、方法、内容を獲得するために研究することである」と結論づけた。それは控えめな結びであった。

他方、ソヴェト政府はそれまでより一層決然と、ロシアの伝統的利益の擁護者として立ち現われた。ほとんど全く陸地に囲まれた国にとって、黒海から〔ボスポラス、ダーダネルス〕海峡を通り地中海へぬける通路は常に微妙な問題であった。一九二一年三月一六日のソヴェト＝トルコ条約は、「すべての国の通商のための」自由な通過を保証していた。しかし、問題は軍艦の通行であった。トルコは、トルコの許可なく外国の軍艦が海峡を使用することを、主権の侵害として抗議していた。ソヴェト＝ロシアは海軍力が枯渇しており、外国の黒海侵入を恐れていたので、積極的にこの抗議を支持した。西欧列強とトルコの間の講和条件を決定するために、一九二二年秋、ローザンヌにおいて会議が開かれることとなり、そこでこの問題は不可避的に提起されることになった。そして、どちらかといえば予想外なことに、ソヴェト政府は「海峡問題の討議に」参加するよう招待された。チチェーリンがソヴェト代表団を率い、当時イギリスの東方での帝国主義の中心的唱道者とみなされていたカーゾンと対決したことはあまねく宣伝された。この問題は妥協によって解決された。そしてソヴェト政府はそこで生じた協定に調印したが、遂に批准しなかった。獲得されたものは、旧ロシア帝国の権利と利益の後継者としてソヴェト＝ロシアが一般的に承認されたことであった。

第六章　鋏状危機

ネップがその確立をめざしていた「農民との結合」は、数年間、ソヴェトの政策の合言葉であった。その必要性を疑う者は稀であった。レーニンは第一〇回党大会で、「他国で革命が起こるまでは、農民との協定だけがロシアにおける社会主義革命を救うことができる」と言った。一九二一―二二年の悲惨な飢饉の後、農業が急速に回復し、復興が経済の他部門へ拡がり始めたとき、ネップの正当性は意気揚々と立証された。しかし、一旦危険が去り、戦時共産主義の窮乏の記憶が過去に退くや、安堵と黙認の雰囲気は徐々に衰え、革命の初期の成功を鼓吹していた社会主義への前進の希望と期待からかくも徹底的に離脱したことに対する不安感が訪れた。結局、誰かが、農民になされた譲歩の犠牲を担ったのであり、ネップの直接、間接の帰結のあるものは、予期も歓迎もされないものであった。二年たつかたたないかのうちに、国は、ネップ導入に先だつ危機ほど劇的ではないが新たな危機の陣痛に襲われ、その危機は、今や拡大しつつある経済のあらゆる部門に深く影響を及ぼしたのである。

ネップの工業への衝撃は、農業へのそれよりも直接的でなく、主として消極的なものであった。ネップの最初の効果は、農村工業と職人工業の復興を刺激することであった。それは、一つにはそれらの方が内戦時に工場工業ほど損害を被らず、より容易に生産に戻れたためであり、もう一つには、農民が農産物販売の収入で購入しようとする単純消費財をそれらが主に供給したためであった。工業国有化のキャンペーンは停止された。大規模工業(レーニンの「管制高地」)は国家の手に残ったが、二つの重要な修正が加えられた。第一に、大規模な分権化がなされた。国有工業は、三つのカテゴリー――「連邦」・「共和国」・「地方」――に分けられ、「連邦」工業は連邦最高国民経済会議によって、「共和国」工業は構成共和国最高国民経済会議によって管理された。そして共和国内では、県・郡が「地方」工業に責任を負う各自の国民経済会議(ソヴナルホーズ)を設立した。様々な度合の監督が上位機関により下位機関に対して行使された。しかし、実際的考慮はかなりの程度の自治を要求した。下位においては、私的工業が奨励された。二〇人以下の労働者を雇う企業は国有化を免れた。すでに接収されていたより大きな企業は、しばしばその元の所有者たる個人経営者に貸し戻されることもあった。農村工業・職人工業・協同組合工業は、公的に承認されて操業され、拡張していった。

第二に、グラフキとツェントルを通しての最高国民経済会議による工場工業の直接管理は廃止された。工業はトラストの中に編成されたが、そのトラストは企業集団を、一まとまりの単位として運営した。一トラスト中の平均企業数は一〇であった。最大級トラストは繊維および金属工業にあった。最大の繊維トラストは五万人以上の労働者を雇っていた。トラストの本質的な特徴は、もはや国家予算から融資されず、独立採算制（ホズラスチョート）の原則に基づいて活動し、利潤を獲得し、それを――ある程度控除した上で――企業の固定資本所有者たる国家に支払うよう指示されたことである。いくつかの基幹工業は、生産の一定割合を国家施設に引き渡すことを、依然義務づけられた。それ以外の点では、工業は、農民同様、その生産物が売れるいかなる価格でも市場に売り出すことが自由であった。こうした手続きはネップの精神に一致していた。しかし、それは党内のあるグループからは批判された。「最大限利潤」を得るようにとの一九二三年の最高国民経済会議のトラスト宛ての直截な指示は、不評を招いた。

ネップ導入の一年後、それがあらゆる種類の商品の入手可能性と流通に与えた刺激は、ある程度の満足をもってみることができた。レーニンは「商業の自由」の危険に気づいていたし、それは「不可避的に資本の勝利、その全面的な復興へと導く」と、彼は第一〇回党大会で述べた。彼は最初、都市と農村の間の商品交換を、大々的な組織的物々交換の体系として思い描いていたようである。しかし、彼が後に認めたように、「商品交換は束縛を脱して」「普通の売買へと転じた」。そして、彼は聴衆に「商業を学べ」と言って、一部の愛党精神の強い党員に衝撃を与えた。一九二二年、モスクワに商品取引所が設立された。

その意図は疑いもなく、商業の過程に対する一定の公的統制を行使することであった。結果は、直ちに「ネップマン」として特徴づけられるようになった新商人階級の活動を容易にしたことであった。小規模の私的商業は戦時共産主義下でさえも、完全に消滅したことはなかった。モスクワの有名なスハレフカ市場は、よく知られつつも黙認された悪習であった。新興階級たるネップマンは、もはや小商人ではなく、経済のあらゆる部門に触手を伸ばした大規模な商業企業家であった。大工業トラストは依然、それらの生産物の卸売市場を統制することができた。グム(国営百貨店)として知られる小売店が、最高国民経済会議の後援下に、モスクワや他のいくつかの都市で開かれた。しかし、それは初めあまり繁盛しなかった。また現存する消費協同組合はあまり進歩をみせなかった。小売商業は至るところで、ネップマンによって支配され助成された。商業が次第に大量に流れ始めるにつれ、繁栄の空気が首都の裕福な界隈に戻ってきた。革命で追放された、かつておなじみの多くの特徴が今や視界に再登場した。クラーシンは一九二二年九月のモスクワ訪問中、彼の妻宛てに、「モスクワはうまい具合にいっているようだ。所によっては戦前同様だ」と書いた。街頭娼婦、卑屈な給仕、チップをせがむ運転手等々の「資本主義的」現象の再来について、外国人訪問者は、その傾向に従って、あるいは苦々しくあるいは勝ち誇って論評した。ネップの受益者にとっては、未来はバラ色に見えた。最悪の事態は終わったかのようであった。戦時共産主義の窮乏と緊張は緩和されていた。回復が進行していたのである。

しかし、まもなくネップのより深い含意が、相互に関連する危機のうちに現われた。最初は価格危機であった。戦時共産主義の統制が取り除かれた今、価格変動は狂気じみたものであった。一九二一年八月に任命された価格委員会と、一九二二年五月に設立された国内商業委員会は、全く無力であることが明らかとなった。農産物に対する都市の渇望は、工業生産物に対する農民の渇望を上まわり、その結果、まず農産物価格が工業製品価格に比して高騰した。運転資本を欠き信用源ももたなかった工業は、下落する市場に生産物を売り、かくして工業製品価格を更に引き下げることによってしか、資金を得ることができなかった。一九二二年夏に絶頂に達したこの過程は、労働の危機を招来した。労働は、あらゆる商品同様、戦時共産主義下では不足しており、失業は思いもよらなかった。強制的労働奉仕は、動員された労働者にとっては食糧配給を確保するという利点があった。今や、義務労働は刑事労働収容所を除いて次第に放棄され、自由な賃労働雇用が復活した。団体協約が労働組合によって組合員のために交渉され始めた。しかし、仕事の数は今やそれらを求める労働者の数より少なかった。雇用者は永い間、労働者への食糧配給を供給し続けた。しかし、これらは今や、賃金の代わりの現物支給であって、市場価格で計算されていた。物価指数の狂乱は賃率を絶えず論争の的にし、そこでは労働者は交渉上不利な立場にあった。賃金は、企業が支払いのための現金を欠くため、しばしば滞った。

労働組合の地位は、一九二一年三月の第一〇回党大会における妥協的決定によって規制されていたが、それは、どちらかといえば空虚な妥協であり、その限界は二カ月後の労働組合大会で暴露された。党大会で決定された諸問題の蒸し返しの試みに抗しえなかったトムスキーは厳しく叱責され、党当局の命令で労働組合中央評議会議長の地位を解任され、中央アジアに任務を帯びて派遣された。トムスキーに代わったのが、元来トロツキーの労働組合政綱支持者たるアンドレーエフであったことは意味深長だったかもしれない。しかし、このことは組合内の平和を回復しはしなかった。一九二二年一月、政治局は再び決議をもって介入したが、その決議は「労働組合の種々の任務の間の一連の矛盾」――特に「勤労大衆の利益擁護」と「国家権力の分有者、かつ全体としての国民経済の建設者」としての労働組合の役割との間の矛盾――の存在を承認するものであった。この公式は、トムスキーの罪の軽減の道を開いたようで、次回の一九二二年九月の労働組合大会で、彼は議長として旧職に復帰した。この大会は再び労働組合の役割を定義しようとした。「無条件に労働者の利益を擁護すること」が労働組合の機能であった。他方、労働者の社会主義秩序建設への貢献とみなされた生産性の維持・向上の義務も、労働組合にかかっていた。そしてストライキは形式上は禁じられなかったが、紛争解決の正しい方法は、当事者たる労働組合と雇用者あるいは経営管理者の間の交渉によるものであった。国有企業における労働組合の役割と私企業におけるそれとの間に、実質的区分は一度もなされなかったようだということは注目に値する。いずれも重要な生産に貢献していた。そしてこの過程が破壊されないということが重要なのであった。

労働者間の不満は、いわゆる「赤い経営者」の地位と影響力が上昇していったことによって煽りたてられた。内戦中に、かつてのツァーリの将校が赤軍を再建し指揮するために雇われていたのと同様に、重要産業を再興するため、かつての工場経営者と時には工場所有者が、国有企業経営者として――「専門家」という名目で――時には党員か労働者の監督の下で、勤務させられていた。このシステムは経営的才能の必要に応えるもので、自律的トラストとシンジケートが戦時共産主義のグラフキとツェントルにとってかわったネップの下で一般化され、拡大した。「赤い経営者たち」のグループは、圧倒的にブルジョワ出身であったにもかかわらず、ソヴェト階統制《ヒエラルヒー》において認知され、尊敬される位置を得た。彼らの中には、すぐれた勤務の報酬として党員となることを許されたものもいた。彼らは通常の賃率等級をはみだす給料の特別額を――しかも大いに――もらった。そして、工業管理と工業政策に次第に強まる発言権を行使した。旧体制の方法を思い出させるような、彼らの残酷で独裁的な労働者への態度は、しばしば、満更当たっていないわけでもない非難をよびおこしたが、それは、工場において革命が表わしていたあらゆるものがこのように明白に逆転させられたことに対する嫉妬と憤慨の徴候であった。

しかし、労働者に、ネップ経済におけるその低下した地位を最も強く意識させたのは、失業の到来であった。重工業の引き続く停滞、消費財工業の価格危機、生産合理化の要求、独立採算制《ホズラスチョート》と利潤獲得の要請——これらすべてが、過剰労働者解雇の強い圧力をひきおこした。失業は、労働規律と賃金圧力の道具という、市場経済の下での正常な役割を回復した。統計は少ししかなく、あてにならなかった。一九二三年の失業数は百万人に達したといわれた。しかし、公式の数字は、労働組合員および労働取引所に登録され僅かな扶助金の資格を与えられた人々に関するものだけであり、都市で臨時労働、特に建設業での職を捜す大量の未熟練労働者——主に農民——を考慮に入れていなかった。ネップが農民を災厄から救ったとしたなら、それは工業と労働市場を混沌寸前の状況に至らしめていた。「労働者グループ」と自称し、NEPの文字は「新たなプロレタリアート搾取」(new exploitation of the proletariat〔новая эксплуатация пролетариата〕)を表わすと主張した党内地下反対派グループは、四月の党大会で弾劾された。ネップは農民への譲歩の政策であると気軽にいわれるとき、誰も問わなかった問題は、誰の犠牲でこれらの譲歩がなされているのかということであった。革命の英雄的旗手たるプロレタリアートは、内戦と産業混乱の衝撃の下で離散、解体、極端な数的減少をこうむっていた。工業労働者はネップの継子《ままこ》となっていたのである。

他方の危機、あるいはその危機の他の側面は、金融上のそれであった。ネップの金融上の帰結は全く予測されなかったものであった。一旦ネップが商品売買の自由市場の原則を確立させると、こうした取引は、絶えず下降し、今やほとんど価値のないルーブリに基づいて遂行するわけにはいかなかった。一九二一年秋には、一連の財政改革の導入が行なわれた。戦前ルーブリで国家予算を作成することが決定され、現行ルーブリの価値は月ごとにこの標準に調節された。これは事実上、価格指数ルーブリで、時には「商品ルーブリ」と言われ、賃率計算に使われた。通貨を管理し、信用を再確立させ、銀行体系の基礎を築くために国立銀行が設立された。一九二一年末の党協議会は、金を基礎にした通貨の確立を唱道した。そして二、三カ月後、変動する「商品ルーブリ」は、価値基準として仮設的「金ルーブリ」にとって代わられた。一九二二年秋、国立銀行は、一チェルヴォーネツを一〇金ルーブリとする新貨幣単位によって銀行券の発行を開始した。しかし、その発行は当初、小規模であった。次の一年間、チェルヴォーネツは計算単位として使われ、支払いは旧紙幣ルーブリによって、絶えず下降する通貨比でなされた。

これらすべての事情から結果した大きな経済危機は、一九二三年の夏と秋に起きた。前年の工業価格の崩壊のせいで、工業指導者たちは自らの防御のために団結していた。工業トラストは、秩序ある市場販売の条件を維持し、価格を支えるために、販売シンジケートを形成した。これらの組織は、その目的を遂行するのに目ざましい成功をおさめた。一九二二年九月までに、工業価格と農業価格間の関係は、戦前の釣りあいにまで復興していた。そしてこの時から、工業価格は農業価格をしりめに劇的に上昇した。トロツキーは一九二三年四月の第一二回党大会報告において、工業価格と農業価格の二枚の刃を表わす「鋏」が、過去六カ月のうちにますます広く幅を拡げているさまを視覚的に示した図を提出した。誰もがこうした激烈な価格変動を嘆いた。しかし、ネップの枠内でそれをいかにして防ぐかはあまり明らかではなかった。党はまだ、ネップの本質たる対農民寛大政策に深く忠誠を誓っていた。しかし、現下の趨勢は全く農業生産者にとって逆境であった。一九二三年一〇月に鋏が最大限に開いたとき、工業価格の農業価格に対する比率は、一九一三年当時の三倍の高さであった。その間、金融問題が更に経済を脅かした。収穫は良好だったが、その穀物を買いつけるため、ルーブリ紙幣の際限ない印刷の再開が必要となり、かくして旧紙幣通貨は一層低落した。賃金支払いの計算について、「商品ルーブリ」を「金ルーブリ」に代える試みがなされた。そしてこれは現実の支払いを四〇パーセントも減じるものだといわれた。この点やその他の点での労働者の不満が、一九二三年夏から秋に、不穏な状態とストライキの波をひきおこしたのである。

党指導者は勢いを増す嵐に警告を発した。そして中央委員会は、この危機――特に価格に関して――について報告する、一七名からなるいわゆる「鋏状危機委員会」を任命した。トロツキーはこれまで、明らさまに同僚と異なる意見を表明することを慎重に避けていたので、おそらくそのために、鋏状危機委員会で活動するようにという招請を拒否した。しかし、その委員会の審議中に、彼は忍耐心を失い、一〇月八日、党中央委員会宛てに書簡を出して「経済政策の明白な根本的誤謬」を非難し、「経済計画」を何ら顧慮せずに決定が下されていると述べた。トロツキーは「戦時共産主義的形式で価格を統制する試み」を批判した。農民への正しい接近法はプロレタリアートを通じてである。国有工業の合理化が鋏を閉じる鍵である、というのであった。この書簡に続いて一週間後、トロツキー支持者や他の反対派グループからなる四六名の党員によって署名された「四六人の声明」が発せられた。これは、「中央委員会決定の、気まぐれで、考えぬかれていない、系統だっていない性格」によって惹き起こされた「重大な経済危機」について語っていた。トロツキー書簡も「声明」も、こうした経済運営難の批判から進んで、党内意見を圧殺する抑圧的体制を攻撃していた。

「声明」はこうした問題点を討論する幅広い党会議を要求した。中央委員会は『プラウダ』紙上に論争的討論欄を開設することでそれに応えた(ソヴェト史上でこの種の最後のもの)が、これは指導者の誰もが加わることなく一カ月以上続き、時とともに一層混乱し、過熱していった。その間、鋏状危機委員会はその困難な任務にとりくんでいた。過去一年の経験は、ほとんどすべての人々に、価格は市場の自由活動に任せられないことを確信させていた。委員会は直ちに卸売価格の統制に同意した。小売価格の方はより大きな困難を呈した。しかし、卸売価格を統制して小売価格を統制しないのは、今やますます不人気になっているネップマンと同一視された中間商人の利潤を膨脹させるだけであると指摘された。委員会は小売価格の選択的統制で満足した。しかし、問題の複雑さと委員会の小心さのために、この委員会は一二月まで報告を提出しなかった。

このときまでに経済状況は好転していた。工業価格は一〇月に最高に達した後、急激に低下した。鋏は閉じ始めた。常に原始的なロシア経済の主要指標であった収穫は、二年続けて良好であった。工業は低価格によって被害を受けるどころか、効率を高め、市場を拡大することができた。遊休工場は生産活動に復帰した。賃金に対する圧力すら幾分緩和された。過去六カ月の経済緊張は、新たな政治的緊張によって影がうすくなった。これはまさに反トロツキー・キャンペーンが本格的に始まった時期だったのである。こうした状況の中で、政治局は、巧妙な妥協である鋏状危機委員会の報告に関する決議を採択した。農民的農業の優位が強調され、トロツキーの主張する工業優先を正当化することは何も言われなかった。工業は、価格を抑え、合理化し、生産性を増大させるよう勧奨された。大量消費品目の卸売価格の統制は小売価格にまで拡大されることとなり、塩、パラフィン、砂糖について法定最高価格を直ちに定めることとなった。賃金に関して譲歩が約束され、それは「工業および労働生産性の上昇にあわせて」上昇するものとされた。最後に、重工業への融資とゴスプラン(国家計画委員会)の強化を支持するジェスチュアもみられた。この諸提案は、レーニンの死の数日前、一九二四年一月の党協議会によって承認された。

鋏状危機委員会報告に関する決議は、その慎重さにもかかわらず、工業に一定の刺激を与えた。一九二四年までに工業は、一九二一年のネップ導入時にそれが低迷していた不況の深みから、脱出していた。しかし復興は一面的であった。農民市場に直接役立つ消費財軽工業は繁栄した。しかしネップの条件下では、生産手段の生産に関わる重工業を刺激するものは何もなく、重工業は遅れていた。ゴスプランの数字によれば、一九二四年一〇月一日に終わる経済年度の工業生産は、一九二〇年に比べれば二・五倍に達していたが、戦前水準に比べれば四〇パーセントにすぎず、金属工業は二八・七パーセントでしかなかった。この欠陥は党内、特に反対派的グループの不安をかきたてた。一九二三年一二月の鋏状危機決議は、金属工業は「最前列に引き出され、あらゆる種類の支持を受けるべきである」との見解を示した。そしてそれは一九二四年一月の党協議会によって承認された。しかし、この敬虔な願望を遂行するために何もなされはしなかった。一九二四年二月にジェルジンスキーが最高国民経済会議議長に任命されたことは、この問題に新鮮な注意をひきつけた。三カ月後、ジェルジンスキーは第一三回党大会に、重工業を自立させるためには、続く五年間に一〇〇〇万から二〇〇〇万金ルーブリの投資が必要となろうと報告した。そしてジノーヴィエフは修辞的な言い回しで、今や「金属への転換、生産手段生産の向上への転換、重工業復活への転換」の時だと叫んだ。これらの立派な言葉は、行動においてそれに直接対応するものをもたなかったが、将来に期待を抱かせる一般的見解の変化を画するものであった。

一九二四年の春と夏は、復興と自信増大の時期であった。ネップ下の農業は近い過去の災厄から抜けでていた。若干の寛大さがクラークに対して示されさえした。工業は着実に復興した。もっとも、その進展は不均等であったが。通貨改革は一九二四年三月に完了し、金本位のチェルヴォーネツ通貨が一般的に採用され、旧ソヴェト・ルーブリ紙幣は回収された。五月、カーメネフによって率いられる国内商業人民委員部が、価格統制の操作を主目的として設立された。工業価格の農業価格に対する比率は、今やほぼ一九一三年水準に回復した。工業価格統制は卸売価格も小売価格も共にある程度有効であったが、農業価格は厄介であった。対外貿易はクラーシンの下で独自の人民委員部により貿易独占下に運営されていたが、一九二三/二四年度に初めてかなりの規模に達した。輸出のうち七五パーセントは穀物を含む農業生産物であった。その他の主な品目は木材製品と石油であった。輸入のほぼ七五パーセントは、棉花や他の原料品あるいは半加工品といった工業向けのものであった。こうした印象的な成果はネップ体制下で成し遂げられたものであり、それなしには成し遂げられえなかったであろう。これらの成果は、ネップの堂々たる正当性を立証するものとして歓迎された。しかし、鋏状危機はネップの市場原理に逆らった方策——特に価格統制——によってのみ克服されたのであった。これもまた復興の不可欠の条件であった。農村におけるクラークや都市におけるネップマンの顕著な役割に関して、党内の誰もが満足していたわけではなかった。しかし、経済のすべての部門における復興のおかげで、こうした当惑させる問題は後の時期に延期されることとなった。市場経済と管理経済の諸要素間の抗争は、一九二〇年代を通じて続けられたのである。

第七章　レーニンの最後の日々

ネップによって開始された経済復興過程は、一九二二年、レーニンが永きにわたる致命的な病いに襲われたことによって影を投げかけられた。一九二二年五月、彼は数週間にわたって仕事を不能にする発作に襲われた。秋には彼は仕事に戻り、いくつかの演説を行なった。しかし、彼の体力は明らかに無理な状態にあった。一二月一二日、医師の勧めで彼はクレムリンの一室にひきこもり、そこで四日後、二度目の一層ひどい発作に襲われ、そのため彼の右半身は永久に麻痺した。続く三ヵ月間、彼の体力は無くなったが、それは知的能力には影響しなかった。そして、おそらく他の指導者の誰も彼に面会することは許されなかったが、彼は党内問題についての覚書と論文を口述し続けた。それらの中には、一二月二五日の有名な「遺書」と、一九二三年一月四日のそれへの後書きがあった。しかし、一九二三年三月九日、三度目の発作で彼は言語能力を失った。そして、彼はもう一〇ヵ月間生きていたが、再び活動することはなかったのである。

この三度目の発作の後、レーニンの最後の回復の望みは次第に消えた。継承問題が前方に現われ、他のすべての問題にその影を投げかけた。一九二一年三月の第一〇回党大会の党規律強化に続いて、党の粛清があった。これは一年後の第一一回党大会で更に強調され、その二二人の異端者——そのほとんどがかつての労働者反対派であった——が譴責され、その五人の指導者のうち二人が党から除名されたが、レーニンは五人すべての除名を要求していたのである。この新たな危機は党機構の一層の強化を必要とした。一九二〇年に任命された三人の同格の党中央委員会書記(本書六一ページ参照)は無力であったことが明らかとなり、解任された。一九二二年四月四日、第一一回党大会の数日後、スターリンが書記長、モロトフとクイブィシェフが書記に任命されたと発表された。誰もこの発表を特に重要視しなかった。スターリンは勤勉かつ有能で、忠実な党役員として知られていたのである。

レーニンが最初の発作の後に職務に戻ったとき、彼は明らかに、スターリンが根気よく書記局の権力と権威を築き上げ、しかも自分自身の個人的地位をも築いているやり方に驚愕した。スターリンは今や初めて党内の指導的人物となっていた。レーニンはこうした展開のどちらをも好ましく思わなかった。彼はこの頃、国家と党内における官僚制の増大に大きな関心を寄せており、スターリンの性格に強い不信を抱くようになった。遺書は、回復を疑わしくした二度目の発作の数日後に、不安な予感の雰囲気の中で口述された。レーニンは、党がその同盟に拠っているところの「二つの階級」——プロレタリアートと農民——の間の分裂の危険性から書き起こした。彼は、この可能性は僅かなものであると片づけた。彼が「近い将来」の脅威として描いた分裂は、中央委員会メンバー間のものであり、スターリンとトロツキーの関係は「その分裂の危険の大半」であった。スターリンは「その手中に巨大な権力を集中させて」いたが、「十分慎重にその権力を使うすべを常に知っては」いなかった。トロツキーは、「現中央委員会の中で最も有能な人物」であるが、「あまりにも強すぎる自信と、問題の純行政的側面にあまりにも熱中する性向」を見せていた。中央委員会の他の指導的メンバーも批判を免れなかった。一九一七年一〇月の決定的瞬間におけるジノーヴィエフとカーメネフの優柔不断が思い出された。これは「もちろん偶然ではない。しかし、……このことを彼らに個人的に不利な材料として利用すべきでないのは、トロツキーの反ボリシェヴィズムについてと同様である」。ブハーリンは「党内で最大の、最も貴重な理論家」で、「全党の寵児」であるが、十分には弁証法を理解したことがなく、「彼の見解が完全にマルクス主義的だとは、大いなる疑惑をもってしかみなしえない。プレオブラジェンスキーと共著の『共産主義のABC』や『史的唯物論の理論』はまだ広く流布されていた党の教科書であったから、この判断は思いがけぬものであった。しかし、同僚の欠陥に対するレーニンの診断がいかに明敏なものであったにしても、遺書で示された唯一の治療法は、中央委員会を五〇名から一〇〇名に増員するという提案であった。そしてこれは問題の根幹に触れそうなものではなかった。

一九二二年秋、レーニンの注意は、グルジアで起きていることに向けられていた。そこでは、グルジア共和国のソ連邦への加入手順が、グルジアの党委員会からの強硬な抵抗に遭っていたのである。ジェルジンスキーに率いられた派遣団が九月にグルジアを訪れ、二人の異端指導者を連れてモスクワに戻った。この時点でレーニンは介入し、この問題を担当していたスターリンを封じ込め、妥協を成立させたと信じた。しかし彼は問題をとことんまで追究せず、グルジア人との関係は再び悪化した。今度はオルジョニキーゼがチフリス〔グルジア共和国の首都、現トビリシ〕を訪れ、激しい闘争の後、反抗する指導者たちを解任し、グルジア党委員会にスターリン案の受諾を余儀なくさせた。遺書口述の数日後、いかなる衝動によるのかは不明であるが、レーニンはグルジア問題に戻った。彼は覚書を口述し、自分が早期に効果的に介入できなかったことについて「ロシア労働者の前で真剣にとがめられるべきだ」と告白した。彼は最近の事態の進行を「大ロシア排外主義」の好例として非難し、スターリンの「性急さと行政官的熱中」に言及し、彼とジェルジンスキー、オルジョニキーゼを名指しで譴責した。そして一九二三年一月四日、レーニンのスターリンに対する不信は再び噴出し、彼は遺書に後書きを加筆した。今や彼は、スターリンは「あまりにも粗暴」で、誰か「もっと忍耐強く、忠誠心篤く、礼儀正しく、同志に対する配慮のいきとどいた、もっと移り気でない等々」の人に書記長の職を譲るべきだと述べた。そして、この勧めの動機として、再度、分裂の危機——そして「スターリンとトロツキーの関係」——を挙げた。最後に、スターリンがクループスカヤ(彼女はスターリンがレーニンに近づくことを拒絶したらしい)を侮辱したといわれる事件の後の三月初め、レーニンはスターリンに対して「同志的関係」の断絶の書簡を書き送った。三日後、三度目の発作が起こり、それはレーニンの活動的生活に終止符を打った。

第一二回党大会(一九二三年四月一七日開会)が迫っていたが、それにどう対応すべきかは、困惑のもととなった。これまでの大会では異議なくレーニンがまとっていたリーダーシップの外套を、一体誰が着ることになるのだろうか? レーニンが回復することもまだ絶望視されてはいなかった。しかし暫定的選択にもせよ、将来の継承を予断することになる可能性があった。過去に異端歴をもつ新参党員のトロツキーは、一九一七年以来の彼の権威ある地位を、レーニンのたゆみない支持に負っていた。これを奪われた彼は、孤立し、党を率いる願望をもたなかったし、またもつことができなかった。彼がある程度の傲慢さをもって扱った直接の同僚は、彼を嫉妬の入り混じった嫌悪感をもって眺めた。そしてかつての労働軍隊化の唱道のせいで、彼は労働組合界で疑惑の念をもってみられていた。他の三人の最も著名な指導者たち――ジノーヴィエフ、カーメネフ、スターリン――は、トロツキーの役割のいかなる増大をも阻止するという決意の下に接近した。この暫定的三人組において、スターリンは下位のパートナーであった。そして彼は、多分この頃までに、一般党員まででではないにしても他の指導者たちに知られていたレーニンの個人的敵意を何とかして帳消しにする必要を痛切に感じていた。カーメネフは個性の力よりも知性の方をより多くもっていた。ジノーヴィエフは無能で、虚栄心が強く、野心的で、ただひたすら空いた玉座を占領したがっていた。彼はこの大会で、欠席している指導者の権威への追従たっぷりな言葉づかいで司会し、演説し、同時に自分がレーニンの叡智の公認の解説者であると示唆しようとしていた。対照的に、スターリンは計算ずくの謙虚を装った。彼は自分には何も要求せずに、繰り返しレーニンのことを、そのすべての言葉を彼が研究し、正しく解釈しようとした「師」と呼んだ。そして組織について語ったとき、彼はレーニンの官僚制弾劾を繰り返し、偽善的にも、これらの矢が主に彼自身に向けられていた事実を無視した。民族問題についての報告の中で、彼は力をこめてレーニンの「大ロシア排外主義」攻撃を支持し、「性急さ」の罪は自分にあてはまらないかに見せかけた。トロツキーは明らかにいかなる直接的対決をも避けたがり、民族問題に関する討論に参加しなかった。彼の大会での役割は、経済状況に関する重要報告の提出に限られたが、それは工業と「単一経済計画」の大義を述べたもので、目下の政策を直接に攻撃してはいなかった。ジノーヴィエフとの潜在的不一致は、用心深く隠されていた。

一九二三年の夏の間、経済危機が昂じ、レーニンの回復の見込みも次第になくなってゆく中で、個人的敵意は表面化こそはしなかったものの深部で煮えたぎっていた。トロツキーは、正式に指導者の座を狙える立場にはなかったが、彼の強烈な個性、内戦時の業績、論争での説得力、そして華麗な雄弁の才は、一般党員間での広い人気のもととなっており、彼をいかなる政策論争においても恐るべき敵にしたてた。ジノーヴィエフ、カーメネフ、スターリンの三人組は四月の党大会で首尾よく謀って、彼の進出をくいとめていた。彼らは今や、彼を粉砕する機が到来したと決断した。キャンペーンは細心の注意で始められた。というのも一つには、ジノーヴィエフとスターリンは既に、おそらく十分には相互に信頼していなかったからであった。

挑発はトロツキーの一九二三年一〇月八日の書簡（本書八〇—八一ページ参照）から起こったが、この書簡は、先ず現下の経済政策を痛烈に批判してから、「党内の不正で不健康な体制」に対する攻撃へと乗りだしていた。それによれば、党組織中の主要役職への人選において、指名が選挙にとって代わっていた。そして、現体制の維持に忠誠を誓っている人々が任命された。「上からつくられた書記局装置」の手中にあらゆる糸が集中されているため、一般党員による参加は「幻想的」なものとなっていた。この書簡は、「書記局官僚主義」を「党内民主主義」に代えるべきだとの要求で結ばれていた。それは、政治局の一員から来た恐るべき告発であり、その矛先はみまがう余地なくスターリンに向けられていた。数日後、「四六人の声明」は「書記局のヒエラルヒー」と普通党員の間の裂け目を嘆じた。あらゆる批判を封ずる「党内独裁制」は、一九二一年三月の第一〇回党大会の緊急決議にさかのぼるとされた。この体制は「必要以上に生き延びすぎて」きた、というのである。三人組は、その権威に対するこうした公開挑戦状を無視することはできなかった。

奇妙な運命で、まさにこのときトロツキーは、その後二、三年時おり彼を悩ませ続ける間歇的で正体不明の発熱によって初めて倒れた。一〇月二五日、病気のトロツキーの欠席下で党中央委員会は、彼の一〇月八日の書簡を「分派的グループ(四六人の声明)への導火線の役割を果たした」「由々しい政治的誤謬」であると非難する決議を採択した。一一月の間中、『プラウダ』紙上での経済・政治問題の活発な議論には、トロツキーも三人組も介入しなかった。トロツキーは引き続く病いのために無抵抗の役まわりを余儀なくされていた。しかし一二月初め、彼は三人の指導者と交渉し、その結果、一九二三年一二月五日の政治局決議が合意された。三人組の戦術は、トロツキーを反対派から切り離すために、原則面では最大限の譲歩をすることであった。決議は、「ゴスプランの独自な重要性」、「官僚主義化」と「ネップ下での党活動家の一部の堕落」の危険、一層の『労働者』民主主義」の必要について語っていた。党内における「非プロレタリア」分子の優位という現状は、「工業労働者の新カードルの流入」によって矯正されるものとされた。これは「党内民主主義」の保証とみなされたのである。しかし、党中央委員会が一〇月八日のトロツキー書簡と四六人の声明の両方を非難していた一〇月二五日の旧決議が特に再確認されたので、トロツキーは彼自身の以前の立場を放棄し、トロツキー支持を表明していた人々への非難を黙認したかのように見えた。にもかかわらず、トロツキーはこれを彼の原則にとっては勝利とみなしたのである。

かくも人為的な妥協は、永続きすることはできなかった。三日後、まだ公開の席上に顔を出すことのできなかったトロツキーは、党の会合で読まれ『プラウダ』に掲載された公開書簡において、この決議の彼なりの解釈を詳述した。彼は、「機構の役割を過大評価し、党の独立性を過小評価しがちな保守的性向の人々」を批判した。彼は一九一四年以前のドイツ社会民主党を、「日和見主義」に堕落してしまった「古参」の好例として挙げ、「党官僚制に対して最も鋭く反応する」新興世代に訴えた。後書きの中で、彼は「国際革命の引き延ばされた性格」と密接に関連する「ネップの危険性」に言及した。三人組はまだ躊躇していた。一二月一一日のモスクワ党組織の集会で、プレオブラジェンスキーとラデックを含む数人のトロツキー支持者が演説した。そしてジノーヴィエフとカーメネフは反対派を非難しつつも、トロツキーを注意深い丁寧さで扱った。

数日後、すべての抑制はとり払われ、三人組はトロツキーの公開書簡を宣戦布告として扱うことを決意した。一二月一五日、スターリンは『プラウダ』の論文において反対派への全面攻撃を開始し、それはトロツキーに対する辛辣な個人的愚弄で結ばれていた。これは、ジノーヴィエフ――「トロツキー主義」なる言葉を新たに造りだしたのは彼のようである――、カーメネフ、ブハーリン、そしてそれほど重要ではないその他の党員の一連の演説・論文による罵倒キャンペーンの烽火であった。反対派に好意的な論文はもはや『プラウダ』に載らなかった。学生は反対派支持を明示し、コムソモール（青年共産同盟）の組織を従わせるためにその中央委員会が粛清された。しかし、モスクワとペトログラードの党集会では、ほんの少数の労働者が公式路線反対の演説をしたり、投票しただけであった。トロツキーはかつて労働軍隊化の唱道者だったから、彼が労働者の大義の擁護者として現われることは困難だった。党組織の増大する権力、何らかの積極的な、あるいは大衆的に提起された代案の欠如、失業が広まっている時期に犠牲者となることへの危惧、ロシア労働者階級の数と急進的伝統の脆弱さ――これらすべてが、反対派の敗走の原因となった。『プラウダ』の差別的態度に対するトロツキー、ラデック、ピャタコーフの抗議に対して、「中央委員会機関紙は中央委員会の完全に確定した路線を遂行する義務がある」との党統制委員会からの回答が提出された。この決定は最終的かつ絶対であった。これ以後、『プラウダ』は専ら党中央機関の公的な声で発言したのである。

トロツキーへの個人的中傷の過程は急速に力を増した。一九二四年一月初めのコミンテルン執行委員会会期中にジノーヴィエフは、彼の性格、党歴、見解に対して一層容赦ない攻撃をかけた。トロツキーは病いに疲れ、勝ち目のない闘争を放棄し、医師の勧めで一九二四年一月半ばコーカサス〔カフカース〕にでかけた。数日後、党協議会は圧倒的多数をもって(代議員が注意深くよりわけられていたことは疑いない)反対派を弾劾し、党指導者に対するキャンペーンについてトロツキー個人に責任があるとみなした。これらの事件は、一九二四年一月二一日のレーニンの死の直前のことであった。

第八章　スターリンの台頭

レーニンの死は、永らく党指導者たちの心中にあった問題を表面化させた。ジノーヴィエフはすでに躊躇することなく、暫定的継承者の衣装をまとっていた。スターリンは、努めて野望を露わにすることを控えていた。一九二四年一月二六日、葬儀前夜の連邦ソヴェト大会の記念集会で、スターリンの弔詞は、マルクス主義やボリシェヴィキの語彙中ではまだ珍しかった崇拝的帰依の調子において、同僚たちの弔詞からきわだっていた。「われわれ共産主義者」は謙虚で忠実な弟子であり、死せる師のあらゆる命令を遂行すると誓っている、というものであった。注目すべき二つの決定がなされた。一つはペトログラードを「レニングラード」に改称することであった。レーニンは祖国の運命を形どる点において、ピョートル大帝を継ぎ、上回ったのである。もう一つは、「現場労働者」の大量補充によって党を強化することであり、それは「レーニン入党」と名づけられた。党内における労働者の比重を増やせという要求は、一〇月八日のトロツキー書簡と一九二三年一二月五日の政治局決議（本書九三―九四ページ参照）とに現われており、レーニン自身が書いた多くの文書によって正当化できた。その執行は今や、党書記長スターリンの手中にあった。一九一七年のボリシェヴィキ党員数は二万五〇〇〇人を超えなかった。革命と内戦期に党員数は大量加入でねずみ算式に膨脹した。この初期の統計は信頼できないが、一九二一年初めには、六〇万かおそらく七〇万人に達していた。一九二一年三月の第一〇回党大会で指令された粛清は思い切ったものであった。革命と内戦の熱狂下に新しく加わった党員の中には、離党した者もおり、また不適格として追放された者もいた。一九二四年初めまでに党員は三五万人に減少していた。二年間のうちに二四万人の新入党員を加え、党員数を三分の二以上増加させたレーニン入党は、一層の民主化への動きとして、また党内での純粋労働者の正当な優位の擁護として――もっとも、後の段階ではかなりの程度の農民の加入も含んでいたが――歓迎された。実際には、その歴史的役割は全く違ったものであった。それは、より深い根拠をもった党の性格の漸次的変化の象徴であった。ほとんど気づかれることなく、レーニンの党からスターリンの党を区別する新たな概念が現われたのである。

レーニンは革命前、党のことを、不平等と抑圧の体制の転覆を誓った献身的革命家の均質的小集団と考えていた。革命後になっても、彼は党を献身的労働者のエリート集団と考え続けた。そして彼は、党員募集の門戸を広く開けることよりも、不適格者を除くことの方に気をつかっていた。一九二一年から二四年の間の党員数激減が彼の主張によっていたことは確実である。レーニンは『国家と革命』に表明されたユートピア的見解からかなり隔たるところまできていたが、依然、一九一九年党綱領でいう「労働者の文化水準の向上を伴う、行政機能の単純化」を期待し、最晩年に至るまで公行政の膨大な複雑性と問題に気づかなかったようである。この時期までに、エリート党の概念は時代錯誤になっていた。一九二〇年に党員の五三パーセントが何らかのソヴェト施設で、二七パーセントが赤軍で働いているといわれた。党は次第に、知らず識らずのうちに、一大国家を指揮・監督することに適合させられた機構に変質していた。この巨大な任務において指導者たちを忠実に支持することは、平党員――特に、一九一七年以前の世代の革命的素地を欠く新党員――の明白な義務であった。そして党員であることは、この義務の遂行を甲斐あらしめる一定の暗黙の特権を伴っていた。そしてレーニン入党は、好ましくない党員の一層の粛清を伴った。そして、粛清と入党のいずれもが党書記局によって統制された以上、党の新たな正統性の支持が、主に適用された評価基準の一つであったと想像してもよかろう。レーニン入党、およびそれを含むより大きな過程は、党機構とそれを操作する書記長の権力を強めた。一九二四年の党大会でモロトフが「将来の党の発展は疑いもなくこのレーニン入党の上に基づくものであろう」と述べたとき、彼は真実を誇張していたわけではなかった。

　もう一つの、そしてもっと微妙な変化が、レーニンのエリート党からスターリンの大衆党への転換に伴って起きた。党規約は、一旦政策が決定された後は声を揃えてそれを支持する義務を党員に課していた。党への忠誠はその規律の受諾を意味した。しかし、その決定は、党員間での自由討議の後に民主的手続きによってなされたものであることが想定されていた。また、誰も党は無謬であるなどとは示唆しなかった。レーニンはしばしば、犯された過ちに注目を向け、彼自身の誤りを認めた。一九二〇年四月、内戦の勝利の時期に彼の五〇歳の誕生日が祝われたとき、彼はやや奇妙なことに、同志たちの挨拶に応えて、党が「自らをうぬぼれた状態におく」危険について語った。ネップ導入前夜に党を分裂させた喧々囂々の論争はレーニンと他の指導者たちに衝撃を与え、異論を無制約に容認することが内包する危険を実感させた。そしてクロンシュタットの反乱は警戒の念を強めさせた。第一〇回党大会によって採択された規律措置は、党史上の不吉な里程標であった。しかしレーニンは、無謬の命令を発し党内外のすべての異論に沈黙を課する党中央組織という考えには、決して同意を与えなかった。一九二二年三月、彼が出席する最後のものとなる党大会で、彼は、党は十分な政治力と十分な経済力をもっていると述べ、まだ「欠けているものは文化である」と述べたが、そのとき彼は既に、行手にある危険に困惑しながらも気づいていたことを示したのである。レーニンの活動的生活の苦しみに満ちた最後の数カ月間、彼は、スターリンの性格への不信と、国家および党の中の「官僚制」に対する闘争の必要性とに心を奪われていた。党の無謬性、レーニンの無謬性、そして遂にはスターリン自身の無謬性に対する信仰は、後の発展に属するものであるが、その種はレーニンの死後最初の数週間に播《ひもと》かれたのである。

レーニン入党の進行中、スターリンは自分をレーニンの最も忠実な使徒として際だたせるため、更に歩を進めた。彼はスヴェルドローフ大学において「レーニン主義の基礎について」六回の講義を行ない、それは『プラウダ』〔一九二四年四―五月〕に連載された。それは明快で、図式的で、そして全く紋切り型のものであった。後の展開に照らし合わせるなら、次の一文だけは注目されてよいかもしれない。

「社会主義の最終的勝利のため、社会主義的生産の組織化のためには、一国――特に、ロシアのような農民国――の努力では不十分である。そのためにはいくつかの先進国の努力が必要とされる」

しかし、これは党の信条の周知の一項目の復唱にすぎなかった。この講義は何の批評も受けずに見すごされた。他の指導者たちは、これまでスターリンがほとんど才を発揮しようとしたことがなかった理論分野に彼が首をつっこんだことに関心を示さなかった。スターリンの新機軸で重要な点は「レーニン主義」の特異な聖化であった。「レーニン主義」という言葉がレーニン存命中に流布していたとするなら、それは――後の「トロツキー主義」同様――その信用を貶《おとし》めたいと願う敵対者によって、悪口の言葉として使用されたのであった。これ以後は、スターリンや他の党指導者の口によって、レーニン主義は、定義は漠然としているが、無謬の教義体系であるとされ、党の公式路線とその批判者の異端とを区別するものとなったのである。

レーニンの遺書という厄介なものがまだ克服されずに残っていた。スターリンにとって幸いなことに、彼のこの困惑は他の指導者にも共有され、そのうちの誰もが無傷ではなかった。正確にいつ彼らがその内容を知るようになったかは記録されていない。しかし一九二四年五月二二日、第一三回党大会の前夜、主だった党員の集会で司会のカーメネフがそれを読みあげた。そしてジノーヴィエフは亡き指導者への大仰な献身の言葉を述べ、「一つだけ」レーニンの不安は根拠のないものだということが分かった、スターリンをその職から解任する必要はない、という判断でこの演説を結んだ。カーメネフはジノーヴィエフを支持した。誰もそれ以外の意見を表明しなかった。カフカースから戻ったばかりのトロツキーは、議事進行の間中、沈黙のまま座っていた。ただ、遺書は大会で読まれるべきであるとのクループスカヤの執拗な要求をめぐってだけ衝突が起きた。集会は三〇対一〇の多数をもって、主たる代議員に内輪で伝達すれば十分であると決定した。

反対派の問題が大会では大きく立ち現われた。ジノーヴィエフはその主報告では抑制していたが、結びで、反対派構成員が壇上で彼らの誤りを告白し、党が正しいと認めるよう、修辞的言辞で訴えた。多くの代議員が反対派、そしてトロツキーを名指しで非難した。トロツキーは痛々しげに、不承不承立ち上り、ジノーヴィエフの挑戦に応えた。「人は党に逆らって正しくはありえない」。彼は今やこう断言した。党は「個々の誤り」を犯すことはありうるし、彼を非難した一月協議会決議は「不正で不当」であると彼は信じ続けた。にもかかわらず、彼は忠実な党員として、以下のように言わねばならなかった。「正当であろうと不当であろうと、これが私の党である。そして私は、その決定の帰結を最後まで受け入れる」。これは、トロツキーに戦うことを禁じた抑制の原因だったかもしれないし、より深い心理的根源をもった抑制の合理化だったかもしれないが、いずれにせよ、誤りを告白することを拒否すると同時に服従を宣言するというこの態度は、この時期の彼を象徴するものであった。二年後になって初めて――もう遅すぎたのだが――彼は再び行動の自由を得て、大胆に彼の敵を攻撃し、防衛のために味方を糾合したのである。大会は、分派間の調停と「これ以上の討議の終結」を要求するクループスカヤの訴えを聴いた。これは心に留められなかった。スターリンとジノーヴィエフは、トロツキー罵倒に満ちた演説で議事を締めくくった。しかし、彼は――明らかに僅差で――党中央委員会に再選された。ジノーヴィエフとカーメネフはトロツキーを政治局から除こうとしたのだが、穏健派という自己の評判維持に腐心するスターリンの反対で挫折したのだといわれている。

同年の残された日々の間、トロツキーの文筆上の武勇が火に油を注いだ。『レーニンについて』という追憶の小冊子で彼は、革命時のレーニンとの私的つながりを、自分自身の重要性を誇張し、他の参加者を第二の地位に落とすような筆致で語った。一九二四年一〇月、彼は『一〇月の教訓』と題する長文を公けにしたが、それは一九一七年四月のレーニンのペトログラード帰還の際にレーニンの四月テーゼにカーメネフや他の「古参ボリシェヴィキ」が抵抗したことを嘲り、一〇月の権力奪取にジノーヴィエフとカーメネフが反対したことを嘲った。これはトロツキーの非ボリシェヴィキ歴と同様、彼らに対して持ちだされるべきではない事柄だという条件付きでレーニンが遺書に挙げたことであった(本書八九ページ参照)。この攻撃は喧々囂々たる応酬を惹き起こし、それに刺激されて、三人組とその支持者は、徹底的かつ悪意をもってトロツキー自身の経歴を詮索するようになった。カーメネフは長大な演説を行ない、それは『レーニン主義かトロツキー主義か?』の題名の下に小冊子として公刊された。彼はその中で、トロツキーをメンシェヴィズムの廉で告発し、彼とレーニンの多くの激しいやりとりを詳しく語り、それ以後よくいわれる「農民過小評価」の罪を付け加えた。スターリンはより簡潔かつ辛辣に、同様の調子で続いた。トロツキー非難は新聞や党の集会における型にはまった儀式となった。最も獰猛な一撃となったのは、一九一三年にトロツキーが書いた、レーニンに対する粗野で激しい罵倒に満ちた、忘れられていた手紙が発見され、公開されたことであった。「トロツキー主義」と「レーニン主義」が相容れぬことを証明するのにこれ以上の証拠は不要であった。

この罵倒の洪水に圧倒されて、トロツキーは沈黙を守った。彼は前年の冬に彼を苦しめた不思議な病いに再び倒れ、医師たちはもっと温暖な気候の所へ転地するよう勧めた。彼は一九二五年一月の党中央委員会総会に出席せず、その代わりに総会宛てに手紙を出した。

その中で彼は、「多くの虚偽で奇怪ですらある非難」の中で彼の沈黙は「党の一般的利益の視点から正し」かったと主張し、「われわれの大義のために」軍事革命評議会議長としての職務からの辞任を願い出た。彼は会期中にコーカサス〔カフカース〕へ向かった。中央委員会はいかなる制裁を彼に適用するべきか迷った。ジノーヴィエフとレニングラード代議員を含む強硬派は、彼を党か中央委員会から、あるいは少なくとも政治局から追放することを提案した。スターリンが支持した穏健派は、軍事職務からの解任だけで満足した。後者の見解が勝利した。トロツキーは軍事革命評議会議長および軍事人民委員の職から更迭された。彼の後を襲ったのはフルンゼであったが、この任命は、内戦終結以来軽視されていた赤軍の建設のための強力なキャンペーンの合図となった。

『一〇月の教訓』によって惹き起こされた論争は、党教義の重大な改変に導いたが、それはほとんど偶然にであった。かつてレーニンとトロツキーの対立点の一つであり、今やトロツキー批判者によって彼に対してもちだされた論点として、いわゆる「永続革命」――元来マルクスによって使われた言葉――の理論があった。一九〇五年にトロツキーは、後進的ロシアで勃発する革命は、その初期段階においてはブルジョワ的反封建革命であるが、自動的に社会主義的反資本主義革命の段階に移行するであろうと論じた。レーニンは、ロシア革命が西欧先進諸国の革命に火をつける――この期待をもつ点ではレーニンとトロツキーは一致していた――のでない限り、この移行の展望を受け入れようとはしなかった。

この論争はあまり重要なものではなく、一九一七年よりもずっと前に忘れられていた。そしてレーニンはその年の四月テーゼではトロツキーに近い立場を採ったようにみえた。一九二四年一二月にブハーリンが「永続革命理論」についての論文で反トロツキー・キャンペーンに参加するまでは、この問題に誰も関心を示さなかった。ブハーリンの関心は、単にレーニンのトロツキーとの見解の相違に光を投げかけることだけであり、何ら積極的結論を引き出してはいなかった。しかし数日後、スターリンもこの主題について長い一文――彼の演説・論文集の序文として書かれたもの――を発表したとき、彼はトロツキー理論の非難を「一国社会主義」の新教義のための跳躍台として使ったのである。

今やスターリンは、先の春の彼の講義の中にある、彼が後に「不完全でそれゆえ不正確な」公式と呼んだものを放棄した。その公式では、彼は、一国の努力は『社会主義の組織化にとって不十分』としていたのである。彼は、「トロツキーの『永続革命』はレーニンのプロレタリア革命理論の否定である」と断じた後、レーニンはその著作の中のいくつかの部分で一国における社会主義の勝利の可能性を考えていたと論じた。スターリンは、「社会主義の完全な勝利のため、旧秩序の復活に対する完全な保証のためには、数カ国のプロレタリアートの結合した努力が不可欠である」と認めた。しかし、このことは、「革命的ロシアは保守的ヨーロッパと対決しえず」、ソ連に社会主義体制を建設しえないことを意味するであろうか？　スターリンの答えは断乎たる否であった。その論議は、文脈から切り離された引用に大幅に頼った、複雑で詭弁的なものであった。それはまた、やや非現実的なものであった。というのも、それは、レーニンもトロツキーも可能だとは考えなかった状況——他の諸国での革命を欠くままでのロシア革命体制の存続——の中で行なわれたからである。しかし、心理的にはその衝撃は大きかった。それは積極的で明確な目標を提供した。それは他国からの援助への無益な期待を不要にした。それは革命を特にロシア的功績として提示し、社会主義の建設を、その遂行においてロシア・プロレタリアートが世界に手本を示せる高遠な任務として提示することによって、国民的自負心を満足させるものであった。これまで、ロシアにおける社会主義の展望が他の諸国における社会主義革命に依存しているということは、党教義において中心的位置を占めていた。今や優先順位は転倒された。スターリンは、ロシアにおける革命の勝利は「世界革命の始まりであり、前提」であると誇った。スターリンの教義の批判者たちは、暗黙裡にせよ明示的にせよ、臆病でいくじなしで、ロシア国民を信じず、彼らの能力と決意に懐疑的であるとされた。一国社会主義は、民族的愛国主義にとって強大な魅力であった。議論の余地なく、それはロシアを第一位においたのである。

スターリンは、彼の競争者に対する闘争で最大限利用することになる世論風土を創りあげていたのである。しかし当面は、誰も、彼が難解な理論に脱線したことをあまり真剣には受けとらなかった。トロツキーを弾劾した一九二五年一月の党中央委員会の会期中、一国社会主義は言及されなかった。ブハーリンは逡巡しつつ、三カ月後の演説の中で、スターリンに言及することなく、彼自身がその創始者の一人であることを示唆するような言い方でこの問題に立ち戻った。それは一九二五年四月の党協議会の主決議に、あまり目立たない形で登場した。その決議は、レーニンからの引用に力を借りて、「一般に社会主義の勝利(最終的勝利の意味ではない)は一国で無条件に可能である」と宣言した。数カ月後に三人組が瓦解したとき、この部分が協議会前夜の政治局での衝突の原因であったといわれた。しかし証拠によれば、ジノーヴィエフとカーメネフは強力な異議は唱えず、敵対的というよりむしろ無関心であった。スターリンが協議会後の演説でこのささやかな勝利を祝ったとき、彼は更にレーニンからもう一つの引用をした。

「国が電化されたときにのみ、工業・農業・運輸が近代的大規模工業の技術的基礎の上におかれたときにのみ、このときにのみわれわれは最終的に勝利するであろう」

これまで一国社会主義は、ネップ——これもまた、見込みのうすい国際革命に背を向けて、ロシア農民との同盟を通した社会主義への道を指示していた——の継続であると見られてきていた。今やスターリンは、近代化された工業と農業によって改造され、経済的に独立した自足的ロシアという、大いに異なった概念に向かって道を探っていたのである。スターリンはその点を強調はせず、多分まだ十分その含意に気づいてはいなかった。しかしそれは、人を幻惑させる長期的展望であり、経済情勢に関して感じられ始めていた変化に適合するものであった。

レーニン亡き後のスターリンが権威の座へと漸次的に台頭していったのは、激しい経済論争と対立の時期——また経済復興の時期でもあったが——のことであった。一九二三年一二月の鋏状危機に関する決議とそれに続く党の諸宣言は、重工業復興への新たな注目の第一弾であった。一国社会主義の教義は、その主唱者たちの意図が何であれ、自給自足の条件としての重工業の推進を鼓舞した。しかし、これはまた、これが後進的ロシア経済の資源でも成し遂げられるのだということも示唆した。ここに難問があった。工業化に関する論争は、ソヴェトの経済情勢における他のすべての問題同様、農業の諸問題と結びついており、この農業問題こそは当時の安らかな満足感をまたしてもかき乱すものであった。一九二四年の穀物収穫は、晩夏の旱魃で損なわれたものの、良好であった。鋏状危機の重圧から解放された農民が、都市を養うのに必要な分量の穀物を公定価格で国家調達機関に渡すであろうと、誰も疑わなかったようである。実際には、そうはならなかった。穀物調達は破滅的に不足した。私的商人が初めて大量に市場に現われ、公定価格は断念されねばならなかった。年の変わり目に価格は急速に上昇した。ライ麦価格は、一九二四年一二月から一九二五年五月の間に二倍になった。自由市場の復活に伴って、鋏は再び開いたが、今度は農民に有利な方にであり、都市は身代金〔生命を維持するのに必要な穀物に対する高い価格を指す）を要求された。その上、価格機構は農村の富の不均衡を増大させるように作動した。商品化できる大量の余剰を有し、価格が最高に達するまでそれを保有しておくだけの余裕があるのは、裕福な農民――憎まれ者のクラーク――であった。多くの貧農が彼らの収穫を現金化する必要に迫られて、秋にクラークに安く売ってしまい、クラークはそれを春に高く売って儲けているということが報告された。

こうした進展が党内の激しい論争の出発点であった。指導者たちはネップの指導原理――農民宥和――に固執した。ジノーヴィエフは一九二四年七月に「農村に顔を向けよ」というスローガンを提唱していた。数日後、プレオブラジェンスキーは共産主義アカデミーで、「社会主義的蓄積の基本法則」に関する報告を読みあげたが、それは公式路線に対する鋭い挑戦であると一般に認識された。マルクスは、資本主義的蓄積の初期段階は「生産者の生産手段からの分離」――すなわち農民搾取――を必要としたことを示していた。プレオブラジェンスキーは、社会主義的蓄積は「小規模生産の搾取、農村および職人労働の余剰生産物の一部の収用なしで済ますわけにはいかない」と論じた。彼は、都市と農村の間の「等価交換」の原理を実行不可能なものとして退け、「あらゆる形態の私的経済の搾取に意識的に向けられた価格政策」を提唱した。プレオブラジェンスキーは婉曲な言葉づかいをしなかった。そして彼のあからさまな言い方は、党指導部と農民の擁護者たちに絶好のチャンスを与えた。ブハーリンは、憤然たる回答を公けにして、プレオブラジェンスキー論文を「トロツキー主義の経済的基礎」として非難した。しかし、プレオブラジェンスキーは、工業化の過程を農民への持続的な寛容政策と和解させることにつきまとう厳しいディレンマを、極めて簡潔な言葉づかいで党につきつけたのである。

一九二五年の間中、スターリンは他の指導者たちの間で巧妙に策動し、二つの政策の間の公然たる衝突は回避された。農民に対する一層の譲歩への圧力は強く、このことは事実上、富裕農民、クラークへの譲歩を意味した。一九二五年四月の党協議会は、三つのそうした措置を採択した。農村における唯一の直接課税手段である農業税は減ぜられることになり、その負担は累進度をゆるめるように変更された。賃労働雇用の権利および賃借による土地取得の権利は、土地法典によって実効的ではないまでも部分的に制限されていたが、公認されることになった。ブハーリンが、こうした決定に代表される政策の最も腹蔵ない説明として永らく引用される演説を行なったのは、この時期のことであった。彼は、生産への刺激を必要とする「裕福な上層農民――クラークと一部中農」の主張を擁護した。「農民に対して、あらゆる農民に対して、われわれはこう言わなければならない。豊かになれ、あなたの農場を発展させよ、そして制限があなたに課されることを恐れるな、と」――こう彼は叫んだ。彼は、これは「クラークへの賭け」(一五年前にストルィピン改革を描くために造り出された言葉)ではないと言った。しかし、彼は同様に「農村における階級闘争の激化」を拒絶した。ブハーリンは彼の敵であるプレオブラジェンスキー同様、駆引きの下手な率直さでその主張の評判を落とした。スターリンは他の党指導者に、「豊かになれ」は「われわれのスローガンではない」と語ったようである。しかしそれが公的に否認されるのは、数カ月たってからであった。そしてその年の残された時期は、ブハーリンが示した道が辿《たど》られたのである。

しかし、農民生産に刺激を与えるための諸政策と並行して、重工業の必要性が次第に注目を浴びてきた。これまで工業復興は、内戦以来遊休していた工場と機械を再び生産的使用に戻すことをほぼ意味していた。このためには、大きな資本出費は必要とされなかった。しかし一九二四年末までに、この過程は限界に達していた。現存する工場と設備は能力の八五パーセントまで稼働していると概算された。工業は一九一三年に達した生産水準に近づき始めており、それを超えた前進も予想された。しかし、工業成長率の維持と特に重工業の復興は、大規模投資を必要とした。一九二五年一月の党中央委員会は、「信用拡大」とともに工業への「予算配分」を支持した。旧式設備は新しくされねばならず、新工業が生み出されなければならなかった。かくして勇気づけられた最高国民経済会議は、「工業固定資本復興に関する特別会議」を召集し、それは続く一八カ月間活動を続けた。農民への譲歩を決議した一九二五年四月の党協議会はまた、総額三億五〇〇〇万ルーブリの投資を含む金属工業三ヵ年計画を承認した。

一九二五年という年は、まだ、上向きの経済のあらゆる需要に応えることが可能であるように見えた、楽観主義の時期であった。年末の数ヵ月になって、工業と農業の間に内在する問題の大きさを露見させたのは、収穫そのもの——革命以来最高であった——ではなく、収穫後の事態であった。国家穀物調達機関は一九二四年の「固定」価格を放棄し、時に応じて調節しうる「指令的」価格で活動するようにと指示された。前年の収穫の経験にもかかわらず、豊作は物価を抑え、輸出用の余剰穀物が得られ、収穫売上げは工業融資財源となるだろうと、誰もが考えた。これらの期待は挫かれた。一九二五年の収穫の後、富裕農民は大量の穀物を退蔵した。しかし彼らはこれを換金する動機をもたなかった。農業税引下げは課税による圧力を緩和していた。工業製品供給は僅かで、彼らが買いたいものをあまり提供しなかった。そして、通貨は名目上は安定させられていたが、退蔵された穀物の方が一束の銀行券より確かな資産であった。彼らは待つだけのゆとりがあった。穀物はなかなか市場に現われなかった。供給量が僅かだったことや自由市場購買者との競争の影響で、そして様々な国家購買機関間の競争の影響さえもあって、価格は高騰した。穀物輸出、あるいは工業融資のための収穫利益の期待は霧消した。収穫は農民にとっては成功であった。収穫の市場化は、政府にとって失敗であった。危機は党を分裂させ、一方における工業化と計画の要求と、他方におけるネップによって推進された農民志向の市場経済の要求との間の、長期にわたる激しい闘争の合図となった。そして、この闘争が、続く時期を支配することとなるのである。

これらの出来事が、党およびソ連におけるスターリンの最高権威の座への台頭の背景であった。一九二五年という年は決定的であった。トロツキーに対する恐怖と嫉妬が三人組を結びつける接着剤であった。一九二五年一月の彼の敗北と降位の後、三人組の結束は次第に崩壊し始めた。トロツキーは静養のため、三カ月以上を南部で過ごした。一九二五年四月末にモスクワに戻ったとき、彼は当惑させる状況に遭遇した。著名なアメリカ人共産主義者のイーストマンが、モスクワで一九二三―二四年の冬を過ごしていたが、彼はトロツキーの公然たる支持者であった。一九二五年初め、彼はニューヨークで『レーニン死後』という小さな本を公刊したが、それはトロツキーの視点から、レーニン最後の数週間と死後の時期の三人組による陰謀を詳しく、かつ正確に説明し、レーニンの遺書を引用していた。これは、いかなる所においてにもせよ、レーニンの遺書に印刷物で言及した最初のものであった。この暴露はセンセーションをまきおこした。不安になったイギリス共産党員はトロツキーに、出版に関する彼の説明を要求した。モスクワの党指導者たちは彼に、イーストマンの告発への反駁を執拗に要求した。トロツキーは再び、彼の地歩を固守するか、第二次的ともいえる問題で争うことを拒むかのディレンマに立たされた。彼はまだ、多数派の同僚に公然と対立することを控えさせる強い抑制心――「人は党に逆らって正しくはありえない」――に悩まされていた。たとえ、撤退が彼の主張を損ない、味方の否認を意味するということが彼の頭に浮かんだとしても、彼はこうした疑念を党規律の名の下に圧殺した。一九二五年七月一日、彼は長い声明に署名したが、それは、彼が三年後に述べたように「政治局多数派によって強要されたもの」であった。彼は、党中央委員会が「いわゆる『遺書』」を含む「レーニンによって晩年に書かれた極めて重要な多くの文書を党から『隠した』」という主張は「誹謗」であると述べた。レーニンはどんな遺書も残さなかった、彼の書いたものはすべて、特に「組織的性格の勧告を含むヴラジーミル・イリイッチ〔レーニン〕の書簡の一つ」は党大会で代議員たちに伝えられた、隠された遺書云々の話は「悪意ある作り話」だ、というのである。トロツキーの声明は、一九二五年七月一九日にイギリス左翼の『サンデー・ワーカー』に、また九月一日にはロシア党誌『ボリシェヴィク』に発表された。これは結束した三人組の最後の勝利であった。

モスクワに戻ったトロツキーは、工業に関連する二、三の名目的な閑職に任命されていた。この年の残る期間、彼は工業発展と計画に関して二、三の演説を行ない、二、三の論文を書いて、「西欧に追いつく」必要を強調したが、党の政策への直接的挑戦は避けていた。彼の自制的態度は、三人組を結束させていた最後の絆を弛緩させた。小手調べ的な口論が多少あった後に、穀物調達危機に関する公然たる軋轢が生じた。ジノーヴィエフとカーメネフは彼らのかつての立場を翻し、ブハーリンが依然としてその最も明確な唱道者であった農民志向に対立した。九月、ジノーヴィエフは『プラウダ』に公表するため、「時代の哲学」と題する論文を提出した。その名目的な矛先は、ブハーリンのクラーク支持に熱狂的に加勢し、喜ばしげに「農民はソヴェトの地の唯一の真実の主人となりつつある」と言明する亡命著作家ウストリャーロフに向けられていた。ジノーヴィエフは、「ネップは世界革命の遅れとともに、他の危険と並んで堕落の危険を実際に胚胎している」と結論づけた。党中央委員会は、あまりにも直接にブハーリンを指している言葉を削除するよう要求した。しかし、『プラウダ』に二号連続で掲載され、小冊子としても刊行されたその論文の意味は、誤解の余地のないものであった。翌月、ジノーヴィエフは『レーニン主義』という題で一冊の論文集を刊行した。これらのうちの一つは、まだブハーリンを名指ししてはいなかったが、ウストリャーロフへの攻撃を繰り返し、「豊かになれ」のスローガンを非難していた。もう一つの論文は、レーニンのクラーク非難を引用し、彼がネップを「後退」と述べたことを思い起こさせた。これは、ネップ下のソ連工業が一種の「国家資本主義」であることを含意していた。これはブハーリンが否定した結論であった。この論文集中、最も決定的な章は、「一国社会主義」への正面きっての攻撃であった。「もしわれわれが、レーニン主義の国際的要素を僅かでも弱めるならば、レーニン主義者としてとどまる」ことは不可能だ、というのである。これは、単にブハーリンに対してのみならず、スターリン自身に対してもの宣戦布告であった。

ジノーヴィエフの唐突な農民志向放棄、そして工業とプロレタリアートの大義の支持には、ある種の論理があった。支配権をめぐるジノーヴィエフとスターリンの間の闘争は、前者によって統御されているレニングラードの党組織と、後者によって支配されているモスクワの中央党組織の間の闘争であった。カーメネフはモスクワ地方組織の長だったが、これは同市の中央組織の前には影がうすく、カーメネフはその独立性を主張するほどの権威をもちあわせず、まもなくその座を追われた。レニングラードは、まだソ連の最大の工業都市であった。それは、革命の前衛であり、そのプロレタリアート的伝統を維持しているプロレタリアートの故郷であった。モスクワでは、新しいプロレタリアートが農村と、より密接な関係を保持していた。ジノーヴィエフは、労働者たちの最も強い要求事項を支持し、農民の役割を高める試みを傲慢に拒絶する政綱によってのみ、モスクワに対抗してレニングラードの労働者たちを動員し、指導することができたのである。二つの首都間の対立、二党組織間の対立、そしてモスクワの党中央委員会の機関紙たる『プラウダ』とレニングラード党組織の機関紙たる『レニングラーツカヤ・プラウダ』の間の対立は、権力をめぐるスターリンとジノーヴィエフの闘争において重要な役を果たしたのである。

戦場は、一九二五年の最後の二週間に開かれた第一四回党大会であった。スターリンとジノーヴィエフが主要な演説者であり、ブハーリンがジノーヴィエフに答弁し、カーメネフがブハーリンに答弁した。ジノーヴィエフとカーメネフが激しくクラークを非難する一方、ブハーリンは彼の立場を固守した。二人の主要敵対者をうちまかすことが関心事であるスターリンは、中途半端にブハーリンを支持した。大会は農業政策に関して格別重要な決議は採択しなかった。しかし、クラークが享受している恩恵に対する不快の念の増大が明らかにされ、工業化の緊要性が再びくりかえされた。党内紛争のごたごたがおさまってしまうと、主要決定が先に待ち構えているのは明らかであった。大会でブハーリンは、農民宥和は工業化政策と矛盾しないことを証明しようとして、永く記憶されることになる次の言葉で必死の試みを行なった。「われわれは亀の歩みで前進しているが、それでもわれわれは社会主義を建設していくだろうし、建設しとげるだろう」。しかし、亀の歩みの工業化では、ソ連を西欧から独立した大工業国に変革したいという、増大する声をもはや満足させることができなかった。逆説的なことに、大会でのブハーリンの勝利とジノーヴィエフの敗北は、彼らがそれぞれ主張した政策の勝利と敗北に導きはしなかった。大会が後に「工業化の大会」と呼ばれたのは、満更、的はずれでもなかったのである。

しかしながら、かなり低い調子で始まり、微妙な政治的・個人的問題がもちだされることで一層激しくなった論争において、経済問題は主要問題ではなかった。カーメネフは『『指導者』の理論」を批判し、スターリンに対する個人攻撃を開始した。クループスカヤが反対派側にたって発言し、「多数派は常に正しい」という教義に異議を唱えて、センセーションを惹き起こした。モロトフとミコヤンは公式路線を支持する側にあり、ヴォロシーロフはスターリンを賛美した。両陣営の代議員は名目上は彼らの党選挙区から選出されていたが、党組織によって選びだされており、堅固に結束したレニングラード派は、敵意ある聴衆の中で孤立していた。公式路線を支持する決議は、五五九対六五の多数で採択された。これまで反対派の発言機関であった『レニングラーツカヤ・プラウダ』は、新しい編集者がモスクワから任命されて、乗っとられた。大会後、モロトフ、ヴォロシーロフ、カリーニン、ルィコフ、トムスキー、キーロフ、そして後にはブハーリンを含む強力な代表団がレニングラードにのりこみ、一連の党員大衆集会で演説した。トロツキー支持者を沈黙させ威嚇した圧力手段が、今やジノーヴィエフ支持者に対して向けられた。労働者の大衆集会は、大多数をもって彼らのかつての指導者たちを非難し、大会決定の承認を採択するよう誘導された。かくして、ブハーリンを基調演説者とするレニングラード県党協議会の基礎が準備された。同様の評決が繰り返され、党中央委員会の忠実な支持者たちがレニングラード党機関に選出された。若手で人気のある新参党指導者のキーロフが、レニングラード県党委員会書記――レニングラード組織の事実上の首席――となった。それは完全な奪取であった。ジノーヴィエフは政治局の一員かつコミンテルンの議長にとどまった。しかし、彼の地盤のレニングラードを追われて、あらゆる実質的権力を失った。スターリンは勝利者であった。しかし、彼の勝利が経済的あるいは政治的に予示するものが何であるかは、未だ明らかではなかった。

第九章　ソ連と西方(一九二三―一九二七年)

ネップ導入後しばらくは西欧列強との間の正常な関係確立への前進がみられたが、それは、一九二三年には荒れ模様のうちに後退に転じた。この年は、ドイツの賠償支払い不履行に対する報復としてのフランスのルール占領で始まった。イギリスではロイド＝ジョージが失脚し、カーゾンが外交政策の全面的統御を委ねられた。フランスでは、負けず劣らず頑迷なポワンカレが彼の絶頂期にあった。一九二三年五月、ソヴェト人の不法行為に対するイギリスからの一連の抗議は絶頂に達し、「カーゾン通牒」として知られることになるものを生みだした。これは長々と、ペルシャ、アフガニスタン、インドにおけるソヴェト工作員の活動――一九二一年三月の英ソ通商協定でなされた誓約の侵犯行為――のことを述べたてたものであった。一〇日以内にこのような行動の放棄、および一連の小さな未解決の諸要求の解決なき場合には、通商協定を破棄し、在モスクワ代表部を撤退するとイギリス政府は脅かした。この激しい攻勢に恐れをなしたソ連政府は、その要求のほとんどに従うことに同意し、共産主義宣伝問題に関する穏やかでとりとめのない討議に入った。

そして当分の間、嵐はおさまった。

これまでのところソ連に法律上《デ・ユーレ》の承認を与えている唯一の主要国たるドイツにおいても、この年は騒然たる事件を特徴としていた。ドイツ経済とドイツ通貨はルール占領の圧力で崩壊した。そして一連の政治危機は、モスクワの楽観的な観察者たちの目には、一九二一年三月の失敗（本書二七、六四ページ参照）の失地回復の機会と映った。八月、ドイツ共産党のブランドラーらの指導者たちがモスクワに招喚され、秋に権力奪取の蜂起計画が作成された。しかし、戦術に関する意見の違いのせいで自信は損なわれた。全計画は、後に果てしない非難の応酬をもたらす失敗のうちに終わった。一〇月二三日のハンブルグにおける孤立した共産党蜂起は容易に潰された。この頃までに、破綻したドイツ経済の復興を約した政府の首班にシュトレーゼマンが就任していた。そして国防省統帥部長官のゼークトは、秩序維持能力に全面的な自信を見せた。このエピソードの逆説的特徴は、このことが独ソ関係を何ら妨げなかったことである。そのことの意味は明らかであった。ドイツ共産党に対する処置の自由を保証されたゼークトは、モスクワとの軍事協力の継続と発展に意欲を燃やす十分な刺激をもっており、シュトレーゼマンは喜んでこの政策に協力した。ソ連政府は、トルコにおいてと同様ドイツにおいても、国際的外交ゲーム中に同盟国とパートナーをもつことの必要性を犠牲にしてまでも、当事国の共産党員たちを支持する余裕はなかったのである。同様の教訓は、イタリアのムッソリーニ・ファシスト体制との友好関係を進んで進展させたことからも引き出されえた。

一九二四年はもっと幸先よく始まった。イギリス労働党政府が初めて権力の座についたおかげで、二月一日、ソヴェト政府の法律上《デ・ユーレ》の承認がもたらされた。そして数日後、イタリアの承認が続いた。五月には、フランスの選挙の結果、エリオの率いる左翼連合が成立した。しかし、革命前のロシア債券をもつフランス人所有者たちの強い反対で、ソ連政府承認は一〇月まで遅らされた。夏の間、一九二一年の通商協定に代わる英ソ条約のための交渉がロンドンで続けられた。借款の約束を伴う条約が、イギリス金融・商業界からの、また保守党からの、強硬な反対にもかかわらず、八月調印された。このとき、自由党が労働党政府支持を撤回し、政府は下院で敗北した。条約は批准されず、続く選挙では保守党が圧勝した。この成功は、選挙直前の「ジノーヴィエフ書簡」――コミンテルンからイギリス共産党に宛てた、軍隊その他におけるプロパガンダ実行の指示の書簡――の公表に助けられたものであった。この書簡は、ほとんど確実に偽造であった。しかし、その内容はいかにもまことしやかであった。そしてソ連およびイギリスのソ連支持者に反対する世論を一層煽りたてるのに十分であった。オースティン・チェンバレンを外務大臣とする保守党新政府は、公的にはソ連政府との関係を絶たなかったが、一九二五年の間中、あらゆる交渉を実質上停止した。負債と請求権の解決のための仏ソ交渉も、同様に暗礁にのりあげた。

その間、ヨーロッパにおける力の均衡は、一九二四年八月、ドイツの賠償義務を大量の国際借款の援助によって共同で解決するための「ドーズ案」――外交的にも金融的にもアメリカに支持された――の採択によって変化した。これは一九一八年の勝者と敗者の間の和解の過程の出発点であり、その過程の絶頂は、一九二五年一〇月ロカルノで立案され一二月一日ロンドンにおいていとも厳かに調印された有名なロカルノ条約だった。この条約の本質は、ドイツの現西部国境の相互保障であり、ヴェルサイユ講和条約のこの部分をドイツは進んで受けいれたが、それは東部国境の受容までには進展しなかった。これはモスクワでは悪く受け取られ、ドイツ外交政策における新たな西方志向とラパロの破棄の証しとみなされた。しかも、ドイツは国際連盟加入と連盟理事会の議席の約束をとりつけていたことが了解された。そしてソ連政府は、ドイツが国際連盟の一員として、連盟により定められた対ソ制裁への参加を余儀なくされるかもしれないとの懸念を特に表明した。この不安を鎮めるため、ロカルノ条約のすべての参加国が調印した宣言が発せられ、その中で、連盟加盟国は「その軍事的状況と両立し、その地理的位置を考慮に入れた程度において」のみ制裁に加わるよう要求されうるということが表明された。こうした条件で、ドイツは一九二六年九月、遂に連盟に加入したのである。

ロカルノ条約に関するモスクワの評価は、ドイツを西欧世界に再統合し、ソ連から引き離して、ソ連を諸国民の社会における異物として孤立させる試みというものだった。この評価は、当事者の否定にもかかわらず、大体当たっていた。この試みは全面的には成功しなかった。一九一八年の屈辱にまだうずいているドイツは、西欧列強中での従属的地位を意識しており、専ら西欧諸国に頼るようになることは望まなかった。ソ連との連合は、もはや、ラパロ条約が両孤立国を結びつけた頃ほど親密ではなかった。しかし、それは依然ドイツにとって、対西欧関係での取引上の対抗要素であり、ヨーロッパの勢力均衡上の重要な要素であった。ポーランドに対する共通の猜疑心は依然、二国間の堅固な絆であった。独ソ秘密軍事協力はよく機能していた。国防軍はこれを損ねそうな何ものにも強く反対したであろう。経済関係は両国双方にとって利のあるものであった。シュトレーゼマンがロカルノでチェンバレンやブリアンと交渉しているまさにそのとき、ドイツ銀行の一団からのかなりの信用供与を含む独ソ通商協定がモスクワで調印された。ソ連にとってドイツは、最大かつ最も信頼できるパートナーだったのである。

しかし、これはドイツの東欧における足場維持の関心を示威するだけのものではなかった。ソ連政府は、イギリスの反ソ諸国連合結成の努力を非難するだけで満足せず、この時期、この計画への抵抗に関心を示しそうなその他の国々との特別な関係を確立しようとした。しかし、ソ連はいかなる軍事的関係を結ぶことも欲しなかったし、ソ連に対する共同行動の機先を制することに第一義的に関心を集中していたから、提案された定式は、各当事国が相手国に対する軍事的あるいは経済的な敵対行動に参加しないこと、また相手国への侵略によって戦争が起きた場合、中立を保つことを相互に義務づけるというものであった。これに基づいたトルコとの条約が、一九二五年一二月調印された。言葉づかいの違いはあるが同様の定式が、一九二六年四月二四日の独ソ条約で実現された。一八八七年のビスマルクのロシアとの「再保険条約」の前例になぞらえるドイツ人もいた。そして、この条約は西欧ではかなりの困惑を惹き起こした。時々不快事が合間に入り、モスクワ＝ベルリン間の正常な接触が妨げられた。こうした事件のうち最も深刻だったのは一九二六年一二月に起こったもので、秘密軍事協定に基づくソ連のドイツ向け軍需品輸送がドイツ社会民主党の知るところとなり、同党は国会で公けに抗議を行なって、ドイツ、ソ連両政府および特にドイツ共産党と民族主義右派の大いなる困惑を惹き起こした。しかし、連合国の報復のおそれは現実化しなかった。西欧列強は、ロカルノ条約で確立されたドイツとの良好な関係を維持することにあまりにも熱中していたので、この厄介な問題をもち出すことはできなかったのである。嵐はおさまった。そして次の数年間、ソ連の対西欧関係はほとんど空白であったが、ドイツとの関係は政治的、軍事的、経済的、文化的に、他のどの国とよりもはるかに親密で実り多いものであり続けたのである。

ソ連の外部世界との関係での政策と展望における革命的要素——制度的にはコミンテルンに体現されていた——は、今なお時おり、外務人民委員部によって遂行される外交活動と、一時的困惑をもたらすような形で衝突するかにみえた。しかし、革命の要求と外交の間に衝突があるという幻想は、ソ連政府はコミンテルンの行動に責任がないという表向きの主張によって助長されていたのだが、それが架空のものにすぎないということを明確にしたのは、ソ連は世界革命の堅固な砦であり、世界革命の展望はソ連の力と安全に依拠しているという、絶えず繰り返された議論であった。この仮説によれば、国際革命の利害とソ連の国益は不可分であった。この見解の必然的帰結は、しばしばコミンテルンの「支部」とよばれた他のすべての共産党のロシアの党への依存であった。コミンテルンとロシア共産党の間の衝突は考えられなかった。一九二二年春、労働者反対派の二二人のメンバーがロシア共産党の彼らに対する処遇に反対してコミンテルンに訴えたとき——彼らはコミンテルン規約によってこうする資格があったのだが——、この訴えは、ブルガリア人のコラロフとドイツ人のクララ・ツェトキンを含む委員会によって、即座に却下された。ロシア共産党のみが、勝利した革命を導いた経験をもっていた。この党は、他国諸党に革命への道を指導し教示する権利と義務を得ていた。コミンテルンがロシアを模範にした制度として発展し、ロシア共産党を中心に結束してきたという事実が、この論議に力を貸した。

各国共産党のコミンテルン中央機関との関係は、一九二四年六月に開かれた第五回〔コミンテルン〕大会の基調であった。ドイツでの一〇月蜂起に失敗したドイツ共産党の指導者たちは右派として非難され、左派の新指導者、ルート・フィッシャーとマスロフに代えられた。フランスとポーランドの党においても、今や右派と烙印を押された指導者たちがトロツキーびいきだと言明されて、同様の配置転換が行なわれた。しかし、左派を賞揚する、大会での多くの美辞麗句の中にあって、新左派指導者たちに要求された主要な資質は、モスクワでなされる決定への規律ある服従だということは明らかであった。ジノーヴィエフは、諸国の党の「ボリシェヴィキ化」のスローガンを打ち出したが、それは大会決議において「ロシア・ボリシェヴィズムにおける、国際的であったし今も国際的であるすべてのもの、そして普遍的意義をもつすべてのものの、われわれの支部への伝達」として定義された。その採択は当然のことのようにみえた。それは、他国における革命の遅延の自動的所産であった。そしてそれは、社会主義革命の唯一の成功例としてのソ連の役割を確認した一国社会主義の教義によって、新たに強化されたのであった。これまでコミンテルンの活動に参加していなかったスターリンは、第五回大会に控え目に出席した。彼は、ジノーヴィエフを中心人物にさせておき、総会では発言しなかったが、いくつかの委員会で演説し、外国人代表団にその名を知らせた。トロツキーも出席し、近づく第一次大戦一〇周年に関する大会宣言を起草したが、演説はしなかった。

続く三年間、資本主義世界におけるソ連の孤立は、モスクワの高まる不安の源であった。一九一四—一八年の戦争で激しく揺さぶられたヨーロッパ資本主義経済は、一九二〇年代中期までに均衡を回復して、アメリカの投資に刺激されて繁栄の波を享受していた。西欧諸国は「資本主義的安定」状態に達したとのコミンテルンの認識は、それに「相対的」とか「一時的」という形容詞を付けることにより条件づけられ、「ソヴェトの安定化」の主張によって釣合いをとられていた。しかし、こうした考慮は慎重な雰囲気を生みだした。第五回大会で引き立てられた諸外国の党の左派指導者たちは続く二年のうちに更迭され、穏健派がその後を襲った。コミンテルン大会は毎年は開かれなくなり、執行委員会の「拡大」会議にとって代わられた。第六回大会は一九二八年まで開催されなかった。来たるべき革命の見通しは依然喚起されたが、次第に確信は弱まっていた。革命宣伝がなされたのは主として、あからさまに反ソ的であると知られ、かつ恐れられていた国の政府への防衛的武器としてであった。スターリンの台頭は、西欧では一定の満足をもって迎えられた。というのも、それは、トロツキーやジノーヴィエフのような革命的煽動家が没落して、自国の運命の再興に没頭している、穏健で慎重な指導者によってとって代わられたことを意味したからである。

この時期は、他の左翼諸政党・グループとの協力が熱心に説かれた統一戦線の最盛期であり、また、モスクワから奨励され一部出資されてはいるが、表面上は共産党的でない国際的「戦線」の組織――これは、雑多なグループや政党の左翼の共鳴者を、コミンテルンのいだく大義を支持するべく募るものであった――の最盛期であった。これらのうちで最も有名で成功したのは反帝同盟であり、その一九二七年二月のブリュッセルにおける創立大会では、帝国主義列強の従属諸民族に対する暴政的支配への抗議の政綱に基づいて、中国、インド、インドネシア、中東、アフリカの多くの地域、ラテン・アメリカ、アメリカ黒人からの代表が初めて一堂に会した。様々な外国人訪問客の華やかな一団も出席した、一九二七年一一月のモスクワにおける革命一〇周年式典は、国際《ソ連の友の会》設立の場となった。モスクワに本部をおき、他の主要諸国に支部をもつ国際労働者救援会〔MRP〕や国際階級闘争囚人救援組織〔MOPR〕などの組織は、非共産党左翼との接触を維持し、ソ連への同情を求めるという、同様の目的を果たした。

イギリス労働運動との関係は初めから変則的なものであった。イギリス共産党は一九二〇年、極左分派の数集団の合同によって形成されていた。一九二〇年代の全党員は約五〇〇〇人であった。その弱さは、労働運動の強固な核心であり労働党に支配的な影響力をもっているイギリス労働組合の独特な力によって補われた。しかも、労働組合はロシア革命とソヴェト体制に対し、一度ならず、温かく効果的な共感を示していた。資本主義諸国において労働組合を勝ちとることは、一九二一年モスクワで創立された赤色労働組合インターナショナル(プロフィンテルンすなわちRILU)の任務であった。フランス、チェコスロヴァキアにおいては、その努力が実を結んで、普通アムステルダム・インターナショナルとよばれる既存の国際労働組合連合(IFTU)に加入する労働組合と、プロフィンテルンに加入する労働組合とをほぼ同等の勢力に分裂させた。ドイツでは分裂は起こらず、ドイツ共産党員が、アムステルダム加入の労働組合においてかなりの影響力を行使した。イギリスにおいては、労働組合はほとんど例外なくアムステルダムに依然忠実であった。しかし、イギリス労働組合の多数は永年、国際労働運動の分裂を嘆き、二つの敵対する連合体間の和解を要求し続けた。アムステルダムとモスクワ間の深刻なイデオロギー対立と激しい嫉妬が、これを見果てぬ夢にしたのである。

プロフィンテルンは、コミンテルンがまさに統一戦線政策に転換しようとしているときに創立された。レーニンが一九二〇年の第二回〔コミンテルン〕大会で初めて、一年後に「統一戦線」の標語の下に形をなす構想の輪郭を提示したとき(本書二三ページ参照)、彼の言葉は第一にイギリス問題に向けられ、またイギリス共産党員に労働党の「マクドナルドたちとヘンダーソンたち」を支持させる必要性に向けられていた。労働党の特殊な構成は、イギリス共産党員が同時に労働党員に留まることを可能かつ正常なこととしていたのである。しかし、イギリスにおいては、共鳴する非共産主義的労働者によびかける最も自然な基盤を提供したのは労働組合であった。典型的なイギリスの共産主義者は彼のポケットに三枚の党員証――イギリス共産党・労働組合・労働党のそれ――をもっているといわれた。プロフィンテルンはロンドンに事務所を設立した。そして、この刺激に応えてイギリス共産党は、二つの統一戦線組織を推進した。その一つは、労働組合内でその活動を刺激するグループとして行動する全国少数派運動(NMM)であり、もう一つは、共産党が指導するが広汎な労働者たちの参加も得て、当時の主要病弊の一つである失業に対する宣伝と煽動を行なう全国失業労働者運動(NUWM)であった。労働党はイギリス共産党の再三にわたる加入要求を拒否したが、一般党員は個々の共産党員に対して元来無愛想ではなかった。一九二二年の選挙で、二人の共産党員が、一人は労働党公認候補として、もう一人は労働党の暗黙の支持を得て、議会に選出された。

反動は、労働組合においてよりも労働党において、より迅速にあらわれた。一九二四年、労働党は共産党員を労働党公認候補として選ぶことを禁止した。労働党大会から共産党員を締めだす決定がなされたが、労働組合がその代表に共産党員を含む以上、実効性はなかった。労働組合内の親ソ感情は、もっと強固であった。ソヴェト労働組合指導者トムスキーは、一九二四年と一九二五年のイギリス労働組合大会で、熱狂にとり囲まれて演説し、ジノーヴィエフ書簡と労働党政府倒壊の直後の一九二四年一二月のソヴェト労働組合大会にはイギリス代表団が参加した。一九二五年初め、英露合同労働組合委員会が、両国組合間の協力を助成する目的で形成された。しかし、ソ・英労働組合指導者間の見解の不一致と差異、およびイギリス労働組合がアムステルダム・インターナショナルと対立する位置に身をおくことへの抵抗感を、この計画は過小評価していた。この委員会の会合は、ソ・英代表者間の次第に厳しくなる非難の応酬の場であった。プロフィンテルンの活動と、イギリス指導者に対する多くの厳しいソ連側の批判が憤激をかった。そして全国少数派運動

(NMM)と全国失業労働者運動(NUWM)の攻撃的戦術が、絶えず苛だちを惹起した。労働組合会議(TUC)の総評議会において、反ソ多数派は、衰退しつつある親ソ少数派と対立した。

分岐線は、一九二六年五月のイギリスのゼネラル・ストライキであった。ソヴェトの眼には、ゼネラル・ストライキは政治行動、権力奪取の試み、階級戦争行為、そしてプロレタリア革命の始まりなのであった。イギリス側では、それは終始一貫して賃金紛争なのであった。労働組合指導者と大量の労働者たちは、現体制からのより公正な利益分与にあずかろうとしていたのであって、この体制を打倒しようとしているのではなかった。モスクワから発せられる革命の勧奨は、彼らを警戒させ、疎隔させた。そして彼らはソ連労働組合からの資金援助を、それが彼らの大義を損なうとの口実で断わった。これは、ソ連指導者たちにとって、イギリス指導者たちを決して許せない侮辱であった。一〇日後、労働組合が敗北を認め、ゼネラル・ストライキの中止をよびかけて、坑夫たち――彼らの不当待遇がゼネスト発端の理由であり鼓吹のもとであった――を孤立無援で闘うままに放置したとき、ソヴェトの眼には、これこそ、イギリス労働組合指導者たちがブルジョワジーに身を売ってしまい、唯一の希望は一般労働者たちを裏切り的労働組合官僚に反抗させることにあるということの決定的な証拠と映った。これ以後、イギリス指導者たちに対するソヴェトの敵意は鎮めがたいものとなった。そして、ソヴェトはイギリス労働組合員多数派の指導者たちへの忠誠心に揺さぶりをかけようとして失敗したが、そのことは、永いこと、イギリス労働運動に対するソ連の関係を厳しいものにし、挫折させたのである。

ゼネラル・ストライキおよびスト参加者へのモスクワからの資金援助提案は、一九二四年秋以来次第に力を得ている著名な保守党政治家たちによる反ソ・キャンペーンを一層激化させた。一九二六―二七年の冬の間、保守党内におけるソ連との断交の要求は抑えがたいものとなった。一九二七年五月、ロンドンのいくつかのソ連通商代表団の事務所が入居しているアルコス(六二ページ参照)の構内が、警察によって手入れされた。押収書類からは何のセンセーショナルな発見もなかった。しかし、この実力行使の目的は明らかで、期待通りの成果をおさめた。五月二四日、ボールドウィンはソ連との外交関係断絶と通商協定廃棄を声明した。イギリスの例にならう国はなかったが、イギリスの態度は今なおヨーロッパの外交で支配的位置を占めており、ただジェスチャーだけでも広汎な懸念を惹き起こすに十分であった。モスクワでは戦争、あるいは少なくとも経済的・金融的封鎖の危惧が広まった。前年にポーランドでピウスーツキが権力をとっており、彼による対ソ軍事行動をイギリスが教唆、あるいは支持するかもしれないという懸念が感じられた。イギリスの労働組合会議は、一九二七年九月の年次大会で、英露合同労働組合委員会――モスクワでは永らくトロツキーと反対派の攻撃の的であった――の解散を決議して、ソヴェト指導者の挫折感を増大させた。地平線上には一条の光もさしていなかった。おそるべき規模の穀物調達危機が、収穫の後にやってきた。党内における反対派との闘争は、辛辣さの絶頂に達した。アジアにおいてさえも、ソヴェトの運勢は最下点にあった。

この時期を通じて、アメリカ合衆国政府はソヴェト政府を承認することも、いかなる関係をもつことも頑固に拒否していた。この態度は代々の大統領と国務長官によって繰り返され、ほんの一握りの急進的知識人、およびソ連との通商再開に利害関係のある少数の銀行家・産業家が反対しただけであった。公式の通商禁止令が解除された後も、ソ連への貸付けは禁止されており、ソヴェトの金は所有権が係争中であるとの表向きの口実でその受取りも拒否され、銀行による信用供与も拒否された。こうした事情は、いかなる大規模な取引をも有効に禁圧していた。しかし、僅かな通商の細流が流れ始めた。一九二四年、ソヴェト当局はニューヨークにアムトルク――ロンドンにおけるアルコスに対応するもの――という名称で貿易会社を設立した。ソヴェトの非公式の使節がワシントンに住み、時おり私人の資格で国務省を訪れた。一九二五年、アメリカの金融家ハリマンは、コーカサス〔カフカース〕のマンガン鉱山を経営する利権をとりつけた。この企画は成功せず、利権は後に取り消されたが、これは突破口であった。しかし、アメリカの産業家たちがソヴェト市場に本格的に興味を示すようになるのは、ソ連で工業化が進行中の一九二七年になってからのことであった。

第一〇章　ソ連と東方(一九二三—一九二七年)

非ヨーロッパ諸国はマルクスの思考において周辺的な位置をしか占めておらず、第一インターナショナルおよび第二インターナショナルによって無視されていた。一九一六年に発表された有名な著作『帝国主義論』においてレーニンが、帝国主義を資本主義の最高にして最後の局面であると診断したとき、彼はそのことが植民地的従属国にとってもつ含意よりも、帝国主義国にとってもつ含意の方に、より注意を向けていた。革命の最初の年にアジア諸民族に向けられた諸宣言は、そのほとんどが、外国、とりわけイギリスの支配に対する反逆のよびかけであった。そして、一九一九年三月のコミンテルン創立大会の宣言《マニフェスト》は、「アジア・アフリカの植民地奴隷」への呼びかけを含んでいた。「植民地・半植民地諸国」とよばれた国々での政策を規定しようと初めて努めたのは、一九二〇年六月の第二回大会であった。レーニンによって起草されたテーゼは、「あらゆる民族・植民地解放運動とソヴェト＝ロシアとの緊密な同盟」をよびかけた。この同盟を結ぶ相手となる民族運動がブルジョワ民主主義的なものか、プロレタリア的＝共産主義的なものかは、当該国の発展段階に依存した。後進国では、共産主義者はあらゆる「民族的＝革命的」解放運動を――たとえブルジョワ民主主義的な性格のものでも――支持する用意がなければならなかった。これはありきたりの解決法であって、多くの実践上の問題が残った。

大会後、コミンテルンは、バクーにおいて「東方諸民族大会」を開催して、東方問題における最初の主要なイニシャティヴをとったが、それには二〇〇〇人近い、ほとんど中央アジアからの、そして圧倒的にイスラーム系の代表たちが参加した。この地域一帯では、イギリス帝国主義を主敵と描きだすのは困難でなかった。そして、これが大会における演説者たちの主要テーマであった。しかし、困惑が二つの方面から生じた。その一つは、多くのイスラーム代表者たちの宗教感情であり、もう一つは、一九〇八年の青年トルコ民族革命の指導者エンヴェルの出席であって、彼はアルメニア人大量虐殺に責任があると広くみなされており、彼の社会主義的ないし民主主義的信任状は明白に疑わしかったのである。この大会は二度と開かれず、何ら持続的な成果を生みださなかった。一年後、同様の極東諸民族大会がイルクーツクで開かれるよう企画された。計画は挫折し、結局、大会は一九二二年一月にモスクワで開かれた。しかし、この頃までに情熱は薄れ、前回のバクー大会ほど感銘の強くないものとなった。極東の中では、日本が、西欧型の工業化がかなり進行していた国であり、多数のプロレタリアートを抱え、従って最も革命の可能性が高いようにみえる国であった。しかし、コミンテルン創立大会には日本代表は出席しなかった。そして、資本主義日本では、共産主義の衝撃は西欧資本主義諸国においてよりも弱かった。中国では、帝国主義支配からの解放を目指す民族運動が高まっており、それは「不平等条約」および「条約港」の外国人居留地〔租界〕を反対運動の標的としていたが、まさにこの中国こそは、共産主義宣伝およびソヴェト外交にとって最も実り多い地域となった。

レーニンは、一九一一年の中国革命〔辛亥革命〕に刺激された一九一二年の論文の中で、「アジアの数億の勤労者たちは、すべての文明国のプロレタリアートに、信頼しうる同盟者をもっている」と言明し、プロレタリアートの勝利は「ヨーロッパ諸民族とアジア諸民族を解放するだろう」と予言していた。彼は、中国の民族主義指導者孫逸仙〔孫文〕のことを、その綱領において「革命的・民主的中核」をもったナロードニキであると述べた。一九一八年〔実際は一七年〕に孫逸仙が広東に民族主義的革命政府を樹立し、民族運動の認知された長となったとき、二つの革命中心地間の相互の共感が、孫とチチェーリン間の書簡と電報の交換で示威された。一九二〇年代初め、ソヴェト外交はまず中国で活発となった。日本軍は、内戦に参加した他の諸列強が部隊を撤退させた後も、永くシベリアに居残ったが、一九二一年までに、アメリカの圧力で退出しつつあった。ソヴェト勢力は次第に東方へ移動し、外蒙古を占領していた白衛ロシア軍を駆逐した。一九二一年一一月、ソヴェトの保護と統制の下でモンゴル人民共和国が宣言された。一九二二年夏、影薄くほとんど無能の北京政府との関係を明確にするため、ヨッフェがモスクワから派遣された。この試みは失敗した。しかし一九二三年一月、ヨッフェは、つい先頃広東から追放された孫逸仙と上海で会談した。これは、帝国主義に抵抗するための統一戦線、および民族運動との協力の原則が確固としてソヴェトの政策に組み込まれた瞬間であった。「共産主義的秩序もソヴェト体制も現実に中国には導入されえない。なぜなら、ここでは、共産主義もソヴェト主義もその首尾よい確立のために必要な条件が存在しないからである」という孫逸仙の見解をヨッフェが認めたことを記した共同宣言が、この会談の終わりに署名された。しかし、「中国の最も重要で最も緊迫した問題は、民族統一を成し遂げ、完全な民族的独立を獲得することである」という点で合意がなされた。そしてヨッフェは、中国はこの課題においてロシアからの誠心誠意の共感と支援を当てにすることができるという保証を与えたのである。

二カ月後、孫逸仙は広東で権力を再び握った。そしてヨッフェとの協定は、ソヴェトと孫および彼の党たる国民党との協力の、永く実り多い時期の出発点となった。一九二三年秋、孫の副官の一人、蔣介石が武器と装備の供給の交渉のため、モスクワに派遣された。そして、アメリカ生まれのロシア人で、英語を話す共産主義者ボロディンが、孫の顧問として活動するため広東に到着した。次の年の間、ボロディンは、彼と孫との、そしてソ連政府と国民党との緊密な同盟を固めることに成功した。その共通の目的は、中国を帝国主義列強――イギリス、日本、アメリカ合衆国――の支配から解放することであった。孫は広東に戻った後、そこで民族主義政府を樹立しており、それは、いつの日か軍事的「北伐」に乗り出して中国を再統一し、特権をもつ外国人侵入者たちを駆逐しようと計画していた。ソ連から広東への軍事供給は、僅かではあったが次第に増えていった。ソヴェトの軍事顧問は、広東軍を設立し、新しい軍事アカデミーに装備を供給し、人員を配属するのを助けた。孫はボロディンの指導を得て、国民党のゆるんだ組織を引き締めた。一九二一年に創立された中国共産党(CCP)は当時、一〇〇〇人そこそこの党員で、主にマルクス主義知識人から成っていた。ボロディンの来る前に、おそらくコミンテルンの示唆を受けて、中国共産党員はまた国民党員ともなるという合意が成りたっていた。この原型は明らかに、多くのイギリス共産党員が労働党員でもあるという二重の地位であった。そしてその意図は、この規律ある献身的な集団〔共産党〕が、より大きくて緩い組織〔国民党〕に補強材を加えるというものであった。これらすべての手はずは、マルクス主義の教義と孫逸仙の「三民主義」――「民族」・「民権」・「民生」――の間の食いちがいをおおい隠した。これは、他のすべてが反帝国主義民族革命に従属している限りは容易なことであった。ボロディンが国民党綱領の中に地主の収奪を含めるよう要求したときになって初めて、孫は頑強に抵抗し、ボロディンは譲歩しなければならなかった。

一九二四年末、孫逸仙は状況調査のため日本と中国北部へ向けて旅立った。途上、彼は病いに倒れ、一九二五年三月一二日、北京で死去した。国民党左派に属する、賢明だがひ弱な汪精衛〔汪兆銘〕がその後を継ぐと大方には思われた。蔣介石の軍事的能力と、モスクワ訪問で得た威信とが、彼に支配的地位を与えた。しかし当分、彼は何の政治的野心も表には出さず、国民軍建設に当たって大いにソ連の援助に頼った。一九二五年の最も世情を沸きたたせた事件が、五月三〇日に上海で起こった。イギリスの監督下にあった市警察が、ストライキ中の労働者と学生のデモに向けて発砲し、そのうちの数人を殺害したのである。この行為が引き金となって、二ヵ月におよび、広東にも広がったゼネラル・ストライキと大々的な労働騒動が起きた。初めて実際的な力をもつ労働組合が中国共産党指導下に上海に形成され、共産党の党員数は数週間のうちに一万人に跳ね上がった。中国におけるこのような労働者反乱の最初の徴候の一つの結果は、英ソ間の相互敵意の尖鋭化であった。さらにもう一つの結果として、民族解放の大義には忠実だが社会革命には敵対的な国民党内右派の伸張が促進された。蔣介石は成り行きを見守り、秘かに左派と右派の間を縫って進んでいた。

中国へのソヴェトの関心は、広東を中心とした民族革命運動への関与のみに尽きるものではなかった。ソヴェト領土に直に接しているのは中国北部であった。一九二三年八月、カラハンが中国政府への外交代表として北京に到着し、一九二四年五月、中ソ関係正常化の条約を締結した。ソヴェト政府は、かつてロシアが他の主要列強とともに中国で享受していた治外法権と利権を既に放棄していた。残っている紛争の種は、中国政府が依然主権を主張している外蒙古と、満州を横切ってヴラジヴォストークにまで続く、ロシアが建設した東清鉄道(CER)であった。外蒙古は条約によって中国の「構成部分」として承認された。しかし、ソヴェト軍や行政官の撤退の期日は定められておらず、ソ連はモンゴル人民共和国を確固たる掌握の下におき続けることを決意していた。東清鉄道は、五人の中国人と五人のロシア人から成る委員会の統制の下におかれた。しかし、路線の総支配人はソヴェト政府によって任命され、この手続きは、続く数年間、多くの軋轢を生んだ。ソヴェト政府は、中国北部におけるその利益の擁護と、南部における革命的大義の推進との間に非両立性を意識してはいなかった。しかし国民党の中には、ソ連が民族主義運動の不倶戴天の敵(北京政府)とこうした協定を締結したことにひどく立腹しているグループもあった。

中ソ条約を協議していた北京の中国政府は、しばらくは中国中部を支配していたこともありイギリスの支持を得ていた軍閥の首領、呉佩孚の緩い支配の下にあった。一九二四年秋、呉と張作霖――満州軍閥の首領で、日本の被保護者――の間に戦争が勃発した。呉の敗北は、中国北西部の広大な領域をもつ馮玉祥の寝返りによって速められた。これまで呉の部下であった馮は、今や、国民党および広東の民族主義政府への共鳴を明らかにした。この戦線の変化は、モスクワからの補助金と支援の申し出によって推進されていたのかもしれない。呉の権威の凋落の後、馮は北京とその隣接地域一帯の支配を主張しようとした。しかしこの野心は、一九二五年末彼を放逐した張作霖によって挫《くじ》かれた。その後、不運な北京政府は張の傀儡となったのである。

今や中国には、ただ二つの主要な軍事勢力があるのみとなった。一つは北部の張作霖の勢力であり、もう一つは南部の蔣介石によって統率されている、急成長しつつある民族主義勢力であった。中国中部のほとんどは、かつては呉佩孚に忠誠を誓っていた解体状態の軍のえじきであった。一九二六年初めに蔣が、永いこと目論まれていた「北伐」を夏に開始するという重大な決定をしたのは、こうした状況下のことだったのである。これは、ボロディンにもソヴェト人顧問にも歓迎されなかった。北伐は絶えず軍事的準備の最終目標といわれ、原則的には称賛されてきた。しかし、間近な将来の具体的計画として呈示されると、それは不安を喚起した。その成功は不確実で、帝国主義諸列強の干渉を惹き起こすかもしれなかった。ソヴェト政府はこのとき、東清鉄道をめぐる張作霖との紛争を警戒しており、他のところでの厄介事を望まず、広東での事態にあまり注意を払っていなかった。一九二六年一月、ボロディンは、北京および馮の司令部を訪れるため広東を出発した。そして彼の留守中、蔣と上級ソヴェト軍事顧問たち——彼らは企画されている事業に対して、無神経な態度で懐疑を示した——の間に口論が生じた。一九二六年三月二〇日、共産党員を指揮官とする中国砲艦の動きから惹き起こされた捏造事件〔中山艦事件〕を口実として、蔣は、数人のソヴェト顧問たちを宿舎に監禁し、武装軍に属する中国共産党員を逮捕した。顧問たちは速やかに釈放された。しかし蔣は、彼の権威に挑戦した者の立ち退きを横柄に要求した。ボロディンが四月末広東に戻ったとき、全般的に平穏が回復され、体面は維持されていた。不快な顧問は撤退させられていた。以前中国で働いたことがあり、蔣にとって受け容れうる人物《ペルソナ・グラータ》であった赤軍将校ブリュッヘル(変名ガリン〔ガレンとされることもある〕)が、拡張されたソヴェト軍事顧問たちの一団を率いるために到着した。今やすべての人が北伐の緊急性を受け容れ、ブリュッヘルとその参謀は積極的にそれを計画・組織した。しかし勢力均衡は変化していた。蔣は確固たる支配権を握ったのである。

一九二六年七月初め、七万人の兵力の国民革命軍は、大幅に拡充されたソヴェト人顧問団を伴って広東から北へ向かって進軍した。戦役は輝かしい成功であった。抵抗に遭わなかったのみならず、大々的な援軍――解放された呉佩孚の軍からの部隊、および地主の地所略奪で生計をたてている武装農民グループ――も進軍に参加した。九月初めに蔣が、中国中部の大工業都市の漢口に入ったとき、彼の兵力はおよそ二五万を数えた。数週間後、彼は東進し、南昌に司令部を置いた。これは上海への道の第一歩であった。一一月、ボロディンとその参謀とともに広東に残されていた国民党当局は、漢口に移動し、そこで国民革命政府が熱狂の真只中で宣言された。この都市は、二つの隣接工業中心地を加えて拡大され、武漢と改名された。これは武漢における、そしてモスクワにおける、勝利の瞬間であった。

しかしながら、勝利は災厄の種を隠していた。革命運動が民族主義の枠内にとどまり、外国帝国主義からの解放を説く限りでは、統一が前面に出ていた。しかし、その後援者のある者が、封建的あるいは資本主義的抑圧からの農民・労働者の解放を口にしだしたとき、不協和音が再び起こった。国民党は圧倒的に小ブルジョワ的であった。党員には、土地を持たない農民よりも小土地所有者の方が多かった。国民革命軍のほとんどの将校は土地を所有しているといわれた。また、それは労働者たちとも、あるいは一九二五年五月三〇日の事件によって創始された上海の労働組合運動とも、何ら特別のつながりをもっていなかった。中国革命の勝利を歓呼で迎えた一九二六年一一月のモスクワでのコミンテルン執行委員会の会議は、曖昧な指示を与えた。それは、プロレタリアートが指導権を握る革命の次の段階を期待した。そして中国における農民革命の重要性を宣言した。それは中国共産党員に対して、国民党にとどまり民族運動を支持するよう指示した。中国共産党は意見が分かれ、逡巡した。しかし、ボロディンが国民党への忠実な支持路線——たとえそれが、労働者・農民の要求をより都合のよい時期まで引き延ばすことになるとしても——を固執したとき、彼はモスクワの見解を正しく解釈していたのである。

危機は国民党自身の分裂から起きた。国民党左派を代表し、ボロディンに強い影響を受けていた武漢政府は、民族革命の支持と社会革命の目標への口先だけの忠誠とを両立させていた。農民反乱が武漢の南の省、湖南で頻発した。このとき、毛沢東は農民運動指導者として初めて有名になったのである。南昌では、蔣介石と将軍たちが急速に右寄りとなり、共産主義者および彼の民族主義的野心を妨げる始末に負えない農民・労働者たちの要求に対し、敵意をむきだしにした。こうした展開はイギリス政府の態度の変化によって助成された。イギリス政府は国民革命軍の圧倒的成功に印象づけられ、彼らと戦うよりも折り合った方が賢明だと結論したのである。イギリスは、漢口と九江の利権を中国管理下に戻し、また、これまでの不平等条約によって中国に課せられたその他の隷属状態の緩和あるいは廃止を提案することによって、合意への道を拓いた。永らくソヴェトの後見に不満で、今やそれを不要とするほど強力になった蔣は、帝国主義者——彼らの共産主義者およびその社会革命綱領に対する反感は、蔣自身のそれと似通っていた——の祝福を得て自己の野望を実現するという、眩惑的な機会を感じとったのである。

この変化が含意するものは、直ちに全面的には現実化されなかった。上海はこの時期、明らかに弱い立場にある二流の軍閥首領、孫伝芳によって支配されていた。一九二七年二月、上海の労働組合は、彼らがまだ解放者とみなしている蔣の援助をあてにして、労働者蜂起を組織した。蔣は動かなかった。そして孫伝芳は容易に蜂起を鎮圧した。数週間後、孫軍は上海郊外での激戦で蔣軍に敗北した。再び上海の労働者は蜂起し、地方自治政府を設立し、国民革命軍の上海への入場を迎える準備をした。とうとう蔣が着いたとき、彼がこうしたやり方に同意していないことが明らかになった。軍隊によって秩序が強制的に回復され、政府機関は解体された。そしてすべてが整った四月一二日、蔣は全市にわたって、共産主義者と戦闘的労働者たちの大規模な組織的虐殺を開始した。中国共産党と労働組合は一掃された。今度は、その意味は見まごうべくもなかった。蔣は武漢とモスクワで激しく非難された。しかし、いくら抗議しても、蔣が中国中部と南部で実勢力ある唯一の軍を率い、外国諸列強の共感と黙認をかちえたという事実を変えることはできなかった。

数日前、もう一つの災厄が、中国におけるソヴェトの政策とソヴェトの威信に襲いかかっていた。張作霖の命令で、また外国外交団の共謀も得て、北京政府がソヴェト大使館を襲撃したのである。大使の住居は見逃されたが、外郭の建物は捜索され、職員は逮捕され、大量の文書が押収された。中国人職員は即決で処刑され、ソヴェト職員は裁判までの永い間、刑務所に入れられた。現秩序に対する共産主義者の陰謀を誇示するため、大量の文書――あるものは本物で、あるものは適当に手を入れられたもの――が、数カ国語で発表された。ソヴェトの抗議に耳は貸されず、外交関係は断絶された。これは、ロンドンにおけるアルコス襲撃と英ソ関係断絶に先立つこと一カ月のことであった。

一九二七年夏、中国におけるソヴェトの運勢は最下点に達した。武漢政府は蔣から自立的になっていたが、同地の軍人も社会革命に共感しない点では蔣と同断であり、湖南の省都である長沙で農民の大虐殺が起きたりした。ボロディンと武漢政府は、馮玉祥――彼は、長期間の、一見熱狂的なモスクワ訪問から帰ったばかりであった――の忠誠を当てにしていた。しかし、馮は蔣との取引の方を選び、その結果、彼はソヴェト顧問を解任し、共産党員が彼の軍で活動することを禁じた。共産党は一九二七年四―五月に武漢で大会を開き、党員数は五万五〇〇〇人にのぼると主張した。しかし、その無力さは明瞭であった。武漢政府は徐々に解体していった。その最後の行為の一つは、ボロディンの召還を要求することであった。彼は七月末に中国を去った。そして、最後のソヴェト軍事顧問とその他のソヴェト使節団員も帰国した。モスクワから差しむけられた熱っぽい四年間の努力のうち、後に残ったものは皆無であるようにみえた。いかに楽観的な観察者の目からみても、ほとんど回復不能としか思えないような打撃が加えられたのであった。これらの年月の間に、巨大な革命的発酵が現実に中国全土に生まれていた。しかしそれは、その後永い間、蔣介石の強力な鉄のかかとの下に打ち砕かれたままであった。

太平洋地域での共産主義者の宣伝と影響力を拡大するため、野心的計画が時おり論じられた。海員がこうした活動に最も有望な活動家とみなされた。太平洋運輸労働者会議(鉄道労働者もある程度の代表を送っていたが、主に海員)が、一九二四年の夏に広東で、明らかに共産党と国民党の共同後援で開かれた。二〇人以上の代表が、南北中国、インドネシア、フィリピンからやって来た。日本代表は旅行を妨害され、参加できなかった。会議はコミンテルンとプロフィンテルンに挨拶を送った。しかし、その政綱は特に共産主義的というよりも、反帝国主義的なものだったようである。武漢でもう一度太平洋会議が開かれた一九二七年夏まで、何も起きなかった。今度は、プロフィンテルン議長のロゾフスキーがモスクワからやって来ていて、会議は彼の巧みな指揮の下に進行した。ソ連、中国、日本、インドネシア、朝鮮、イギリス、フランス、アメリカ合衆国からの代表が出席した。オーストラリアとインドの代表はそれぞれの国の政府に拒否されて、到着することができなかった。会議は中国革命支持を声明し、朝鮮、台湾、インドネシア、フィリピンの独立を要求し、恒常的な汎太平洋書記局を設立したが、この書記局は数年間、いくつかの異なった中心地でやや影の薄い存在を続け、『太平洋労働者』とよばれる定期刊行物を出版した。

東方世界のその他の部分は、この時期、ソヴェト政府の活動にとってもコミンテルンの活動にとっても、それほど開かれていなかった。ソヴェトの日本との関係は、他の資本主義諸国との関係に似ていなくもなかった。一旦日本軍がシベリア本土から撤退した後は、ソヴェトの最重要の要求は、北樺太からの撤退、および外交上の承認であった。このどちらも一九二五年一月の条約〔日ソ基本条約〕によって、遅ればせに達成された。しかし、漁業権の問題、およびヴラジヴォストークに物資を供給する東清鉄道と、日本支配下の大連港に物資を供給する日本の南満州鉄道との競争の問題は、絶えまない軋轢のもとであった。そして相互疑惑は関係を曇らせ続けた。日本のプロレタリアートの革命的潜勢力への当初の信頼は、現実には満たされなかった。日本の警察は容赦なく、かつ有能であった。第一次日本共産党は一九二四年初めに自ら解散した。一九二六年一二月に非合法組織としての再建が行なわれた〔一九二五年の「上海テーゼ」をうけて、いわゆる五色温泉大会を開く〕。いくつかの労働組合は、左派あるいは共産党的組合の異端的連合体〔総同盟から分離した評議会〕に加入した。しかし、こうした努力は、時おり日ソ関係を悪化させるという以外にさしたる結果をもたらさなかった。そして、共産党は一九二九年の一斉逮捕〔いわゆる四・一六事件〕によって、再び実質上踏みつぶされたのである。

その他の国で記録すべきことはあまりなかった。インド共産主義の主張は、ヨーロッパに住むインド人たちの間で以外にはほとんど成功しなかった。小規模の共産党が、絶えずイギリス当局に妨害されながら、辛うじて存続した。共産主義者によって促進された地方の労働者・農民の諸政党の方が期待がもてた。インド国民会議の独立あるいは自治の要求は広く支持された。そして、イギリス政府から提示された、時間稼ぎの中途半端な譲歩に対する抗議が頻発した。ストライキの中には、共産主義宣伝に煽動されたものもあるといわれた。しかし政府は事態をうまく掌握していた。インドネシアでは、小規模な共産党が、人気のあるイスラーム民族主義組織と萌芽的労働組合運動によって強化された。一九二六年一一月、明らかにコミンテルンからの促進も支持もなしに大衆蜂起が起きたが、それは数日で壊滅させられた。処刑と大量追放が続き、多年インドネシア党は事実上解体させられた。中東はソヴェト外交にとって、あるいは共産主義浸透にとって、一層可能性が少なかった。トルコやペルシャとの関係は、これらの国々における西欧諸列強、特にイギリスの影響力に対抗し、それらの国々とソ連との間の貿易を発展させるように意図された。あらゆる左翼運動に対し非常に抑圧的な体制と取引することは、時おりソヴェト政権に困惑をもたらしたが、それは政策路線を妨げるほどのものではなかった。エジプトでは、イギリス支配に対する反乱の民族的運動が徐々に成長したが、ソ連と何の協力関係もなかった。アラブ諸国もパレスチナも、依然あまりにも確固として西欧の支配下にあり、意味のあるほどのいかなるソヴェトや共産主義者の行動も許されなかった。

第一一章　計画化の始まり

資本主義の市場経済にとって代わるべき社会主義的計画経済の概念は、マルクス主義思想に深く根づいていた。もっとも、それを詳細にわたって展開することは、マルクスやその後継者たちによってほとんどなされていなかったのであるが。しかし、計画化の概念は特に社会主義的というものではなかった。それは、一九世紀の自由放任《レッセ・フェール》経済に対する反動に一般に共通するものであった。ウィッテが一八九九年にツァーリに提出した有名な覚書の基本テーマは、ロシア経済の発展を計画化する必要性ということ――もっとも、細部にわたる作業は何もなされなかったが――であった。ボリシェヴィキは革命と内戦の危機の下では、計画化の理論をつくっているいとまはなかった。しかし、中でもレーニンは、ドイツの戦時経済が集権的統制と計画化に適応させられている度合に強い印象をうけていた。これも偶然ではなかった。戦前に資本主義がその内的発展によって進みつつあった最終段階は、独占資本主義であった。レーニンが「歴史の弁証法」とよんだもののおかげで、戦争は独占資本主義の「国家独占資本主義」――これは「社会主義の最も完全な物質的準備」をなしていた――への転化を加速していた。レーニンは一九一七年九月に、次のように、強調しつつ書いた。「大銀行なしには社会主義は実現されないだろう」。ドイツのモデルのロシアへの適用は、後進的経済の中での社会主義建設に内在するあらゆる困難性を提起していた。革命前夜のロシアにおける工業成長は集中度も高く、直接間接に国家に依存していたが、やはりなお組織化の初歩的段階にあり、社会主義的計画立案者に提供すべき理論的・実践的援助あるいは指針はごく僅かであった。しかし、計画化の原則への抵抗はなかった。一九一九年の党綱領は、経済の「一個の全国家的計画」を要求していた。そしてこのとき以来、経済問題に関する党とソヴェトの諸決議はいつも「単一経済計画」の要求を含んでいた。

しかしながら、当面は個々の産業ごとの計画の方が有望なやり方であった。こうしたもののうち最も有名なのは、一九二〇年二月に設立されたロシア電化国家委員会(ゴエルロ)の活動であった。この計画はレーニンを特に魅了し、彼は「共産主義とはソヴェト権力プラス全国の電化である」という警句をつくった。「国家一般計画委員会(ゴスプラン)」の創立が決定されたのは、ちょうど一年後――ネップ導入の前夜――のことであった。しかし、今度はレーニンは全般的計画についての当時の討論にあまり熱意を示さず、それは「無為なおしゃべりで衒学」だと片づけた。ゴエルロは直ちに発電所網の計画化と建設――それは後に工業化の過程への重要な寄与となった――の実践的任務にとりかかったのに対し、ゴスプランの方は数年間、包括的計画化の非実践的な演習をするだけにとどめられた。単一経済計画の必要性を説く声明は、絶えず発せられた。しかし、ネップおよび農業の優先性に執着する党指導者たちは、依然として微温的であった。一九二〇年以降、計画化の最も積極的な主唱者は、トロツキーおよびその他の公式路線批判者たちであった。計画化は第一義的に工業のための政策であって、農業にとっては漠然と不確実な関係をもつだけであった。そして、計画を実地に適用するなら、それはますますネップの市場経済への全面的な侵入という意味をもつようになった。こうした諸条件の下では、進歩は遅かった。個々の生産部門の計画――農業を含めて――が関連部局によって作成された。しかし、これはゴエルロ計画とちがって、いかなる権威ももたなかった。またそれらを調整する試みもなされなかった。ゴスプランの議長は、一九二四年夏に、創立後三年たつというのに今なおいかなる「単一経済計画」もないと嘆いた。

包括的計画化の主張は、反論されずにはいなかった。計画化は一般的な用語では大いに議論されていたが、その実際的含意はまだ探られていなかった。計画経済は未踏の新しい概念であり、これまで認識されなかったような仕方で、伝統的な市場経済のルールに挑戦するものであった。計画家の目標は、古典経済学の武器庫から引き出される強力な議論によって反論された。ソ連における工業、とりわけ重工業は、非効率的で、高価につく生産者であった。農業の方は、農民労働の供給が無制限だったから、相対的に安価の生産者であった。資本に対する最大の収益を得るには、それを農業に投資し、輸出向け農業余剰を発展させ、かくして工業製品――究極的な工業発展のための資本財を含む――輸入の財源をまかなうのがよいであろう。工業生産の分野においても、ソ連のように資本が乏しく未熟練労働力が大いに豊富である国においては、合理的な進路は、資本集約的な資本財生産工業ではなく、労働集約的な単純消費財生産工業を優先することであろう。しかし、農業および消費財生産の軽工業を優先する政策は、伝統的経済分析およびネップの原則といかに調和的であるとしても、ソ連を西欧工業に比肩しうる近代的工業国に急速に転化しようという計画家の野心とは、まさに正反対であった。計画家の議論は経済的というよりもむしろ政治的なものであり、あるいはおそらく、新奇でまだなじみの薄かった「開発経済学」に属していた。旧学派の訓練をうけた経済学者の大多数の、これに対する意識的・無意識的抵抗は、強力かつ執拗なものであった。

ネップの不十分性を暴露することによって国家の経済への干渉措置――これは包括的計画化への第一歩であった――をもたらしたのは、一九二三年秋の鋏状危機であった。激しく変動する価格は、農村と都市の間の秩序ある関係を破壊した。重工業は停滞していた。失業の数字は一貫して上昇した。価格統制は一九二三年末に導入された。一九二四年一月、金属工業の復興をも要求した党協議会は、また、おそらく無意識の思考の連鎖をたどって、ゴスプランに「数年間(五年か一〇年)にわたるソ連の経済活動の全般的展望計画を作成する」よう指令した。しかし、計画家たちは、工業の代表者としての最高国民経済会議の支持はうけたものの、今なお農業人民委員部と財務人民委員部——市場経済および財政的正統主義の保護者——の強力な反対に出会った。そしていくらかの進展がみられるのは、翌年になってからであった。一九二五年八月、ゴスプランは、一九二五年一〇月一日に始まる年度についての「国民経済統制数字」(実質上、暫定的予測である)を発表した。この数字は単なる概略にすぎず、説明と注解を含めて一〇〇ページ足らずのものであった。そしてそこには、ソヴェトの計画家の努力を鼓吹し続けた断乎たる楽観主義の刻印がみられた。それは指令的なものではなかった。諸経済部局は、計画とプログラムを作成するにあたってこれを考慮に入れるようにと勧奨されただけであった。懐疑論者はこれを純粋の思弁だとして嘲笑した。財務人民委員のソコーリニコフは、計画の財源捻出のための通貨増発提案を「インフレーションの公式」とよんだ。また、工業に過度な注目が与えられていることが農業人民委員部から攻撃された。党指導者中ではトロツキーだけが、「数字の乾燥した行列」を「社会主義の勃興の壮大な音楽」だと熱狂的に歓迎した。他の指導者たちは、せいぜい慇懃な無関心でこれを受けとった。一九二五年の収穫後の穀物調達困難(本書一一二—一一三ページ参照)が計画家の楽観的予測を挫き、彼らの作品の信用を落とさせた。

こうした状況の中では、一九二五年一二月の重要な第一四回党大会——ジノーヴィエフとカーメネフの敗北に終わった大会——が統制数字を無視し、計画化についてあまり述べなかったのも驚くには当たらない。にもかかわらず、これは転換点であった。スターリンがソコーリニコフのことを、ソ連を外国資本財輸入に依存する農業国にとどめておこうとする主たる論者だと攻撃したのは、意味深長であった。大会は、一旦ジノーヴィエフとカーメネフが除かれた後は、スターリンがネップ固有の農民志向を徐々に放棄し、工業化の大々的な企画に転向するであろうことを予告したのである。大会決議は、「国の経済的自立、生産手段の生産の発展、経済的機動作戦のための予備の形成を確保する」決意を表明した。これらすべては、その主唱者は自覚していなかったかもしれないが、計画化への加担であり、ゴスプランと地方計画委員会——国の各所に形成されていた——に強力な刺激を与えるものであった。これまで、個々の工業および農業のための計画は、いかなる調整の試みもなしに関係諸部局によって作成されていた。今や計画化は包括的な——経済全体のための——ものとなるべきであった。新たな時期が始まったのである。問題はもはや、工業化すべきかどうかではなく、いかに工業化すべきかであった。一九二五年以前は、工業生産は革命と内戦の谷間からゆっくりとはいずりだし、戦前の水準へと近づいていた。これまでは、目標は、失われあるいは破壊されたものを回復することであった。一九一四年以来の資本主義諸国における工業技術の進歩は、実際上、ソ連と西欧工業諸国との差を拡大していた。新建設と新技術設備が緊急の必要であった。今や新たな前進の道が明らかである以上、大きな政策決定——それは全経済の広汎な計画化に基づかねばならない——

が要請されていたのである。

続く二年間、ゴスプランの権威と威信は着実に増大した。一九二六年三月、第一回全連邦計画化大会において、ゴスプランの任務は三つの部門に分かたれた。「全般的」長期計画、「展望的」五カ年計画、年次経常計画、の三つである。一カ月後、党中央委員会は、工業化に関する決議において、「計画化原理の強化と計画規律の導入」を要求した。「全般的計画」(ゲンプラン、一五カ年計画)は死産に終わった。これは、時おり長期的経済改造のヴィジョンを鼓舞したものの、完成されずじまいであった。しかし、五カ年計画の観念は計画家の想像力をとりこにし、その野心を刺激した。それは、漠然とした遠大な展望を限定された期間の中に閉じこめることを強要した。他方、五年後に実現さるべき楽観的な評価を提出することの方が、一年間の展望に限定するよりもやさしかった。ゴスプランと最高国民経済会議とがそれぞれ作成したさまざまな計画案は、その工業発展の予測において相互に競争しあい、論争をよびおこし続けた。一九二六年と一九二七年の統制数字(一九二六／二七年度についてのものと一九二七／二八年度についてのもの)は、一九二五年のものに比べてより完全でもあり、より慎重でもあった。しかし、ゴスプランの関心は、より野心的な五カ年計画案の方に移っていった。そして統制数字は、この、今のところはまだ仮説的な計画に適合させるべきだということが了解事項となっていった。個々の工業の経常計画(「生産・財務計画」とよばれた)を統制数字の予測に基づかせるよう、指令が発せられた。計画化の構造は次第に形をとりつつあったのである。

このとき、ゴスプラン内部で「発生論」派と「目的論」派とよばれる二派間の鋭い意見の分岐が、姿をあらわした。前者が主にゴスプランに勤める非党員経済学者——ほとんどが旧メンシェヴィキ——からなっており、後者が党員あるいは公認党路線に敏感な経済学者からなっていたことは、意味深長であった。「発生論者」は、計画予測は経済情勢に固有の「客観的傾向性」に基づかねばならず、この傾向性によって制約されていると論じた。「目的論」の主唱者たちは、計画化の決定的要素は目指されている目標であり、その狙いの一つは経済情勢およびそれに固有な傾向性を改造することであると考えた。予測ではなく指令が計画の基礎なのであった。このことは計画化を、純粋に経済的な活動ではなく政治的な活動とした。明らかに、あらゆる計画化には両方の要素があり、決断はそれらの間の何らかの均衡あるいは妥協にあった。実際上、「目的論者」は市場経済の諸規則を退けがちであり、それを積極的行為によって無効にすることを説いた。これは、彼らが農民宥和にはあまり注意を払っていないことを意味した。この態度は、そういうものとして自認されることはめったになかったけれども、ネップへの直接的挑戦であった。後の段階においては、「目的論的」アプローチの効果は、十分な決意と熱狂さえあればいかなる計画目標も達成不可能なほど高すぎはしないという信念を奨励することとなった。この雰囲気が第一次五カ年計画の最終案準備を支配することとなるのである。

計画化の工業化との同一視は、当初から明瞭であった。根本的動機と原動力は、ソヴェト工業を発展させること、西欧に追いつくこと、ソ連を自足的かつ資本主義世界と対等に対峙できる国にすること、であった。西側世界の工業に比肩しうる工業は、これからつくりださねばならなかった。一九二五年一二月の党大会は、「生産手段」生産の消費財生産に対する優先の原則を、論議の余地なく受け入れた。これは、消費者に直接の利益をもたらさない重工業への大規模投資を意味した。投資のための予備を工業自身の内部でつくりだすために、生産原価を「節約体制」に服させ、計画化の枠内に抑えることとされた。しかしながら、原価を引き下げる他の機会が限られている以上、節約体制は労働者の肩に最も重くかかった。生産性を向上させねばならず、さもなくば賃金が下げられねばならなかった。同時に、小売価格を布告によって強いて引き下げる試みも執拗に行なわれた。しかし、これは公定価格での商品不足の激化を招き、消費者、とりわけ農村の消費者は、今なおネップ下で繁栄していた私的商人に頼るほかなかった。工業のための計画化の重荷と苦痛が表面化し始めたのである。

最初のうちは、誰もこうした問題を特に強調しようとはしなかった。工業化の代価は、未だ全面的に数えあげられてはいなかったのである。最高国民経済会議議長のジェルジンスキーが、一九二六年七月、工業投資率をめぐる激しい論争の最中に死んだとき、彼の後をおそったクイブィシェフは、「強行突破方式の工業化」として知られるようになるものの熱烈な唱道者であることを明らかにした。合同反対派――トロツキーとジノーヴィエフ――が絶えず一層の工業化を要求し、この頃はスターリンとブハーリンによって「超工業化論者」として非難されていたという事実によって、今なお制約が課されていた。一九二六年後半に両陣営を分かったのは、工業化の望ましさあるいは速度をめぐる差異であるよりも、次のような多数派の楽観的想定を反対派は共有していなかったという点であった。即ち、こうした〔工業化の〕政策が経済とりわけ農民部門に厳しい負担をかけることなく追求されうるという想定である。しかし、反対派の批判は、ソヴェト体制あるいは労働者階級に対する信念の不足だという論難によって沈黙させられた。二つの大投資計画――ドニエプル河の大きなダムであるドニェプロストロイと、中央アジアとシベリアを結ぶ鉄道であるトゥルクシブ――が承認されたのは、このときのことであった（本書二〇九―二一二ページ参照）。

一九二六年末の楽観主義は、翌年春から夏にかけて、西欧の敵意がソ連を封鎖もしくは戦争の危険で脅すかにみえるという懸念にとって代わられた。しかし、この雰囲気の逆転は、工業化加速の停止信号となるどころか、ソ連を自足的な、敵対的資本主義世界に対抗できる国にするという決意を固めさせたのである。次々と〔五カ年計画の〕草案が準備され、回覧された。そして、掲げられた目標が非現実的なほど高いと抗議した人々は、まもなく、もっと急速で集約的な進歩をよびかける人々によって数的に圧倒された。「節約体制」キャンペーンは「生産合理化」キャンペーンに引き継がれた。この言葉は、効率性を増し、原価を下げるための労働者および経営者への様々な圧力を総称するものであった。いくつかの異なった形態における「合理化」によって、労働生産性――つまり、雇用労働人口当たりの産出高――を上げることができるとされた。経営あるいは職場における組織をひきしめることによって、最も効率的な単位に生産を集中することによって、生産を規格化し生産されるモデルの数を減らすことによって、等である。既存の工場・設備をより効率的・経済的に利用するのも一つであった。また、とりわけ、生産過程を近代化し機械化するという行き方――この点においてソ連は主要工業国よりもはるかに遅れていた――もあった。これらすべての合理化の方法が、一九二六年以来大規模に試みられ、ある程度の原価引き下げの成果をあげた。しかし、ソ連のように資本資源が稀少である国においては、その範囲は限られていた。特に、合理化の最大の源である工業の機械化は、この時期には、主として国外からの機械輸入に依存しており、非常にしばしば、それに人を配置するさい指示を与える外国の人員の雇用に依存していた。こうした諸条件は、ソ連における労働生産性は、西欧におけるよりも大きな程度において、労働者の肉体的エネルギーに依存するということを意味した。生産性は、第一義的には、より効率的でより規律ある肉体労働によって向上させられねばならなかった。そして、あらゆる形態の説得と圧力が、この成果を確保するために向けられたのである。

経済の他の部門にとっての計画化の含意も、やはり不安をよぶものであって、それへの直面はためらいがちになされた。ブハーリンによって本心から支持された農民礼讃は、一九二七年いっぱい、なお強力であった。そして農業人民委員部の影響力は、衰えつつはあるものの、計画家の願望になお制約を課していた。財務人民委員部は、工業拡張のために無制限の信用が与えられうるという想定に抵抗し続け、「工業の独裁」に対する「財政の独裁」とよばれたもののために頑強な闘争を行なった。これは、国家の布告を通じた「物財的」統制――国家の直接注文で活動する重工業と貿易独占が典型であった――に対比される、信用供与および通貨制度の操作を通じた「財政的」統制の問題を提起した。財政的道具が不十分なものと認識され、直接の「物財的」統制にとって代わられるのは、計画家の頭の中においてさえも、徐々にでしかなかった。こうした論争は、究極的に、ネップの基礎である市場経済に対して採られるべき態度の問題に向かった。初めは、計画家は市場経済の枠内で活動するものと想定されていた。ゆっくりと、苦痛にみちた過程を経て、一方における計画化および工業化と、他方におけるネップおよび市場経済との非両立性が明るみに出されたのである。

第一二章　反対派の敗北

一九二五年一二月の第一四回党大会から一九二七年一二月の第一五回党大会までの時期は、実効的計画化の開始、集約的工業化計画の第一歩、農業危機の深化によって特徴づけられる時期であったが、また、スターリンの増大する権力独占に対してトロツキーが強力に、しかし成功することなしに、挑戦した激しい党内闘争の頂点の時期でもあった。三人組〔スターリン、ジノーヴィエフ、カーメネフ〕が分解し、スターリンが第一四回党大会で競争相手を打ちやぶったとき、トロツキーは傲岸に沈黙を守っていた。ジノーヴィエフとカーメネフは過去において、トロツキー攻撃の強烈さにかけてはスターリンに匹敵し、時によっては、むしろ上回ってさえいた。しかし、ジノーヴィエフとカーメネフが、スターリンとブハーリンの農民志向に対抗して工業化の大義をとりあげたとき、そしてスターリンの個人的野心がますます明白かつ脅威的になってきたとき、もはや中立は不可能であった。一九二六年夏、トロツキー、ジノーヴィエフ、カーメネフは、彼らの支持者たちとともに「合同反対派」を結成し、党中央委員会七月総会に、反対派として登場した。その後の事態は、スターリンの党機構統御の力を見せつけるものであった。当初、トロツキーは慎重にとりあつかわれた。しかし、ジノーヴィエフは政治局員の座を奪われ、カーメネフは政府役職を追われた。合同反対派は党員間に多大の共感を得ていた。しかし、その積極的な支持者は二、三千をこえなかった。そして、これらの人々は様々な口実で絶えず当局によって迫害されたのである。

内的結束と相互信頼の欠如が、反対派の弱点を倍加した。反対派は、党指導者非難という点以外には明確な路線をもたずに出陣したのである。トロツキー、ジノーヴィエフ、カーメネフが、三年来互いに投げつけあっていた相互非難を公けに取消したことは、嘲笑を招いた。ジノーヴィエフの変わりやすい気質と妥協しがちな性向は、トロツキーにとって性分の合わないものであった。トロツキーは、以前の抑制をなげすてて、スターリンに対する断乎たる攻勢をよびかけていたのである。合同反対派が結成された直後に――不幸な偶然の一致であるが――、『ニューヨーク・タイムズ』はレーニンの遺書を初めて公表した。トロツキーが公表に関与していなかったことは確実であったが、この文書についての知識は元来彼か、彼に近い情報源に由来するのであろうという推測は、根拠がないでもなかった。闘争の両主人公間の辛辣さは絶頂に達した。政治局の激烈な会議において、トロツキーはスターリンに「革命の墓掘り人」の烙印を押した。そして党中央委員会は、緊張の高まりの中で、トロツキーを政治局員から解任した。一九二六年一〇月の党協議会およびその一ヵ月後のコミンテルン執行委員会総会で、スターリンはますます毒々しくなる調子でトロツキーを攻撃し、一九一四年以前の彼がメンシェヴィズムに接近したり、レーニンと激しい応酬をしたりした記録を執念深く暴露した。反対派は、「分派主義」――一九二一年の党大会で非難された罪――のかどだけではなく、「社会民主主義的偏向」のかどで告発された。しかしながら、スターリンは今なお時節を待つにとどまり、議論を決裂に導こうとはしなかった。

一九二七年春、中国における事態の展開が、トロツキーに新たな抗議への拍車をかけた。五月に反対派は、主としてトロツキーによって起草され、初めの署名者の数に従って「八三人の声明」とよばれる文書を発表した。これは、反対派の見解を、これまでのところ最も完全に説明したものであった。対外問題に脱線した個所は別にして、声明は現下の農業政策を、農民層「分解」の過程を無視し、クラークを強化するために貧農を無視するものだと非難した。一般的な問題では、それは、党指導者が「ソ連におけるプロレタリア独裁の実際の状況のマルクス主義的分析」を「プチブル的一国社会主義理論」にすりかえているると非難し、党内外の「右翼的・非プロレタリア的・反プロレタリア的分子」に媚びているると非難した。それはまた、反対派の見解の全面的公開を要求した。時あたかも、中国における蔣介石の寝返りとイギリスとの断交によって指導者たちが激しく揺さぶられている時期であったから、この声明は手ごたえのある一撃であった。一ヵ月後、とるに足らない口実でトロツキーとジノーヴィエフは党統制委員会――党規律維持を託されている機関――に召喚され、党からの除名をもって脅かされた。怒りにみちた応酬の後、問題は党中央委員会に付託されて、そこで闘争が続行され、トロツキーもスターリンも一度ならず発言した。論争の唯一の新奇な点は、敵の面前におけるソヴェト国家への不忠誠という告発がトロツキーに対して行なわれたことであった。今や彼は単なる異端者ではなく、裏切者(「チェンバレンからトロツキーに至る統一戦線」)との烙印を押されたのである。結局のところ、反対派は、ソ連の国防への無条件の忠誠を再確認し、党を分裂させたり新党を創立しようとするいかなる願望をも否認する声明に署名するよう説得された。この条件で、トロツキーとジノーヴィエフを除名するという提案は棚上げにされた。

しかしながら、この休戦は反対派迫害のいかなる緩和をも意味しなかった。反トロツキー闘争は、スターリン独裁に特徴的な統制用具の多くの導入あるいは完成の機会となった。一九二四年末の最初のトロツキー攻撃以来、反対派が出版物に接近することは厳しく制約されていた。ジノーヴィエフは、彼の『レニングラーツカヤ・プラウダ』が一九二六年一月に乗っ取られて以来、くつわをはめられていた。今や、禁止令は絶対的なものとなった。トロツキーが一九二七年四月に『プラウダ』と『ボリシェヴィク』に提出した中国危機に関する論文は、掲載を拒否された。夏の間中、彼および彼の支持者に対する、ますます乱暴になっていく攻撃が紙上に発表されたが、いかなる反駁の権利も与えられなかった。反対派の集会は暴漢によって妨害され、破壊された。反対派はその見解を長々と述べた「政綱」――またもや主としてトロツキーによって起草されたもの――を党中央委員会に提出し、それが党大会――今や一九二七年一二月に予定されていた――へ向けて印刷され回覧されるよう要求した。これは拒否された。それを非合法に印刷する試みがなされた。九月一二日、統合国家保安部《オー・ゲー・ペー・ウー》は地下印刷所を発見し、その作業に携わっていた者を逮捕した。一四人の党員が除名された。共犯を認めたプレオブラジェンスキーもその数に加えられた。この出来事は、党内における異端を鎮圧するために統合国家保安部《オー・ゲー・ペー・ウー》の警察力が発動された最初のときとして、意味深長に記憶にとどめられた。

この時点以後、事態は、予め定められた結論へと着実に進んでいった。反対派を非難し、その指導者の除名を要求する大衆集会が組織された。名の知られた反対派支持者たちは、ソ連の辺境地方の役職か国外の外交官の地位に任命されて、活動の場を奪われた。九月二九日のコミンテルン執行委員会幹部会の会議において、トロツキーはスターリンの政策を告発する二時間の演説を行なった。この会議で彼は、ただ二票の反対のみでコミンテルン執行委員会から追放された。同様のことが一カ月後の党中央委員会で、激昂の中で繰り返された。スターリン自ら、トロツキーとジノーヴィエフの中央委員罷免を提案し、これは――投票なしでらしいが――可決された。一一月七日の革命一〇周年記念日に、モスクワの警察は活発に動いて、トロツキーその他の反対派指導者が市中をまわるのにうるさくつきまとい、反対派のスローガンを書いた旗を奪いとった。ジノーヴィエフはレニングラードで同様の目に遭った。反対派指導者がこのように公衆の面前に登場したことは、敵対的デモンストレーションだとして非難された。一週間後、トロツキーとジノーヴィエフは党中央委員会の票決により党を除名された。そして、カーメネフと他の数人は中央委員を罷免されたのである。

こういうわけで、党大会が一九二七年一二月に開かれたとき、トロツキーとジノーヴィエフは出席しておらず、この場はある種のアンチ・クライマックスであった。一二人の反対派メンバーが党中央委員会から除かれた。反対派を代表して主な演説を行なったカーメネフとラコフスキーは、しばしば妨害された。そして彼らの主張は、彼らが舞台裏で党指導者に妥協的接近を試みていたこと――侮蔑的に拒否されたが――によって弱められた。大会は、七五人の「トロツキー＝ジノーヴィエフ反対派の積極的活動家」と一五人のその他の異端者を党から除名した。トロツキーとジノーヴィエフに代わって政治局員になったのは、クイブィシェフとルズタク――二人とも公式路線の頑強な支持者――であった。しかし、トロツキーは、除名されたとはいえ、沈黙させられてはおらず、なお危険であった。政治局は彼および三〇人の主な支持者をモスクワから追放することを決定した。彼らのほとんどは、シベリアか中央アジアで小さな官職につけられた。トロツキーはこうした任命を拒否し、反革命活動に関する刑法典の条項によって強制的に追放された。ジノーヴィエフとカーメネフは、例外的に――というのも、彼らはさして危険ではないと見られていたからであるが――、モスクワから数百マイルしか離れていないカルーガに追放された。そして、この刑さえも厳格に実施されはしなかった。トロツキーの流刑の地は、ソヴェト中央アジアの最も周縁地域のアルマアタで、鉄道線から遠く隔たってさえいた。彼はこの地に、一年後のソ連国外追放まで留まり、シベリア全体に散在する反対派メンバーとの間で、時間のかかる、しかし膨大な量の文通をかわし、今なおモスクワにかなり多数存在する支持者たちからの秘密の報告を時おり受け取り、当局に対する私的および政治的抗議を大量に提出した。

合同反対派の敗北、そしてスターリンに匹敵できる党内の唯一の人物の追放は、歴史的里程標であった。一九二一年の党大会が「分派主義」と異端的見解の宣伝とを禁止したとき、その狙いは、党の統一および党員の忠誠を維持することであった。党内における異端は党規処分をもたらしたが、まだ国家への忠誠欠如とはされなかった。国家機関における党の代表は、党の路線に従い、単一の声で発言するよう義務づけられていた。しかし、この義務は、非党員代表にまで拡大されはしなかった。一九二七年までに、党と国家のこうした区別は徐々に浸食されていた。経済的および政治的緊急性が、堅固で不可分の権威の必要性を強めたのである。一九二六年一〇月の党協議会決議はこう宣言した。「社会主義社会建設という最高の歴史的任務は、経済政策の諸問題に関して党・国家・労働者階級の力の集中を断乎として要求している」。今や、時おり、党中央委員会とソヴェト連邦中央執行委員会の連名で法令が発せられた。党の命令を実施するためや党員に党規律を課するために、国家権力が発動されることもあった。党と国家の最高権威は一つの機関——党政治局——に集中された。トロツキーに率いられた反対派《オポジション》が、公式に「反対派《オポジション》」の名でよばれた最後のものであったということは、意味深長であった。西欧民主主義の慣行において一般的に使われるこの言葉は、国家への忠誠と両立不可能ではない、支配政党に対する野党《オポジション》を意味した。次の段階での異端は「偏向」というレッテルを貼られたが、これは政治的差異ではなく教義上の異端を指す言葉であった。最後に、異端グループは単純に「反党的」と烙印をおされ、党への敵対は国家への敵対と無条件に同一視されたのである。

合法的反対派の排除は、党と国家との結合した権威を集中し集権化する過程の一部であり、それを絶対化するものであった。結果はしばしば、予《あらかじ》め熟慮されたものではなかったが、にもかかわらず抗《あらが》いがたいものであった。同様の力が多くの領域で作用していた。周辺的問題に関して独自な見解を新聞や雑誌で表明する(時には編集部の留保つきで)という、限定づきながら、これまで認められてきた自由は、今やほとんど全面的に消滅し、統制は直接検閲によってではなく、編集者や編集委員会の入れ替えによって暗黙のうちに課された。様々な文芸流派——前衛派やら、フォルマリストやら、プロレタリア派を自認する者やら——の隆盛は、革命後の数年間の特徴であった。一九二五年の党中央委員会の声明——明らかにブハーリンが起草したか、彼が鼓吹したもの——は、どれも反体制的ではないこうした雑多な文芸へのアプローチを進んで容認する態度をみせ、そのうちのどれかを選びだそうとはしなかった。これらの文芸組織の一つに、全ロシア・プロレタリア作家協会(ワップ)と名のる組織があり、その指導者は、党内に有力な縁故をもつ野心的な文芸政治家、アヴェルバフであったが、彼は一九二六年以降、「文化革命」の名の下に、あらゆる文芸作品の統制をワップに委ね、他の流派の出版を禁圧するキャンペーンを起こした。永い抵抗を経て一九二八年一二月になってようやく、党中央委員会は、あらゆる出版を党と国家の統制——実際上、ワップによって実行される——の下におくという布告を発した。こうした結論が党中央委員会、わけてもスターリンの計画していたものではなく、おそらく期待していたものでさえなかったということは明白のようである。しかし、濫用は上から広まっていった。下級における小独裁者たちは、上級権威にとりいったり、へつらったりすることによって、またその方法を模倣することによって、競争相手を排除したのである。

権威を強化し集中する動きは、とりわけ法の領域において顕著であった。法の実現は、本来ソ連邦を構成する各共和国の権限とされており、各共和国ごとにそれぞれの裁判所とそれぞれの司法人民委員部があった。しかし、一九二三年のソ連憲法〔一九二四年に正式に承認されたので二四年憲法ともよばれる〕は、共和国最高裁判所によって提出される法律の諸問題について裁定する権能をもつソ連邦最高裁判所を規定した。そしてソヴェト中央執行委員会幹部会は、ソ連邦全体にわたって法の実現を監督する検察官を任命した。憲法はまた統合国家保安部《オー・ゲー・ペー・ウー》を設置したが、これは元のチェーカーの後身で、俗語的にはしばしば元の名でよばれ続けたが、共和国の国家保安部《ゲー・ペー・ウー》――今や、強力な中央機関の地方における出先機関となった――を統制する任を負った。各共和国はそれぞれの刑法典をもっていたが(ロシア共和国の刑法典が実際上、他の共和国のモデルとして役だっていた)、ソ連邦は一九二四年に「刑事立法の基礎」を発した。これは、「国家犯罪」――「反革命犯罪」ともよばれた――および「行政秩序」を脅かす犯罪をソ連邦の排他的権限として留保しようとするものであった。共和国はそれぞれの刑法典をこの「基礎」に合致させるよう指示された。共和国のこの任務への取り組みは、明らかに不承不承であった。それはロシア共和国では一九二七年半ばにしか完了せず、他の共和国ではもう少し遅れたのである。

権威の集中化は、法に対する当時の態度の漸次的変容を伴っていた。法は階級支配の道具であり、国家とともにやがて死滅すべき運命にあり、それまでは労働者・農民に特に寛大に執行されるべきだというマルクス主義的観念は、暗黙裡に放棄された。ネップの市場的慣行は民法の発展と厳格な適用を要求した。「革命的合法性」の標語の下で法と秩序の維持が主要目標となった。刑事政策において当初処罰的側面よりも矯正的側面の方におかれていた強調は消え失せた。こうした変化は、増大する経済的・政治的緊張を反映していた。一九二七年六月のワルシャワにおけるソヴェト代表暗殺とか、数日後のレニングラードにおける爆弾事件といった出来事は、君主主義者、挑発者、外国政府の手先に対する高声な絶叫を惹き起こした。公式の呼び名では「社会防衛処分」とされた抑圧措置への要求は、自動的に統合国家保安部《オー・ゲー・ペー・ウー》の権力と威信を高めた。チェーカー創立一〇周年の数週間後、一九二七年一二月に熱狂的に祝われた。一九二八年三月、「刑事政策および拘禁施設の体制について」の指示は、統合国家保安部《オー・ゲー・ペー・ウー》管理下の政治犯用の「収容所」の、これまで限定されていた網の拡大への道を拓き、「社会的逸脱者、職業的犯罪人および累犯者」に対する最厳重抑圧措置を規定した。一九二八年は反対派の敗北の翌年であり、工業化の増大する圧力を特徴とする年であったが、ソヴェト社会全体にわたって、強力で圧制的な権威、厳しい意見の正統教義、それに違反する者への最厳重の罰則が上から課された年だったのである。

第一三章　農業のディレンマ

一九二五年の収穫期の経験(本書一一二―一一三ページ参照)は、農業政策の計画家たちの直面している問題が生産を増加させることだけではなく、生産物を市場に出させることであることを示した。そして、それは不吉にも富裕農民とクラークの力を指し示していた。しかし、市場の危機は克服されており、楽観主義が拡がっていた。最高を期待する雰囲気は、一九二六年の記録的な収穫によって助長された。収穫が完了したとき、農民の多くは潤沢な資力をもち、穀物の売手であった。前年の市場の切迫は繰り返されず、価格は適度の水準であった。穀物調達の特徴は、農業における流通協同組合が次第に関与してきたことであった。協同組合は、国家から融資され統制されているものの、国家購買機関よりも人気があり効果的であることがわかったのである。こうした操作の成功は、一九二六年一〇月の党協議会における反対派の敗北を促進した。反対派が予言した危機が起こらなかったからである。こうした情勢に鼓舞されて、党指導者たちは工業化の計画に踏み出し、工業化の圧力が将来農民市場におよぼす帰結を無視したのである。

一九二七年にソ連を襲った対外的危機の中で、そして計画化への熱意が初めて燃えあがるという情勢の中では、農業に対してはあまり注意が払われなかった。収穫高は、一九二六年のそれより低かったものの、満足すべき水準で、穀物調達は今回も順調に進むと考えられた。この自信は誤算であった。雰囲気は前年以来変化していたのである。国際状況の不安、そして戦争と侵略の噂が農村にまで拡がっていた。二年続きの好収穫の後で、農民は革命以来のいつにもまして裕福であった。富裕農民は、穀物と金の両方の蓄えをもっていた。農民が買いたいと思うような工業製品の供給は、まだ乏しかった。通貨は再びインフレーションによって蝕《むしば》まれていた。不確実で警戒的な雰囲気の中では、穀物が最も安全な価値貯蔵物であった。貯蔵をもっている農民たちにとって、それを市場に出させるいかなる刺激もなかった。最高の月間となるはずであった一九二七年秋の穀物調達は、一九二六年の量の半分以下となった。しかし、富裕農民が調達に非協力的になった一方、挑発は他の方面からもやってきた。合同反対派は一九二六年夏の結成以来ずっと、クラーク寛容政策を非難し続けていた。そして一九二七年一〇月の党中央委員会は、出しぬかれまいとして、「クラークへの強力な攻勢」をよびかけた。一九二七年秋に起きたことは、おそらくいずれの側も初めはその意味を全面的に自覚しなかったであろうが、当局と大量の穀物貯蔵を有する富裕農民との間の農村における宣戦布告だったのである。

うわべだけの安全の雰囲気が一九二七年一二月の党大会を支配した。反対派との闘争が最高潮のときに、国が重大危機の激痛下にあると認めることは時宜にかなっていなかったであろう。モロトフは、「大規模生産の有利さは、実際上富裕農民とクラークの側にある」と残念そうに述べた。しかし、スターリンは穏やかに次のように言った。「活路は、零細農民の保有地を徐々に、だが確実に、圧力によってではなく、実例と説得によって統合し、共同的・協同組合的・集団的土地耕作に基づく大経営にすることである」。そして大会決議は、「独立農民の保有地の大規模集団経営への統合と改造」をもたらすことが「農村における党の基本的任務」であると宣言したが、このことは「勤労農民」の同意をもってのみなされうると付け加えた。大会ではクラークに関して厳しい言葉が発せられた。しかし決議は、富裕農民に対する、より高くより累進的な課税を勧める以上のことはしなかった。目前に緊急事態が迫っているようには見えなかった。しかし、大会が終わるやいなや、都市と工場への食糧供給に対する脅威の重大性が、一連の法令と緊急措置で宣言された。農村市場への繊維の供給を速めるための手段が――あまりにも遅く――とられた。主要党員が、穀物調達を監督・実施するために、主要な穀物生産地域の巡回に派遣された。スターリンは、大量貯蔵があると考えられていたシベリア西部の主要中心地へ三週間の旅行を行なった。

いわゆる「非常措置」が広く適用された。穀物隠匿に対する没収の罰を科した刑法の一条項が発動された。宣伝・説得と直接的強制とが交互に行使された。事態は絶望的であった。是が非でも穀物保有者が穀物を調達機関に渡すよう誘導された。反抗的な穀物保有者のすべてがクラークというわけではなく、多くのいわゆる「中農」もまた彼らの退蔵物を吐きだすよう強制されているということが認められた。このようなやり方は戦時共産主義時代の全般的な徴発と大差なかった。一九二八年の一月から三月の間に、非常に大量の穀物が入手され、三月にルィコフは穀物危機は「日程からはずされた」と声明した。第一回の穀物戦争は政府が勝利したが、戦いは続き、極度の厳しさをもって戦われるだろうとのおそれがあるという条件つきであった。一方では、富裕農民は手荒に、しばしば残酷に、扱われた。他方、パンを求める行列が都市に現われた。そして、工業化をまかなうため大いに必要とされていた希少な外貨は、不足分を補うための穀物輸入に使用されねばならなかった。誰が穀物不足の犠牲をこうむるべきかとの問いに、容易に納得しうる答えは見出されなかった。

「非常措置」の厳しさは党を震撼させ、引き裂いた。多くの労働者はまだ農村と密接なつながりをもっていて、何がなされたかをよく知っていた。主に農民からなる赤軍の兵士たちに不満が拡がったといわれた。不安を表明した党指導者の最初の人物はルィコフだったようであり、まもなく、ネップ期を通じて農民との妥協の中心的主唱者であったブハーリンと、工業化によって労働者と労働組合に課せられる圧力を今や真剣に心配するトムスキーとがこれに加わった。一九二八年七月の党中央委員会の重大な会議において、工業化の減速という犠牲を払ってでも農民への圧力を緩和させたいと考える人々と、どんなに農民に加えられる強制手段が厳しくとも工業化を無条件に最優先させる人々との間に一線が引かれた。ブハーリンは、農村における「不満の波」と「暴発」について、そして「戦時共産主義への復帰」について語った。スターリンは妥協すると明言し、行き過ぎが行なわれていたことを認め、こうしたことは次回の穀物調達では回避されると信ずると表明した。ある程度の農業価格の上昇が容認された。決議は、「革命的合法性の侵犯」と「徴発方策の頻繁な適用」を非難した。これはうわべだけの妥協であった。スターリン、モロトフ、クイブィシェフが統率する党機構は今や断乎として全面的工業化に備えており、都市と労働者への食糧供給確保のため必要とされるなら、いかなる手段もとられるだろうことは疑問の余地がなかった。

一九二八年秋の穀物調達の経験は、より大規模に前年の経験を繰り返したものであった。収穫の合計数字は維持された。しかし人間消費に必須の穀物——小麦とライ麦——の収穫高は落ちていた。当局は前回に比べ、深刻な事態をより明確に意識しており、より断乎として厳しい態度をとった。組織は改善されていた。新しい中央機関ソユースフレブが調達統制のため設立された。農民の手にあった退蔵穀物は、一九二八年春の手入れによって底をついていた。農民たちは、新たな攻撃に対する準備ができており、彼らの持っているものを一層巧みに隠した。更に重要なことに、都市の逼迫が再発し、闇市場を拡大させた。

私的商人が農村地帯を広く歩きまわり、彼らは僅かに上がった公定価格をはるかに凌ぐ価格を穀物につけた。双方の戦いは凄まじいものであった。再び没収を正当化するために法律上の口実が使われた。現実の、また架空の犯罪行為に対して没収が頻発した。ウラルとシベリアでは、村ソヴェトや村会が村落割当てを決めて、それからそれを、過酷な刑罰の脅威の下に富裕農民に課すようにと促す制度が考案された。穀物調達の「ウラル＝シベリア方式」と呼ばれたこの制度は、後に他の地域にも拡大され、農民を犠牲にする強力な道具となった。穀物調達に反対する騒動と大衆デモンストレーションが報告された。地方当局が当該地域内の都市に送るための「分散的」穀物調達をする自由がかなり与えられたようなので、前年の数字との単純な比較は誤解を招きやすいが、一九二七／二八年度には一〇三〇万トンの穀物が中央調達機関によって集められたのに対して、一九二八／二九年度には八三〇万トンだけであった。そしてこのうちの小麦とライ麦は、一九二七／二八年度の八二〇万トンから五三〇万トンに下がった。確かなことは、誰もある程度の強制や恐怖がなければ公的機関に穀物を渡さなかったということであった。

事態はたちまち絶望的なものとなった。パンは農民にも工業労働者にも同様に基本食品であった。モスクワの人口はベルリンの五分の二以下だったが、ベルリン以上のパンを消費していた。工業化の進展につれ、都市人口は急速に増加していた。一九二七年から二八年にかけての冬、都市ではパンを求める行列はありふれた光景であった。そしてバター、チーズ、牛乳はほとんど摂られることもなかった。国の穀物貯蔵も尽きた。不足を補うため、穀物が輸入され、小麦・ライ麦に大麦・とうもろこしを混入してパンがつくられ、粉ひきも粗くされ、大都市でパンの配給が導入され、闇市場への依存が余儀なくされた。都市で私的商人に課せられた抑制は、農村では効果がなかった。倉庫や輸送のような設備の規定に関して彼らを差別する試みですら、ほとんど効果がないことがわかった。一九二八年の収穫からの市場化穀物のうち、二三パーセントが私的商人にとられた。一九二八年七月、この競合および党内の新しい「右翼」反対派の要求に直面した党中央委員会は、穀物の公定価格を引き上げることを決定していた。一九二八／二九年度に公的調達機関によって穀物に支払われた価格は、前年度の約二〇パーセント増であった。しかし闇市場での価格はより速く高騰した。一九二七／二八年度には公定価格を約四〇パーセント上まわっていた私的商業における農産物価格は、翌年には公定価格のほとんど二倍であると見積もられた。これは過小評価だったかもしれない。食糧難は今や慢性的であった。パンの配給帳が一九二八年一一月にレニングラードで、一九二九年三月にモスクワで、導入された。これらは供給物が入手可能な限度まで交換された。配給帳は非労働者には交付されず、彼らは私的市場に頼るほかなかった。至る所で切り詰められなければならなかった。将来への何の保障もなかった。国家への自発的引渡しと市場での自由販売の結合体制によって都市は食糧が確保されるという、ネップの拠ってたつ信条は崩壊したのである。

このディレンマは、これまで日々の政治の表面下に隠されていた根本的問題を白日の下にさらした。小さな個別農民保有地――しばしば広く分散した地片に分かれており、古い三圃制を行なっている――の維持は、効率的な農業とは明白に相容れなかった。原始的農民経済においてすら、土地耕作者間のある程度の協力は、社会主義の教義だけでなく常識によっても要請された。革命前ロシアにおいて、この協力は国の多くの部分で、二通りの水準で実現された。生産の最小単位は個人ではなく農戸(ドヴォール)であった。この規模は様々で、かつては多世代からなり、時には養子縁組によって補われた「拡大」家族であった。ロシアのほとんどの地方で、農戸《ドヴォール》の一団は、共通の関心事――牧草地、輪作、排水溝、囲い、道路建設など――を調節する土地保有共同体(ミールまたはオプシチーナ)を形成し、ほとんどの場合、農戸《ドヴォール》の構成の変化を考慮に入れて土地を定期的に再分配した。

革命後、農戸《ドヴォール》は数を増やしたが、家族単位の頻繁な分裂のため重要性を減じた。このことは、結婚に際して別個の世帯の確立を要求する若い世代、特に女性が強く独立を主張したためであるといわれた。しかし、ミールの伝統的権威は、地主の消滅と農戸の弱体化とによって強まり、増大した。それはしばしば、新たに確立された村ソヴェトのライヴァルであった。ミールに対する公式の態度はどっちつかずで、首尾一貫していなかった。一方では、ミールは、三圃制や土地保有の地片制のような古い農業慣習を変えようとする試みに一般に反対した。経営的農民あるいはクラークがミールの中で、自分に有利となるよう他の農民を支配しているといわれることもあった。クラークは時には自分の土地の持ち分を取ってミールを去り、独立した耕作単位をつくった。こうしたあらゆる方法でミールは、革命が撲滅しようとしている過去の伝統を永続させた。他方では、ミールは、農民社会において現存する集団的行動の最も有効な機関であった。ゲルツェンのようなナロードニキはミールを社会主義への踏み台とみなした。そしてマルクスも(彼の非常に試論的な言葉は、今や遠い昔のことに属したが)、「西欧で労働者革命が起きた」場合、ロシアのミールが「共産主義的発展のための出発点」となる可能性を思い描いていた人物として引きあいに出すことができた。一九二〇年代の間中、ミールの地位はモスクワで大いに論じられた。しかし、直ちにそれに干渉する試みはなされなかった。そしてそれは、集団化の時点まで、大なり小なり放置されたまま存続した。農村における党と政府の権力は依然、非常に弱かったのである。

集団耕作を推進するための様々な組織の形態は主に、ソヴェト期に新設されたものであった。農業協同組合は革命以前に栄え、存続していたが、集団的生産よりもむしろ集団的販売、信用供給、機械購入に関わっていた。戦時共産主義の時代に始まる集団農場(コルホーズ)とソヴェト農場(ソフホーズ)(本書三二一―三三ページ参照)はネップ下で衰退した。それらはソ連全土の二パーセント以下であったといわれ、数年間、当局からほとんど支援を受けなかった。コルホーズの多くは、集団原理がそれほど尊重されていないゆるやかな協同組合として存続した。ソフホーズの多くは非能率の別名となった。一九二〇年代中期の穀物危機は、再びこの二つの制度に新たな関心を向けさせた。大規模な集団的単位は、主として自分と家族の必要のために原始的方法で労働する個別農民よりも、市場に余剰を供給する可能性が高かったし、穀物調達の誘導と圧力に服させやすかったからである。革命後の小規模な農民保有地の増加は、問題を一層逼迫させていた。ブハーリンと彼の弟子たちはまだ農業販売協同組合に固執し、これらが徐々に集団耕作の拡大に導いていくことを期待していたが、公式の政策はコルホーズ復活の方に揺れ始めていた。中央組織であるコルホーズツェントルは一九二六年に設立された。新しいコルホーズ形成の運動が始まり、一九二七年中頃以後急速に増加した。これらは戦時共産主義期の当初のコルホーズより小さなものであった。そして構成員間での集団的労働の習慣はあまり広がらなかった。しかし、これは、農民大衆の伝統的保守主義、および裕福なクラークの利害に基づく反対を克服する重要な試みであった。

ソフホーズはコルホーズより遅れていた。ソフホーズの復活は一九二七年にやっと始まり、それは時々「農業の工業化」の標語でよばれた過程と関連していた。伝統的ロシア農民の原始的農具(農民が自分でつくれる木製のすきに代表される)をごく単純な機械と器具に取り替えることすら、永いこと急務と考えられており、農業信用組合と国庫融資の農業銀行を通して、その要求に応えようとの試みがなされてきた。レーニンはもっと野心的に、農民を共産主義に改宗させるには「第一級のトラクター一〇万台」が必要であると明言していた。一九二〇年代初期、レニングラードのプチーロフ工場は、アメリカ型のトラクター数台を作製した。そして一九二三年以後、数百台のトラクターがアメリカ合衆国から輸入された。一九二五年、スターリングラードに大規模なトラクター工場を建設する計画が、初めて議題に載せられた。それが最終的に決定され、工場が稼動し始めるまでに三年がかかった。公式宣伝は、ソフホーズが周囲の農民経営に近代的耕作方法の実例を提示するだけでなく、それらにトラクターやその他の農業機械を供給するモデル農場として役割を果たすだろうと強調した。こうした理想は実現にはほど遠かった。しかし、農業がトラクターや複雑な機械の使用によってもっと効率的にされるべきだとするなら、個人農民保有地よりも大きい単位で労働がなされねばならないということは、明瞭になりつつあった。党の勧奨にもかかわらず、機械化にしても集団化にしても、ほとんど進歩はみられなかった。これは次期の任務となるのである。

第一四章　工業化の陣痛の高まり

一九二七年の間中、党内の意見は——敵対的な、あるいは懐疑的な反応もなおみられたものの——急速な工業化と五ヵ年計画の支持へと着実に向かっていたが、これらの野心的な企図の帰結全体がどういうものになるかという問題は、直視されてもいなければ、理解されてもいなかった。一九二七年一二月の党大会における反対派の追放は、批判を封じることを可能にし、また反対派が過去に擁護していた諸政策をさしたる困惑もなしに採用することを可能にして、新しい道を掃き清めた。大会の後にやってきた穀物調達危機は、その過程を速めた。工業化の第一条件は、農民が都市と工場のために必要な食糧を、賃金水準に耐えがたい緊張を課すことのない程度の価格で供給することであり、しかも農民市場向け消費財の生産にふりむけられる工業資源が最小限度にとどめられるということであった。これらの問題は、一九二七年の収穫後の穀物調達をひどく悩ませ、初めは解決できないように見えた。一九二八年初めの数ヵ月間の作戦の成功は、十分な力の行使さえあれば、農民への強制は実行可能であり、また不可欠なものだということを示しているものと解釈された。計画的社会主義経済の厄介な要因である農民は、従順にさせられていた。一九二八年の間、徐々に抑制が解かれ、工業化の勢いは容赦ないものになっていった。道は拓《ひら》かれた。歩を押し進めるためには、必要とあらば同様の強制の方法によって障害を克服する鉄の意志が必要なだけであった。英雄的決意と冷然たる残酷さがともにあらわれてきたのである。

強行突破方式の工業化によって生じた緊張は、農民の世界をはるかに越えて拡がった。革命は新たな人間を権力の座に就けていた。しかし、あらゆる種類の官吏、専門家、科学者、工業経営者、技師、技手など——その活動はどんな体制にも必要であった——の新世代を育成し、訓練するための時間はなかった。そしてこれらの活動は依然、最後のツァーリと臨時政府のために活動していたのと同じ人々が主に行なっていた。人民委員部や他のソヴェト施設の職に就いた官吏と専門家の一団もまた、かなりの数の旧メンシェヴィキと旧エスエルを含んでいた。前者はゴスプランと財務人民委員部で優位を占め、後者は農業人民委員部で優位を占めていた。こうした体制の非党員役人のほとんどは、ネップの原則と和解していたが、〔強行突破方式の工業化という〕新政策を心から嫌い、それを信用しなかった。彼らはそれに反対の勧告をしたり、あるいはそれを敏速に遂行しようとせず、時にはおそらく消極的抵抗をみせた。ここから、広く党内でいだかれていた嫌疑——彼らが新政策を積極的にサボタージュする陰謀を企てているのではないかという——にまでは、ほんの一歩であった。財務人民委員部と農業人民委員部——強行突破方式での工業化に最も強硬に抵抗した二つの人民委員部——における影響力ある地位からの非党員官吏と専門家の大量解雇は、一九二八年の春に始まった。最もセンセーショナルな事件は三月に起きた。ドンバス炭鉱で働く五五名の技術者と管理者が、外国で組織されたとされるサボタージュのかどで逮捕されたのである。多くの被告が自白した大々的な公開裁判の後、一一人が死刑の宣告を受け、五人が実際に処刑された。他の人々は長期の懲役を言い渡された。当初共犯を告発されていたドイツ技師三人は無罪となった。この裁判は、以後の示威的告発と見世物裁判の原型となった。しかし、当分の間、当局は、工業の維持と拡張に必要なブルジョワ的経歴の「専門家」に対する疑惑と敵意を幾分差し控え、彼らを安心させるいくつかの宣言を出した。労働者を資格ある技師に訓練する過程は、ゆっくりしか進まなかった。そして、大建設作業に外国人技師——初めはドイツ人、後にはアメリカ人——を雇うことがこの時期の特徴であった。

次第に強まっていく圧力にさらされたのは、工業の管理の側だけではなかった。工業化の第一条件——まだ公言されてはいなかったが——が、農民が穀物を都市にささやかな見返りだけで渡すことであるとしたら、第二の条件——これは公然と認められていた——は、労働者の生産性を賃金より早く高めて、工業拡張が一部は工業自身の利潤からまかなわれるようにすること——無制限の農民搾取に代わる道——であった。これは一九二六年と一九二七年の「節約体制」と「生産合理化」のキャンペーンの主たる目的であった。そしてこのことは、資本と技術資源の不足によって他の形の合理化が制限されている状況下では、とりわけ労働の物理的強化によって生産性を高めることを意味した(本書一六一—一六三ページ参照)。労働者の効率性向上のキャンペーンがあらゆる場で行なわれた。大酒・長期欠勤・仮病は、真のプロレタリアートではなく、農村から工業に吸引された農民の特徴だということにされた。しかし、実際には、それらの現象はあまりにも広く跋扈しており、いくら即時解雇の脅迫をしても抑制することはできなかったようである。職業訓練と党の教義の教育とを結びつけた工場学校と並んで、中央労働研究所は、青年労働者が近代的工場技術を集中的に教えられる学校を建てた。批判者たちはこれを、レーニンがかつて「テイラー主義」を批判した(本書三六ページ参照)ように、労働者を「生産の創造者ではなく機械の付属物」として扱うものだと非難した。他の形の刺激も無視されてはいなかった。工場あるいは労働者集団間のいわゆる「社会主義的競争」は、宣伝と報奨供与によって奨励された。一定の特権を伴う「労働英雄」の肩書が、特に称賛に価する労働者に授けられ、「労働赤旗勲章」が工場、工業企業、あるいは労働者集団に授けられるためにつくられた。革命一〇周年を記念して、「共産主義的土曜労働」——一九一九年にレーニンによって創始された、無報酬の自発的超過勤務——が、ソ連各地の工場・鉱山で行なわれた。

この頃試みられたある方策は、今や労働者に適用されている強度の圧力の徴候であった。

一九二七年一一月の革命一〇周年前夜、当局は七時間労働への計画的移行を発表した。革命の偉大な達成として歓迎されたこの計画は、反対派によって、労働者を遠い未来の非現実的な構想で宥《なだ》めて黙従させようとするものだと非難された。しかし、もう一つの目的が考慮されていることがまもなく明らかになった。工場施設と機械の最大限の利用を確保するために、工場によっては既に二四時間に二交替制で働くところもあった。今や、清掃・保安のために最小限の三時間を残して、各七時間の連続三交替制が提案されたのである。三交替制は経営者たちからも労働者たちからも嫌われ、初めは、ほとんど専ら最低賃金の部類に入る女性労働者を雇う繊維工場にのみ導入された。それに付随して、女性の夜間労働の禁止——理想主義的であった革命初期に制定され、永いこと遵守されるよりもむしろ不履行が当然視されてきていた——が全面的に放棄された。次の二年間に、三交替制の全工業への拡大を促す宣言が時々いくつかなされた。しかし、それに伴う緊張と圧力への抵抗は強かった。この制度が導入されたところでは、雇用労働の生産性が作業時期を通じて漸減していることが注目された。そしてそれは繊維工業以外では決して広く採用されなかったようである。

しかし、依然として工業労働者と雇用者および国家の関係の焦点だったのは賃金である。ネップの下の賃金は原則として、労働者と雇用者の間の協定——通常、労働組合と関連企業または施設の間の団体協約——によって定められた。生産性と稼ぎ高を結びつけることが双方で承認され、協約に書きこまれたが、そのことは賃金決定の原則を左右するものではなかった。一九二六年以後急激に状況を変化させたのは、計画化の圧倒的重要性を受け入れたことであった。賃率表は経済の中で非常に重要な要素であったため、計画家の計算から外すことはできず、また外的原因による変動にさらすわけにもいかなかった。労働組合と最高国民経済会議の間の大論争――両者とも計画化と団体協約の両立性を認めると主張していた――の後、賃金決定は事実上、二種の異なった過程をとることとなった。まず第一に、最高権威――一般には政治局自身――が、次年度の総賃金原資を決定し(インフレ期にあっては、貨幣表示でのある程度の増加は不可避であった)、どの工業にどれだけの増加分を与えるかを決定した。それは、計画において規定されるべき賃金支払いの限度を定めたのみならず、どの工業の拡大を奨励するべきかも決定した。第二の段階は、労働組合中央委員会と一工業部門全体の間においてか、あるいは地方の労働組合委員会と個々の企業の間において行なわれるような団体協約の締結であった。しかし、賃金は既に設定された限度内に保たれなければならなかったので、交渉の自由はあまり残されていなかった。そして団体協約の討論は、多く労働条件や生産「ノルマ」に向けられがちであった。

出来高払いに対する当初の制限は、かなり前に消滅していた。そして出来高払いが適用できないところでは、生産性に合わせたボーナスが賃金支払いの正規部分となっていた。賃金を生産性に照応させるキャンペーンの重要な部分をなしていたこうしたやり方は、

「ノルマ」すなわち標準作業量の不断の設定を必要とした。一九二六年秋に全般的賃金増加が与えられたとき、最高国民経済会議はノルマ改訂の宣伝を始めた。これは一つには、労働者に更に緊張を課すことなく生産を高める合理化・機械化の方策によって正当化された。しかしノルマを増やすことは、よりしばしば、単に賃金を減らす方法であった。一九二七年を通じて最高国民経済会議と労働組合の間の論争が激しく闘わされたが、全般的なノルマ再検討の必要性の承認で終わった。この時期の賃金統計は分散しており、複雑で、時には誤解を招くものであった。インフレ状況においては、貨幣支払いが変わらなかったり、あるいは増加してさえいても、実質賃金の下落が隠されていた。労働者の実質賃金は一九二三年から一九二七年の間に徐々に、しかし着実に上昇したが、一九二八年以後の数年間に下降したことは確実であり、社会の他の部門に劣らず労働者も、工業化の厳しい圧力をこうむり、計画経済の鉄の手によって圧迫されたのである。

労働組合の役割は、体制の初年に論争の的であった。ネップの妥協は「労働の軍隊化」を退けており、労働組合を形式上国家から独立させていた。しかし、この独立性は幻想的なものであった。ネップの下では、工業の「管制高地」は確固として国家に握られていた。そして、依然表面的には無党派的であるが今や全面的にボリシェヴィキによって統制されている労働組合が、労働者国家の利益と政策に反対するなどということは考えられないことであった。労働組合の独立の最初の浸食をもたらしたのは、彼らの生産性向上への関与であった。このため労働組合は、労働規律を維持し、ストライキや工場退出のような「無政府主義的方法」を防止する責任を引き受けざるをえなくなったのである。ストライキは、労働組合が然《しか》るべき警戒と労働者の欲求に注意を払うことを怠った証拠とみなされた。労働組合はもはや、無条件に労働者の短期的要求の支持者とはなりえなかった。その役割はむしろ、こうした要求と国有工業の長期的要求との間の、党内上層での論争における調停者として働くことであった。工場のレヴェルにおける統制を行なっていたのは、労働組合・経営・党の代表からなる「三角形《トライアングル》」であった。しかし、後二者が協調すると、労働組合代表は弱い立場にあった。そして労働組合は時おり「経営者的偏向」に陥ると非難された。

その上、労働力と労働組合員の急速な拡大とともに、労働組合の性格それ自体が微妙な変化を被った。ほとんどの工場労働者は、少数の活動的な党員労働者を含む階級意識をもったプロレタリアートであるという想定は、急速に妥当性を失った。政治的に積極的な労働者の多くが、経営者的な地位や官吏の職に昇進させられていた。工業に新たに補充された人の多くは、農村から出てきたばかりの農民で、党の教義と労働組合の慣行について、何もかもこれから学ばなければならなかった。この時期、労働組合の教育的役割が大いに強調された。しかしまた、そのことのもう一つの帰結として、労働組合中央評議会に代表される指導者たちの一般組合員に対する権威が、急速に増大したのである。

ネップの妥協は、トムスキーが労働組合で確固たる指導力をもった時期である一九二二年から一九二八年には、次第に困難になりながらも維持された。この時期は経済復興の時期であったが、その恩恵の一部は、労働組合の助けによって労働者たちのものとなった。労働組合の国家機構への完全な統合を容赦なくもたらしたのは、計画化の到来であった。労働の組織化と報酬は、いかなる経済計画においても重要な要素であった。労働人民委員部はこの頃までに、労働組合の補助団体となっていた。計画の他の要素に責任を負う経済機関と並んで主な政策討論にその位置を占めたのは、労働人民委員部よりもむしろ労働組合中央評議会であった。しかし、いずれも同じように政治局の最高権威下にあり、その決定を執行した。一九二〇年代中期までに、労働組合の高級幹部はほとんどすべて、党規律に直接従属している党員であった。しかし、時が進むにつれて、トムスキーとその同僚の多くは、計画によって工業労働者たちに課せられる圧力と、古くからの労働組合の伝統の無視とに次第に我慢できなくなってきた。労働組合が当時の工業拡大政策に反対の立場をとったのは、必ずしも逆説的ではなかった。一九二八年七月に党中央委員会総会が開かれたとき、トムスキーはブハーリンとルィコフに加わって、工業化の速度を遅らせようとする、政治局内の三人からなる少数派を形成したのである。

工業——第一義的には重工業——への急速な投資増は、供給不足の農業・工業生産物への需要を膨脹させた。一九二三年の鋏状危機は、交易条件を市場の自由な動きが規制するままに放置するわけにはいかないことを示していた。この教訓は学びとられ、価格統制は恒久的な政策事項となった。農業価格統制は、理論上は、農業生産物の固定価格での公的調達によって行なわれた。しかし、一九二七年から一九二八年にかけての冬以来、生産者からの公定価格での穀物供給――これはかなりの程度力ずくだった――では不十分であり、私的市場でのより高価な購買によって補われた。工業価格の統制はより効果的であったが、非常に複雑な問題を呈した。一九二六年以降、工業化の増大する圧力の中で、価格政策は不断の論争の的であった。すべての主要工業は今や国家に握られているので、工業生産物の卸売価格の統制は全く簡明直截であった。鋏状危機以来ずっと、農民との結合を維持するための工業価格引き下げ政策は、党の教義にしっかり根づいていた。卸売価格を上げ、かくして国有工業の利潤を増やすようにとの主張は、一九二六年と一九二七年に反対派から提起されたが、これは反対派の農民軽視の証拠であるとして憤激のうちに退けられた。次々と提出された五ヵ年計画諸案は、工業製品価格が下降するという見積もりの上に立っていた。

しかし、卸売価格の統制は、それに見合う、同様に有効な小売価格統制を伴わなかった。そして、小売価格は変動させながら卸売価格の統制を厳しく行なうのでは、いわゆる「卸売‐小売価格の鋏」を拡げるのみであり、望ましくない仲介商人の利益を膨らませるということがしばしば指摘された。小売価格は一九二四年以来、次第に増加する品目の標準商品について固定されていた(本書八一―八二ページ参照)。この価格は、国家や協同組合の商店や販売組織にはどちらかといえば不承不承で受け入れられ、私的商人には義務的なものと想定された。実施は困難で、不均等であった。しかし、警察力に訴えたり、不人気なネップマンに対して精力的に宣伝を繰り広げたりして私的商業を制限しようとする試みは、農村でよりも都市で功を奏した。価格は入手可能性や供給不足に関わりなく固定された。一九二六年七月の布告は、「供給不足の国有工業生産物の小売価格引き下げ」を訴えた。一九二七年の間、一連の命令・布告が出され、一月一日時点の標準物資小売価格を一〇パーセント引き下げることを命じた。そして、この野心的な目標は達成されなかったものの、その年のうちにいくらかの価格は引き下げられ、多くのネップマンは事業から駆逐された。

これらの引き下げの成果は、事実上ほとんど全く幻想であることがわかった。値下げがあっても、同時に都市・農村ともに今では慢性の供給不足があったため、農民や工業労働者の実質的な工業製品購買力を向上させることはできなかったのである。価格水準はもはや経済状況の重要な指標ではなかった。一九二七年には、工業化の圧力のため、また重工業発展計画にあらゆる資源が吸収されたため、生活水準は長期にわたって次第に低下し始めた。公定価格と闇市場価格との不均衡は、工業生産物については農業生産物の場合ほど極端ではなかったが、消費財不足は食糧不足同様に厳しかったから、これは消費者にとって大して救いにはならなかった。どの範疇の消費者も、工業化の負担のかなりの分を担うよう求められたのである。消費財ではなく生産手段の生産に第一に集中した性急な工業化への前進は、不断に増大する緊張を、農民、労働者、経済のあらゆる部面に課した。積極的抵抗よりもむしろ無気力と諦観が、最大の負担を担う人々の気分であったようである。しかし、工業推進派の人々は、成果は犠牲の甲斐あるものであり、犠牲は進んで耐えられるか、あるいは従わない者には強制しうるものだと情熱的に信じ続けたのである。

一九二八年には、疑念が政治局自身に浸透し始めた。一九二八年七月の党中央委員会の会期中に起きた意見の衝突(本書一八〇―一八一ページ参照)は、表面上、農業政策と農民への圧力に向けられた。しかし、根底にある問題は工業化の速度なのであり、これがこの政策を要求したのであった。重要なのは、強行突破方式の工業化に与する政治局多数派と、ルィコフ、ブハーリン、トムスキー――彼らは〔工業化の〕速度を緩めることで全体にわたる圧力を緩和させようとした――からなる異端的少数派との間の、今や中央委員会で明らかとなった公然たる亀裂であった。九月末、ブハーリンは「経済学者の覚書」と題する『プラウダ』の大論文で、自分の意見を展開した。彼は穀物危機から始めて、農工間の均衡およびネップによって確立された農民との結合を破壊した現在の工業化計画に対して、全面的な攻撃を開始した。工業への投資は、穀物のみならずあらゆる種類の工業製品の原料不足のただ中で、愚かしくちぐはぐな形で加速されている。農業が追いつくようにされなければならず、工業は「急速に成長する農業によって提供された基盤の上で」発展させられねばならない。ブハーリンは既に達成された工業化の規模を受け入れると主張した。しかし、今や緊張は耐え難いものであり、速度はこれ以上あげるべきではない。彼は、当時の五カ年計画案で企図されている「狂気じみた圧力」を批判することで論文をしめくくった。

「経済学者の覚書」は、性急な工業化路線への最後の公然たる反対の表明であり、ネップ防衛の最後の後退戦でもあったが、公認の経済学者たちからも、トロツキーとその支持者たちからも激しく攻撃された。農業優先はもはや歓迎されるテーマではなかった。この時期に休暇をとってコーカサス〔カフカース〕地方に出かけたブハーリンは、一一月の党中央委員会の重要な会議に間にあうように戻ってきた。クイブィシェフ指導下の最高国民経済会議は、工業へのますます増大する投資を要求し続けた。既に工業推進派によって、西欧に「追いつき追いこせ」の呼びかけがなされていた。スターリンは中央委員会への主要演説でこのテーマをとりあげた。技術は先進資本主義諸国で「ひたすら突進」しており「われわれがそれを獲得するか、さもなくば彼らがわれわれを破滅させるか」であると彼は論じた。彼はピョートル大帝の例を挙げ、国防の必要を満たすための大帝の工場建設熱は「後進性の枠から跳躍するための試み」であったとした。このことを「われわれの発展の死活問題」とさせたのは、ソヴェト経済、特にその農業部門の後進性とソ連の孤立であった。中央委員会は年間工業投資一六億五〇〇〇万ルーブリの数字を承認した。ブハーリンは弱々しく抵抗し、辞表を提出し、それから撤回し、票決では反対せず、結局、決議案作成に参加した。彼の敗北は協定と和解の外観でおおい隠されたが、それでもなお見まがうべくもなかった。工業化の勝利は、第一次五ヵ年計画案の完成と、それの一九二九年五月の連邦ソヴェト大会への提出によって確定された。

第一五章　第一次五カ年計画

一九二五年八月にゴスプランが初めて統制数字を公表してから、一九二九年五月に第一次五カ年計画が承認されるまでの時期は、計画化の原理と実行におけるたゆみない前進の時期であった。この時期の中頃に、関心の中心は年ごとの統制数字から五カ年計画へと移り、それはソヴェトの経済政策と経済発展の長期展望の目的意識的再検討を伴った。時おり党の宣言が計画の目的を説明した。一九二五年一二月の第一四回党大会は「経済的自給自足」の目標を明らかにしたが、これはソ連を「機械と設備を輸入する国から機械と設備を生産する国へ」転換させることを意味していた。翌年秋の党協議会は「一層進んだ新技術の基盤の上にたつ経済再建」を要求した。消費財よりむしろ生産手段の生産を優先させる原則は、工業化の速度を緩めようとする人々によって時々攻撃された。そして一九二七/二八年度には、農民市場の必要を満たすために消費財の生産が拡大された。しかし、これは緊急事態への一時的な対応であった。最終的に計画案を承認した一九二九年四月の党協議会は、計画の目標群の第一番目に、「国の工業化の基礎としての生産手段の生産の最大限の発展」を挙げた。

ゴスプランの最初の五ヵ年計画試案(一九二六年三月)は、主として国有工業——計画家たちの統制内にあるこれまでのところ唯一の経済部門——に関わるものであった。この点で、この試案は工業生産の年度ごとの増加分を、初年度——未使用の生産能力がまだ利用可能である——の四〇パーセントから、五年目の一五パーセントへと至る率で予想した。成長のいわゆる「減衰曲線」である。工業投資は初年度の七億五〇〇〇万ルーブリから五年目の一二億ルーブリに増えるものとされた。草案はまだ実際的提案というよりもむしろ理論の演習とみなされていたので、上層部の人々の注意をあまり引かなかった。一年後のゴスプランの第二次草案は、一層詳細で洗練された文書であり、各章を経済の様々な部門に費していた。この案の工業成長予測は、第一次案よりもかなり控え目であった。そして、工業労働力が計画実施期間中に一〇〇万人分増えるだろうとの予測は、半数以下に縮小された。他方、工業投資増の要求は幾分高められた。工業拡大の資金の追加分は、労働生産性上昇による生産原価引き下げでまかなわれるものとされた。そして、当局による価格引き下げキャンペーンにかなりの期待が寄せられた。計画化は今や重大な問題となり、一九二七年三月の案は激しい論争を惹き起こした。ゴスプランでは、ボリシェヴィキの経済学者でこの案の主な起草者であったストルミーリンが、慎重派で元メンシェヴィキのグローマンと対立した。草案は、農業人民委員部と財務人民委員部の経済学者たちからは危険な夢想だと攻撃され、また最高国民経済会議のクイブィシェフからは許しがたい臆病であると攻撃された。公式路線が急速な工業化へと突然転換したことに不意を打たれた反対派は、計画化への転換があまりに遅く来たので効果がないと論難するにとどまった。

この時点以降、計画目標引き上げの要求は絶えなかった。反対派は一九二七年九月の政綱（本書一六八―一六九ページ参照）で、当時のゴスプラン提案を不十分で不適切であると非難した。既に一年前、共産主義アカデミーにおける統制数字をめぐる討論で、反対派の代弁者はゴスプランおよび最高国民経済会議の代弁者と、より高い工業成長率の要求を競った。一九二七年一〇月、ゴスプランは懐疑派と楽観派の両方を調停するために、「基礎」数字と「最大限」数字を提起する第三次案を作成した。後者は工業生産においても投資においても第二次案の見積もりよりかなり進んでいた。今や最高国民経済会議は先頭に立ち、ゴスプランの見積もりを相当上まわる見積もりを出した。その結果、ゴスプランは再びその見積もりを引き上げる修正をした。当面、党指導者たちは躊躇し、進展はなかった。トロツキーと反対派に対する闘争の重大な局面で、より急速な工業化の要求を公然と容認することは、当惑させることであったろう。そして、指導者間に隠然たる意見の相違がある問題をあまりせきたてることは得策ではなかった。一〇月末に党中央委員会が、来たる党大会に提出する「五ヵ年計画起草のための指令」を承認するために会合したとき、その本文は計画に対する無条件の熱狂に満ちていたが、注目すべきことに、いかなる係争論点にもはっきりした態度をとりたがらない様子が見てとれた。「蓄積の利益」と「農民経済」の間で、また重工業と軽工業の間で、均衡がとられねばならなかった。後者から前者への「資源の最大限の移動」は「全経済体系の均衡の侵犯」として排除された。当座の年における「最大限の蓄積率」は、必ずしも、長期的に最も急速な発展を保証するものではないとされた。ゴスプランの各案と最高国民経済会議の案のいずれにも判断を表明する試みはなされなかった。これは、トロツキーとジノーヴィエフを中央委員会から追放した会議であった(本書一六九ページ参照)。残った数人の反対派の代弁者たちは、数字が一つも入っていない曖昧な「指令」を攻撃した。しかし、彼らは多数派に邪魔され、沈黙させられた。

一九二七年一二月の党大会は、七回の会期を五ヵ年計画の論議に費して、その重要性を明らかにした。二年前の前回大会でブハーリンが勧めた「亀の歩み」という言葉が一代議員によって意地悪く思い出されたが、彼は発言しなかった。いくつかの疑義も提出されたが、計画の原則への全般的な熱狂の中では目立たなかった。数人の熱心な工業化の支持者がゴスプランの弱気を批判し、最高国民経済会議を先頭走者として称賛した。しかし党指導者たちは——特に農業への言及において——抑制していた(本書一七八—一七九ページ参照)。大会は、数週間前に党中央委員会が起草した慎重な「指令」を受諾することで満足し、計画への情熱を統計上の用語に翻訳しようとはしなかった。大会の主要な任務は、反対派を打倒し追放することであった。どんな論争的な問題点も、この任務の遂行に際して党内多数派の合意を損なうことは許されなかったのである。唯一の積極的な決定は、一九二九年春の次回連邦ソヴェト大会への提出に間に合うよう計画を準備することであった。

一旦反対派が壊滅し、その指導者たちがモスクワから追われ離散すると、党の最高指導者たちを抑制していた自制心は消滅した。雰囲気の変化は、一九二八年初めの数カ月の穀物調達に適用された「非常措置」の厳しさに反映された。これまでは、五カ年計画の背後の主な推進力は、ゴスプランと最高国民経済会議に身をおく党の第二級の人物たちから来ていたようであり、彼らはその野心的な計画の実行可能性を指導者たちに納得させようとしていた。特にスターリンは、両極間の調停者という、彼のお気に入りの役を続けていた。これ以降、あらゆる見積もりの上方修正の背後に党の重みがあるということが明白となった。今や推進力は、政治局とスターリン自身から来たのである。一九二八年の間中、不断に引き上げられていく目標の追求におけるゴスプランと最高国民経済会議の競争という、以前と同様の型が、この新たな刺激を得て、より高次元で繰り返された。同時に、計画はより明確に限定され、経済のあらゆる部門、あるゆる産業、あらゆる地域を包括することとなった。計算はますます、いかなる「発生論的」基礎からも離れて、一段と、遂行の意志と決意の表明となった。討論において政治が経済にからみあい、最終決定は経済的というよりもむしろ政治的なものであった。ブハーリンの敗北と一九二八年秋の彼の「経済学者の覚書」の譴責により、これ以後、慎重さは右翼偏向の徴候とみなされるであろうことが明確になった。ゴスプランと最高国民経済会議との長期間にわたる討論の後、計画案は一九二九年三月に完成された。それは計画の五ヵ年間(一九二八/二九年度から一九三二/三三年度まで)の工業生産と工業投資率の双方について、「基礎的」見積もりと「最適の」見積もりを提供した。最適案では、生産増加率の「減衰曲線」は見られず、各年度の増加率は、初年度の二一・四パーセントから五年目の二三・八パーセントに漸増する予定であった。工業投資は初年度に一六億五〇〇〇万ルーブリと計画され、五年目までにほぼ二倍(基礎案)か二倍以上(最適案)になるものとされた。この計画を起草した経済学者たちは、基礎案を妥当な期待の限界とみなし、最適案はごく僅かな潜在的可能性と考えていたようであるが、政治局は大胆にも「最適案」の計画を「第一五回党大会の指令と完全に一致する」として是認する決議を採択した。

この計画は、最終的に一九二九年四月末の大規模な党協議会で承認された。ルィコフは今や右翼偏向者と結びつけられていたが、それを協議会に提案した三人の報告者のうちの一人であった。しかし彼の慎重な評価は、ゴスプラン議長のクルジジャノフスキーの情熱的な雄弁と、最高国民経済会議議長クイブィシェフの冷静で実務的な決意とに比べるなら、見ばえのしないものであった。協議会の数日後、この計画は大きな三巻本で出版された。訂正する時間がなかったためであることは確実だが、今はもう基礎案は不要であったにもかかわらず、三月にゴスプランの採用した二つの案をまだ載せていた。それは経済全体の印象的で包括的な概観であった。そのいくつかの見積もりは――特に、目標が一年後に更に引き上げられ、五ヵ年計画を四年のうちにやりとげる決定がなされたとき――粗野なまでに楽観的すぎることがわかった。しかし、それは重工業の発展のための野心的な企画に力強い刺激を与えた。そして、それが生みだした楽観主義の大波なくしては、このような業績は成し遂げられえなかったろうと論じることも可能である。五ヵ年計画は経済全体を転回させた中心軸となったのである。

ゴスプランは、レーニンの電化計画遂行のために設立された機関であるゴエルロの後継者であった。エネルゲティカ(エネルギー)はその合言葉の一つであり続けた。ゴスプランによって推進され、第一次五ヵ年計画の重要な部分として実行された最も有名な計画が、ドニェプル河流域の大ダムと水力発電所――ドニェプロストロイとして知られる――だったのは、それにふさわしいものであり、単なる偶然以上のものであった。一九二六年夏、テネシー河流域ダムを建設したアメリカ人技師クーパーが招待されてこの地を訪問し、その可能性に情熱を示し、その結果、この建設を監督することに同意した。この計画はソ連の予算によってまかなわれた。クーパーは顧問兼助言者として雇われたのであり、請負人としてではなかった。しかしそれは、アメリカの技術と設備の惜しみない利用と、アメリカ人技師集団の徴募を必要とした。それはまた、この企てで生じる電力を使用する新しい工業と工場の建設も伴っていた。電力は、ドンバス炭鉱、大規模な新設の鉄鋼工場、アルミニウムや良質の鉄鋼・合金製造工場——これらは、生産手段を生産する巨大な新工業複合体を形成する——に供給されるはずであった。ザポロージエとドニェプロペトロフスクという二つの新しい都市が建設された。ダム自身およびその出力を消費するべく計画された工場が全面的に操業するようになったのは、一九三四年頃になってからのことだった。

ドニェプロストロイは、第一次五カ年計画下に開始された多くの野心的な企画の手本となった。計画下の全工業投資の七分の一は、鉄と鋼の生産に使われた。もっとも、その一部は既存の工場と施設の近代化に使われたが。自動車工業の発展は大きな注目を集めた。革命以前には、ロシアでは一台の自動車も製造されなかった。一九二〇年代中期に一握りの車を生みだした二、三の製作所で、最初の試みがなされた。一九二七年、計画によって生じた熱狂の中で、ソ連最初の自動車工場が認可されたが、それは、年間一万台産出予定のモスクワ周辺の小さな会社であった。一九二九年になってようやく、一〇年以内に年間二〇万台生産を目論むニージニー＝ノーヴゴロドの自動車工場の建設のため、デトロイトのフォードとの協定が調印された。当初は、個人用の車に重点がおかれた。後には、工業用貨物運搬車に優先が与えられた。道路建設計画は、自動車工業の成長の必然的結果であった。それとは別であるが同様の発展は、トラクター生産にみられた。スターリングラードのトラクター工場(本書一八七ページ参照)の計画生産高は、事業が進む中で何度も増やされたが、五カ年計画の最終案では一年にトラクター五万台と決められた。一九三〇年にそれが生産を開始するまでに、更に二つの工場が認可されていた。一九二八年以降、トラクターは農民経済の近代化と集団化の計画の中で指導的な役割を担った。それは、第一次五ヵ年計画が農業生産推進にもたらした大きな貢献だったのである。

軍需工業は、五ヵ年計画の公けの論議ではあまり言及されなかった。内戦の後、赤軍は数年間減少するままに放置されていた。しかし、一九二六年には、それを増強、再装備する措置が講じられた。そして一九二七年春の戦争の脅威の後、軍事力の工業的基礎の認識が高まり、重工業に重点をおく五ヵ年計画は軍事的関心事となった。ドイツとの秘密軍事協定から刺激が来ていたにちがいない。軍事産業のための秘密の特別五ヵ年計画が存在するといわれた。航空機産業が先頭をきり、戦車生産がそれに続いた。近代的化学工業の発展が非常に重視されたが、それは軍事的必要にも農業の必要にも役だつものであり、その擁護者たちによって、経済の近代化における電気の役割に匹敵すると言われた。

計画開始以前に実際に着工され、他の主要な企画とはちがって輸入資材・設備や外国人技術顧問に頼らない事業として、中央アジアおよびカザフスタンと西部シベリアとを結ぶトゥルクシブ鉄道の建設があった。中央アジアは豊かな棉花栽培地域であった。しかしその交通通信は貧弱であった。そしてその原棉の新たな搬出路の開通は、ソ連の繊維工業を外国からの輸入から自立させるために意図されたのである。他方、中央アジアは食糧用作物も木材も生産しなかった。新しい鉄道は、シベリアの生産地域から穀物と木材を直接供給できるようにし、ヨーロッパ・ロシアからの供給の圧力を軽減させたのである。ロシア人技師は鉄道建設に十分な経験をもっていた。予算からの割当ては容易に入手できた。そして困難な農村地帯での一五〇〇キロメートルの鉄道線路の建設は、大過なく進んだ。路線は一九三一年一月一日、正式開通した。

絶えず討論され、時には重大な決定を遅らせた重要な計画化の論点として、新工業の配置問題があった。問題はある程度、それぞれの土地の相対的な実際的優位性によっていた。しかし、主な紛争は各地域間の競争から生じた。これは特に鉄鋼業に顕著であったが、その一つの理由は、これが計画の投資のかなりの分を吸収するからであった。またもう一つには、ウクライナは主として近隣に大量の埋蔵量の石炭があるために一八九〇年以来鉄と鋼の生産の首位の座をかちえていたが、それを保持しようと懸命に奮闘したからであった。彼らの主張に対し、かつて繁栄したウラルの鉄鋼業を復興させ、シベリアに新たな生産の中心地を確立しようとしていた「東方派」の大勢力が反論した。一九二七年には多くの対抗案が検討され、調査されていた。最も計画化が進められた第一のものは、ウクライナのクリヴォイ＝ロクの大規模な新鉄鋼複合体であった。第二のものは、ウラルのマグニトゴルスクの同規模の企画であった。これは、更に二〇〇〇キロメートル東のクズネツク盆地——ここには第三の広大な鉄鋼工場が提案されていた——から鉄道でコークス炭を補給するはずであった。これらの他に、大機械工場がウラルのスヴェルドロフスクに予定され、もう一つの鉄鋼複合体がドニェプル・ダムの近くのザポロージエに予定された。しかし、クリヴォイ＝ロク計画は第一次五カ年計画末まで延期された。そして一九二八年の計画投資の漸増は、基本において、シベリアの無人の地にソヴェトの権力と活動とを拡げ、これらの低利用地域を開拓し人を居住させようとする「東方派」の野心の勝利を意味した。一九二七年の戦争の脅威は、計画家たちの心に、ウクライナよりも攻撃を受けにくい地域にソヴェト工業の未来の中心地を設けたいという考えを強めたのである。

工業化推進は計画の焦点であったが、計画とは経済全体にかかわるものであり、それ以下ではありえなかった。計画家たちの行手にある主な、そしてよく認識されていたつまずきの石は農業であった。かつてルィコフが述べたように、計画は「にわか雨の意のまま」なのであった。そして、計画化の期間として五カ年を選んだのは、五年の間には豊作と凶作とが相殺しあい、それゆえ平均に基づく計算が有効であろうとの議論によって正当化されたのである。しかし、それ以上に大きな障害は、農民の行動の予測不可能性であった。伝統的に低い生活水準でほとんど自給自足している、僅かな保有地に暮らす農民家族は、国民経済から離れていることができ、計画家たちの見積もりを狂わせることができた。一九二〇年代中期に当局の心を奪ったのは、穀物の生産の問題と同時に、穀物の調達とその都市と工場への搬出の問題であった。したがって、計画の農民への影響は二重のものであった。計画は、農民的農業の産出額を、その予測と指令の範囲におさめようとした。しかった。

し計画はまた、これまで使われていた原始的耕作方法を、最新型の機械と器具の設備に置き換えようともしていた。トラクターは、土地のより有効な耕作を促進するために工業が供給しうる道具のうちで、最も高度で最も野心的なものというにすぎなかった。農業のための生産手段の生産は、工業化計画のあまり重要ではない部分とみえたかもしれなかった。しかし、農業生産は計画全体の基礎であった。一九二七年一二月の党大会で、ある指導的官吏は、次の五年間に三〇パーセントから四〇パーセント、そして一〇年間には一〇〇パーセントの穀物生産の増加を呼びかけた。結局、三五パーセントという数字が五カ年計画の中に現われた。

工業化の要求は、国家財政は経済政策の実行可能性の基準であるという概念を、時代遅れのものとした。一九二四年の新通貨安定以来、財務人民委員部は、国家支出を統制する年度予算のみならず、銀行による信用供給と通貨発行率とを規制する四半期信用計画をもまた準備する責任を負ってきた。一旦、計画的工業化が永続的目標となると、経済の中のこうした重要な要素が計画家たちの注意をのがれることはありえなかった。金本位に基づく安定した国際的流通を維持するためには、信用制限が必要であったが、それは工業拡大とは矛盾した。選択は疑いもなかった。早くも一九二五年には、確かに予算は厳しく均衡が保たれていたものの、工業への信用拡大とその結果としての通貨発行増大はチェルヴォーネツの信用を弱め、その金平価はもはや国際市場で維持されえなくなった。一九二六年夏、チェルヴォーネツの輸出とその海外取引は禁止された。これ以後、通貨は、経済の利益が要請する操作に服する、純粋に国内的な媒介物となった。金本位制を二年もたたないうちにこのように放棄したことは、ソヴェトの威信に対する打撃であり、次第に強まるインフレーションの徴候は警戒をよび起こした。財務人民委員部はもう一年間、信用をある程度管理し続けることに成功した。だが、工業化の速度を上げるべきだとの圧力は、絶えまなく高まった。そしてそれを、財務人民委員部が課した信用の拘束服にとじこめることは、到底受け入れられるものではなかったのである。

一九二七年末までに、闘争は計画家たちの勝利となっており、財政管理の伝統的政策はすたれていた。国家予算はゴスプランの統制数字に合わせられることとされた。そして予算は、信用および通貨発行の水準とともに、実際上、五カ年計画の一部となった。財政操作は計画の規律に従属させられた。そして、財務人民委員部のインフレ予測にもかかわらず、最高国民経済会議とゴスプランによって承認された工業計画に信用が供与された。際限ない自信の雰囲気が漲《みなぎ》った。最も大胆な予測さえも超えられたかにみえた。最高国民経済会議の統制下の大規模工業への一九二七/二八年度の投資は、一三億ルーブリに達した。これは前年度に比べ、二〇パーセント以上の増加であった。そして最高国民経済会議計画下の工業の生産は、二五パーセント以上も上昇したといわれた。一九二八年秋に第一次五カ年計画の輪郭が最終的な形をとり始めたとき、一九二八/二九年度に一六億五〇〇〇万ルーブリの投資が計画された。一九二八年一〇月、「超工業化論者」として知られるピャタコーフ——彼はかつて反対派の一員であったが、悔悟していた——が国立銀行の副総裁に任命された。そして彼は、一九二九年初めには総裁となった。この任命は、工業生産融資に必要な信用はどれだけでも拡張するとの注目すべき決意を意味したのである。工業への全投資は、ゴスプラン・最高国民経済会議・上級党当局の間での討論過程によって定められた。この需要に応える基金の準備は行政的問題であった。計画は国家財政の用語で表現されていたが、財務人民委員部は実質上、もはや歳出を統制しない歳入調達部門となったのである。

工業発展を融資する伝統的な財源も熱心に探究された。直接課税——私的部門への工業税、農業税、所得税——は、一九二六年から一九二九年の間に貨幣額でほとんど二倍になった。しかし、間接税の方がもっと重要であった。この時期に二倍以上になった国内消費税は、全税収の三分の一を占めた。一般消費品目への国内消費税は、最貧層への課税であった。そしてヴォトカ独占からの大量収入は、党の良心的な人々を悩ませた。しかし、それに代わるうまい収入源を見つけることはむずかしかった。一九二七年以降、一連の国債が発行され、それへの応募は——公式に否認されたにもかかわらず——たちまち半強制的な性格を帯びた。こうした手段のおかげで、財務人民委員部は毎年均衡のとれた予算を提出することができた。赤字財政は承認しがたいと考えられたのであろう。しかし、この慣習通りの外見の裏で、財政はその規制者としての役割から退位させられ、追加信用が国立銀行によって経済に送り込まれた。貨幣は次第に、単なる交換の媒体かつ会計上の単位となったが、これは、未来の共産主義社会で完全に貨幣が消える時代の先だめしであった。しかし、予算割当てと国立銀行からの信用は別として、工業投資基金は、工業それ自身の利潤から得られると想定された。価格引き下げの至上命令を考えると、これを成し遂げる唯一の方法は生産原価を下げることであった。これが、「節約体制」、合理化、労働生産性向上のためのキャンペーンの一貫した目標であった(本書一六一―一六三ページ参照)。生産性の見積もりは、五ヵ年計画の各版ごとに上げられた。そして増加計画は、工業全体よりも資本財部門において一層大きかった。最終的に最適案の形で採用された計画は、計画期間中に一一〇パーセントの生産性増大と三五パーセントの原価減少を規定した。それは労働者に四七パーセントの実質賃金の上昇と、二三パーセントの小売価格引き下げの期待をもたせた。しかし、こうした見積もりは問題の現実的評価に基づいているというよりも、計画を統計的に一貫したものにしたいとの願望に基づいていたようであり、その実現の何らかの展望を示しているというよりもむしろ、計画によって工業労働者に課せられる膨大な圧力を指示していたのである。

第一次五ヵ年計画の採択は、ソ連史の一つの画期的事件であった。ネップの本質は、農民経済にある程度の自由を認めたことであった。その終焉を宣言するのは得策でなかったのであろう。スターリンは、ネップは「私的商業への一定の自由」を与える一方、また「国家の市場への統制的役割」も保証したと論じた。ネップの目的は「社会主義の勝利を確保する」ことであった。ネップが廃棄されたということは、公的に否認された。小規模私的産業――とりわけ農業――の生産物の自由市場は依然存続した。しかし、計画指令へのあらゆる主たる経済活動の従属と、農民に向けられた次第に厳しくなる圧力は、ネップのこうした残滓を例外的なものとし、不安定なものとした。それは容認した方が便利な限りでは容認されたが、さしたる意味をもつものとはみえなくなった。国民所得中の私的部門の割合は、一九二六／二七年度には五〇パーセントを超えていたが、五ヵ年計画の終了までにとるに足らない程度に落ち込んだ。計画および計画化の擁護者としてのソ連の威信は、一九二九年秋に資本主義世界を襲った経済恐慌によって高められた。資本主義秩序がその内在的諸矛盾の重圧下で崩壊するというマルクス主義者の予言は立証されたという感覚が、ソ連邦の外でも広く感じられたのである。恐慌の最悪の諸徴候――特に大量失業――をソ連が免れたことは、どんな国民経済ももはや市場の鉄則の意のままに任されるべきではないという、次第に強まる信念を助長した。ソ連の五ヵ年計画は、その採択と実施の諸条件はあまり研究も理解もされていなかったが、先駆的モデルを提供しているかにみえた。資本主義諸国の経済における計画化の要素の要求は至る所で増大し、ソ連に対する西欧の態度にかなりの影響を及ぼしたのである。

第一六章　農業集団化

一九二九年春の穀物危機をめぐる深刻な不安は、未来への自己満足的な信仰告白におおい隠された。春の播種に基づいて、豊作が予想された。コルホーズとソフホーズから、より大きな産出高が期待された。そして商品化率も高まると予想された。穀物調達の新しいやり方が導入された。各州からの調達機関への引渡しについて、予め高い分担量が決められた。分担量は地区と村に割り当てられた。そして農村内では、割り当ての主な負担をクラークが担うように圧力がかけられた。一九二九年の収穫が進んでいるとき、党役員・党員・労働者・労働組合活動家の大部隊が、モスクワ、レニングラードや各県の中心地から、調達を監督し励行させるために急派された。こうした事業に携わった人々の数は、ただ推測するしかない。しかし領土が広いので、一〇万人から二〇万人との見積もりは満更はずれてもいないであろう。農民——単にクラークのみならず、自分自身の必要以上の余剰とみなされうるような穀物をもついかなる農民でも——は、このキャンペーンに対して、穀物を巧みな方法で隠匿したり、自由市場に売り出すため必死に努力したりした。隠匿は刑事上の罪であり、合法的な「商業」とそうでない「投機」の間の線は曖昧であった。報復は広く、恣意的に適用された。分担量を満たさないこと自体が、処罰に値する罪であった。クラーク、あるいはクラークのレッテルを貼られた人々は、罰金を科されたり、懲役刑を言い渡されたり、あっさりと村から追放されたりした。暴力や残忍な行為もみられた。このような手段のおかげで、分担量は達成され、時には超過達成された。しかし、こうした成果は、当局と農民、都市と農村の間の明らさまな敵意の中で獲得されたのであった。時には、クラークに対して講じられた措置を称賛した貧農もいるといわれた。しかし、ほとんどの場合、農民間の団結の方が優位であり、クラークと貧農は調達を妨げようと結託した。農村における階級闘争を煽《あお》りたてようという党の期待は挫かれたのである。

農業の集団的組織化の要求が、もはや遠い期待としてではなく、現在の難局の解決法として強く主張されたのは、このような幸先のよくない状況下でのことであった。トラクターは永いこと、集団化の鍵と見られてきた。一九二七年秋に、ウクライナの大規模なシェフチェンコ・ソフホーズは六〇—七〇台のトラクターを入手することができたが、これは、自らの農地と近隣のコルホーズや農民の農地を耕作する「トラクター隊」に編成された。この例は、他所でもみならわれた。そして、一九二八年にこのソフホーズは、その地域のコルホーズとソフホーズに賃貸するための一群のトラクターで、初の機械トラクター・ステーション(MTS)を設立した。一九二九年六月にトラクトロツェントルという中央官庁が、国営機械トラクター・ステーション網を組織し統制するために、モスクワに設立された。革新に対する農民の偏見、そして多分、それに含まれる国家の干渉強化に対する偏見は、なかなか克服されなかった。トラクターは時おり、反キリストの仕業だと非難された。しかし、この実験の成功を主に制限したのは、トラクターの供給のようであった。一九二九年秋には、ソ連全土で三万五〇〇〇台——そのうちのほとんどはアメリカ製であった——が入手できるだけであった。トラクターが入ったところはどこでも、トラクターは集団化の強力な動因となった。

一九二七年に始まったコルホーズの復活は、当初、小規模でゆるく組織されたコルホーズの増殖へと導いたが、その活動は満足できるようなものではなかった。一九二八年中頃には、トラクターが作動するのに十分なほど広い「大」コルホーズ——二〇〇〇ヘクタールの播種面積をもつコルホーズと定義された——をめざす運動が始まった。しかし、この時点では、コルホーズはソフホーズに追い越された。一九二八年七月の党中央委員会でスターリンは、工業の型に則った「穀物工場」と考えられた大規模穀物栽培ソフホーズの創設をよびかけた。この新しいソフホーズの原型は、適切にも「巨人《ギガント》」という名をもつソフホーズで、それは北コーカサス〔カフカース〕地方のこれまでほとんど未開拓の地、四万一〇〇〇ヘクタールにわたるものであった。そして、これに続いてヴォルガ、ウラル、シベリア地方で同様の企てがなされた。トラクターと機械トラクター・ステーションは、後に時々「ギガントマニア〔巨大狂〕」と批判されるこの事業の不可欠の前提条件であった。集団化が熱心に開始されたとき、ソフホーズへの熱狂は冷め、再びコルホーズに圧倒された。

党内で激しく論じられた一つの問題は、クラーク、あるいは当局によってそのようなレッテルを貼られた農民をいかに扱うかという問題であった。彼らは普通、村で最大かつ最良の土地を耕作し、家畜と機械の装備も最もよく、最大の余剰穀物を生産し、かつ保有しており、集団化を含むソヴェトの諸政策に最も強く反対した。意見は鋭く分岐していた。党員の一方は、クラークとその土地・家財がコルホーズに編入されるなら、生産と効率に重要な貢献をするだろうと論じた。しかし、他の者は、クラークはコルホーズで圧倒的な影響力を行使し、それを党と国家の目的に敵対する方向に導くだろうと説得的に予言した。しかし、もしクラークがコルホーズから排除されるなら、クラークをどうすべきであろうか？　クラークが彼の土地と財産を保持し、コルホーズと並んで独立した生産単位を構成することは、許されることではなかった。彼はその地域から放逐されなければならないということになろう。これは、初めのうちはほとんどだれも思いもよらなかった厳しい措置であった。受容できる解決策を見出すことはできなかった。

一九二九年夏と秋を通して、次第次第に中央における集団化への勢いは強さを増した。しかし、その最も熱狂的な推進者によってすら、依然として二つのことが想定されていた。第一に、たとえどんな圧力を地方当局が農民にかけたにしても、集団化は自発的なものであろうと想定された。第二に、たとえどんなにこの事業の緊急性が強調されたにしても、これが完了するのに少なくとも数年はかかるだろうと想定されたのである。この年の末までは、指導者たち自身、この双方の想定から出発して語っていたが、突然、ソ連農業全体の強制的かつ即時の集団化にとびこむ決意をしたのである。この決定的変化は、二つの素因となるような要素によってもたらされたようにみえる。その第一は、穀物調達という毎年繰り返される悪夢によって醸成された捨てばちの気分であった。コルホーズは、生産増大の見込みは別にして、個別農民よりも容易にその穀物を公的機関に引き渡すよう強制することができたのである。第二の要因は、工業化の成功と五カ年計画の見込みで鼓舞された意気盛んな雰囲気であった。農業も結局、産業の一形態であった。工業化テンポの強引な引き上げが最も楽観的な者の希望さえも満たしたのなら、集団化率を強引に引き上げることができないと考えることは忠誠の欠如を示すことになるであろう。揺るぎない決意こそ、陣地を強襲によって攻略するのに必要とされた資質なのであった。

スターリンは、彼のいつものやり方であるが、論争によって問題点が明らかになり、決定の機が熟するまでは舞台に上らなかった。一九二九年の四月から一一月まで、彼は沈黙を守った。一一月に彼は、『プラウダ』に「偉大な転換の年」と題して革命記念日の恒例論文を発表した。工業化の勝利と重工業の発展を讃美したのち、スターリンは、「小規模の後進的個人経営から大規模の進歩的集団農業への根本的転換」を成し遂げた農業に筆を転じた。中農が「コルホーズに加わった」と彼は主張した。クラークについての言及はほとんどなかった。将来に関しては、以下のように述べられた。

「コルホーズとソフホーズの発展が加速度的速さで進むならば、三年かそこらのうちにわが国は、たとえ世界最大ではないにしても巨大な穀物国家となることは疑う理由がない」

この論文は将来の構想と現在の分析を含んでいたが、直接的な行動のよびかけはなかった。記念日の声明という性格を考えるなら、それは控え目で慎重であった。党は依然、採用することを躊躇しているある決定の淵でさまよっていたのである。

数日後の党中央委員会の会期では、既に調子はより鋭くなっていた。スターリンは彼の論文で触れなかった点を補って、「クラークへの貧農と中農の大衆的攻勢」に言及した。モロトフは、集団化の速度を強引に高めようとする数人の演説者のうちで最も非妥協的であった。彼は五カ年計画の見積もり(それは控え目に五カ年間で播種面積の二〇パーセントの集団化を予想していた)を、あまりに引き延ばされた計画であるとして拒絶した。一九三〇年の秋までには一部の地域が、一九三一年までにはほとんどの地域が、全面的に集団化されるだろうとされた。クラークは、コルホーズへの浸透を許さるべきでない、「まだ打ち破られていない敵」として非難された。しかし、どの演説も集団化が既に進行中となるまで公表されなかったので、これらの次第に高まる緊迫した調子は、党にも公衆にも知らされなかった。会期の終わりに採択された決議は、おそらく一部の中央委員の懐疑論を反映して、日程に関してはモロトフの演説ほど明確ではなかったが、「クラークのコルホーズへの浸透の試みを封じ込め、断ち切るような、クラークへの決定的攻勢」を呼びかけた。クラークをどうすべきかの問題にはまだ直面していなかった。次の数週間の間に、集団化の進行について、熱狂的報告が主要穀物栽培地域の党機関からなだれこんだ。そして一九二九年一二月五日、政治局は、二週間以内に各地の集団化率に関する法令案を提出するように指示して、ある委員会を任命した。この委員会は各地の代表を含んでいたが、政治局員は含まず、明らかに政策決定に関わるというよりも技術的な団体と考えられていた。

後年になってから公表されたこの委員会の断片的な記録は、その混乱した議事進行を反映しているのかもしれない。この委員会は多くの大胆な提案を検討する小委員会に分かれた。そのうちの一つが、「階級としてのクラークの清算」という新しい言葉をつくりだしたようである。しかし、一二月二二日に委員会が政治局に提出した草案は、まだ相対的に慎重なものであった。それは、二年から三年のうちに基本的な穀物栽培地域を集団化し(地区・州によっては進歩は一層急速かもしれないと規定している)、三年から四年のうちに他の地域を集団化することを提案していた。「命令に耽ること」への警告が付け足された。クラークはコルホーズ加入が認められないとされた。彼らの機械や家畜のような生産手段はコルホーズに譲渡され、遠隔の劣地が彼らに割り当てられることにされた。反抗的なクラークはその地域から追放されることになろう。屈服したクラークは、何らかの、まだ規定されていない資格で、コルホーズで働くことが許されるかもしれなかった。

政治局がこの委員会報告を考慮する前に、モスクワでマルクス主義農学者会議が開かれた。スターリンはこの機をとらえて、数カ月来初めて公的演説をした。それは、これまでクラークになされた、最も激しい攻撃であった。「クラーク撲滅」あるいは「階級としてのクラークの清算」は、「われわれの全政策中で最も決定的な転換の一つ」であると宣言された。ほぼ同時期に、政治局付属委員会の一員であったルィスクロフという名のカルムィク人〔実際はカザフ人〕の党員活動家は、政治局あての覚書の中で委員会報告を批判した。これは奇妙な行動であって、より上部の承認なしに敢えて行なわれたということはほとんど考えられない。ルィスクロフは、集団化の加速と、その棉花栽培地域と家畜飼養地域への拡大——草案では看過されていた——をよびかけ、草案が個人農の所有に任せるよう提案していた乳牛・家禽を含む家畜のコルホーズへの譲渡をも主張した。草案はこうした発言に照らして改訂され、改訂版は一九三〇年一月五日に、党中央委員会によって採択された。

一九三〇年一月五日の決議は、集団化の過程における鍵となる決定であった。それは、「大規模なクラーク生産を大規模なコルホーズ生産に置きかえること」と「階級としてのクラークの清算」を宣言した。主要穀物栽培地域――ヴォルガ河中・下流域と北カフカース――の集団化は「多分、基本的に」一九三〇年の秋か一九三一年の春までに完了し、他の穀物栽培地域の集団化は一九三一年の秋か一九三二年の春までに完了する予定とされた。トラクターと機械の供給は促進せねばならないが、これが集団化の条件とみなされるべきではなかった。ぎこちない言葉で書かれた一節は、過渡期には「基本的生産手段(家畜と農具、農業用建造物、売買用の家畜)」は、アルテリ型のコルホーズでは集団化されると規定した。クラークの運命――明らかにまだ論争的な問題点であった――はなお定められていなかった。更にこの問題を扱う委員会がモロトフの下に設立され、一九三〇年一月三〇日に政治局は決議を採択した。その本文は公表されていないが〔一九九四年に初公表〕、その内容は、その表題「全面的集団化地域でのクラーク世帯の排除措置に関して」によって十分示された。

一九二九年から一九三〇年にかけての冬に農村で起こったことは、諸決議の文面によってよりも、むしろそれらを遂行するために行なわれた作戦の性格によって決定された。冬の間に、二万五〇〇〇人の工業労働者たち(七万人の志願者たちから精選されたといわれている)が、農村地域での恒久的活動を割り当てられた。彼らは、農民を新しいコルホーズへ導くために農村に分散させられた党活動家・役人・農業専門家・トラクター手・赤軍兵士の大軍の核にすぎなかった。組織化にかなりの注意が払われた。「旅団」、「司令部」、

「参謀」といった軍事用語が使われた。関係者全員が綿密な戦闘指令を受けた。所によっては、農民のために教習課程が設けられた。しかし、責任者の中で、農村や農民の生活と精神に関して何らかの経験をもっている者は少数であった。指示自体が混乱しており、矛盾していた。解釈における過度の熱意は、単なる微罪とみなされた。中農・貧農には強制を用いないという、明言された意図は、たちまち挫折した。体制の敵とみなされたクラークに慈悲が施せなくなった以上、集団化に抵抗するどんな農民も、クラーク、あるいは同罪に服すべきクラークとの共謀者という烙印を押されがちであった。何万人ものクラークたちが、彼らの保有地と住居から追い立てられ、独力でなんとかやっていくために流浪するか、遠隔地に追放された。彼らの家畜・機械・道具はコルホーズに渡された。どのカテゴリーの農民にしろ、コルホーズに自発的に入った者は稀であった。農民が最も憤慨したのは、家畜を引き渡すようにという要求であった。多くの農民が、家畜を手放すよりはむしろ屠殺することを選んだ。キャンペーンの間中、説得と強制の間には、一線はほとんど引かれていなかった。

この作戦の特徴は、ますます大規模なコルホーズが要求されたこと――ソフホーズで始まった「ギガントマニア」の拡大――であった。巨人コルホーズは主要穀物栽培地域に形成されたが、そのうちで最大のものは八万ヘクタールにわたっていた。しかし、コルホーズの主な目的はソフホーズとは異なっており、処女地を開拓することではなく、現在の小規模なコルホーズと農民の保有地を大きな単位に結合することであった。数カ村と数千人の農民保有地を含むこともあるこうしたコルホーズは、集団化途上で意識的にとられた措置であって、一定の地域での土地全体が、一つないしそれ以上の包括的なコルホーズに含まれるべきであることを意味していた。そのような地域は「全面的集団化地域」と呼ばれた。ヴォルガ下流地方のホピョール管区からの、全面的集団化――第一次五カ年計画の期間内に終了されるべき過程であった――の地域になりたいという嘆願書が大いに宣伝された。これは模範として歓迎された。しかし、二つの主要な障害がコルホーズの拡大を妨げた。その一つは、自分自身の土地・家畜の保有に執拗にしがみつく多数の農民の間での不人気であり、もう一つは、トラクターやその他の機械――それだけが集団化政策に意義と目的を与えていた――の供給の不十分さであった。それに加えて、人員不足がもう一つの重大な不利な条件となった。農村と何らかの接触をもつか、農村問題の知識をもつ党員・ソヴェト官吏にせよ、かくも大がかりな移行の作業に不可欠な農学者・獣医・熟練機械手にせよ、非常に不足していたのである。

このようなやり方から生じた広汎な混乱と農民間での散発的な騒乱は、春の播種を脅かし、当局を驚かせた。「成功による眩惑」と題する一九三〇年三月二日に発表されたスターリンの論文は、これ以上の集団化の停止をよびかけた。圧力は緩和された。そして春の間に、コルホーズに強制加入させられていた多くの農民が脱退を許された。小規模の個人保有地とある程度の家畜の保有は、今や再び許容された。退却の合図は、播種を多かれ少なかれ正常に進めさせるのに間に合うように出されたようである。この好適な措置は、稀にみる好天と結びついて、一九三〇年の記録的な穀物収穫——革命以来最大であった——の要因となった。しかし、家畜数の急激な減少は将来にとって不吉であった。そして休息期間は短かかった。その年の初めの数カ月の大打撃は、農民の抵抗の背骨を破壊し、農民の古くからの秩序を修復不能なほどに打ち砕いていた。クラークは追放されるか、壊滅された。全面的集団化の地域では、ミールは一九三〇年七月三〇日の法令で正式に廃止された。集団化への勢いがこの年の末に再開されると、それは以前ほどの反対に会わず、より急速に進行した。一九三一年半ばまでに、主要穀物地域の全戸数の三分の二がコルホーズに合体され、その残りは続く数年間にそれにならった。

しかし、改造の大きな犠牲は、まもなくあきらかとなった。生産は混乱させられていた。最も効率的な生産者は放り出されていた。トラクターと機械の供給はゆっくりと増大したが、コルホーズはまだ馬不足を補えるほど十分に装備されてはいなかった。もっと効率が良かったのは穀物調達であった。かつて個人農から得られたよりも高い率で、コルホーズから収穫が引き出された。農民は飢えた。家畜はもはや養うことができなくなり、ますます多くが屠殺された。一九三一年と一九三二年の凶作は、惨禍を絶頂に至らせた。穀物は依然、最大の被災地からさえも無慈悲に調達された。そして続く冬、かつて最も豊かな穀物栽培地域であった地方は、一一年前の内戦直後に経験されたこと（本書五一ページ参照）よりもひどい飢饉のえじきとなったのである。餓死した人の数は算出することができない。見積もりは、一〇〇万人というものから五〇〇万人というものに及んでいる。

集団化は、一九一七年に農民による地主所領の奪取で始まった土地革命――しかし、それは古い耕作方法と農民の生活様式を変えずに残した――を完了させるものであった。最終段階は、第一段階とは違って、自発的農民反乱には何一つ負っていなかった。スターリンはそれを適切にも「上からの革命」と呼んだが、それが「下から支持され」たと付け加えたのは正しくなかった。過去一二年間、農業はそれ自身のやり方で機能し、それを変えようとする外からのいかなる試みにも抵抗する、経済の中の半独立的な飛地のままであった。これがネップの精髄であった。それは、永続きしない不安定な妥協であった。一旦、強力なモスクワの中央権威が経済の計画化と再組織化に着手して、工業化の道に乗り出すと、そしてまた、現制度下の農業では急速に拡大する都市と工場の人口の必要に応えられないことが明らかになると、急転回は論理的帰結であった。砲火が交えられ、双方の側で非常に執拗かつ激烈に戦いぬかれたのである。

計画家の野望は、農業に工業化と近代化の二大原則を適用することであった。ソフホーズは機械化された穀物工場と考えられた。農民大衆は、同じモデルに基づいて構成されたコルホーズに組織されるものとされた。しかし、そのような計画を実際に実行可能とするために十分な量のトラクターその他の機械の供給を確保するという、過大な期待は挫かれた。党は農村に確固たる足がかりを持っていなかった。モスクワで決定を下す指導者も、その決定を実施するため農村を急襲した党員と支持者の大群も、農民の心性の理解なり、農民の抵抗の核である古くからの伝統と古い迷信への共感なりをもたなかった。相互の無理解は完全なものであった。農民はモスクワからの使者を、農民がいつくしんできた生活様式を破壊するのみならず、革命の第一段階が農民をそこから解放した隷属状態を再建するためにやってきた侵略者とみなした。力は当局の側にあり、残酷に容赦なく行使された。農民――クラークだけではなかった――は、むきだしの攻撃としかみえないものの犠牲となった。偉大な業績として計画されたものは、ソヴェト史に汚点を残す大きな悲劇の一つに終わった。土地の耕作者は集団化されていた。しかし、この過程に伴った災厄からソヴェト農業が回復するのには、多くの年月がかかった。穀物生産が強制的集団化開始以前の水準に戻ったのは、一九三〇年代も末期のことであった。そして家畜数の減少は更に長い影響を及ぼしたのである。

第一七章　独裁制の様式

一九二七年一二月の党大会における合同反対派の敗北と追放によって、スターリンが絶対的権力に進む途上の最後の手ごわい障害物が排除された。反対派自身の中にすぐ不和が生じた。大会におけるカーメネフの態度は、既に降服の兆しをはらんでいた。一カ月後、ジノーヴィエフとカーメネフは、彼らがトロツキー・グループと「訣別して」おり、その方針を拒絶し、彼らの標語は今や「党に戻れ、コミンテルンに戻れ」であるという声明を発した。トロツキー自身の支持者も含む他の者の変節がそれに続いた。公式政策の新たな転換が明らかになったとき、この過程は促進された。トロツキーは、スターリンとブハーリンの勝利は右へ向かっての鋭い反動の前兆となるであろうと、自信をもって予言していた。実際に起こったことは、正にその逆であった。一九二八年の初めの数カ月の穀物調達は、スターリンが反対派の批判の的であった農民宥和を放棄したことを示した。スターリンは、トロツキーを党とモスクワから追放するや否や、これまでトロツキーにしろ他の誰にしろ考えおよばなかったほどの速度と、経済の他部門の犠牲による強行突破方式の工業化政策に乗り出したのである。シベリアでみじめに暮らす流刑者たちは、今や、スターリンは反対派の諸政策を採用したのであり、彼らの役割はその仕事に携わる人々を援助し支持することである、と自分を納得させることができた。これは、ともかく降伏の名誉ある基盤を提供した。勧誘と脅迫の手が変節者に差しのべられた。一九二八年六月、ジノーヴィエフとカーメネフが他の約四〇名の悔悟者とともに、再入党を認められた。

この年の間中、アルマアタのトロツキーは、シベリア各地の流刑者と長距離連絡を保ち、彼らの抵抗を強化しようと努力したが、成果は減少しつつあった。彼が特に傷ついたのは、彼がこれまで最も強固な信従者のうちに数えていたプレオブラジェンスキーとラデックが彼との意見の不一致を声明し、モスクワの当局との交渉を申し入れたときであった。著名な旧反対派指導者のうちではラコフスキーだけが、スターリンの個人独裁と党の堕落はいかなる妥協も許されない主要な論点であるというトロツキーの見解を、依然として共有していた。トロツキー自身は不屈であった。一九二八年夏、彼はコミンテルン書記局に、大会に提出されたコミンテルン綱領草案の長文の『批判』を送ったが、これは外国人代表の目から隠すことはできなかった。これは、コミンテルン政策のすべての災厄に責任があるとされた一国社会主義の教義を鋭く攻撃したものであった。スターリンにとって、トロツキーは、たとえソ連の遠い片隅に孤立していても、依然として異論の焦点であり、彼の権威への組織だった挑戦をなしていた。そこで彼は、トロツキーを厄介払いしようと決心した。革命の英雄の一人を投獄するなどということは、この時期には考えられないことであった。この時期と大粛清の時期とを今なお隔てている距離を示す一尺度である。問題は、トロツキーを送り込める目的地をみつけることであった。ドイツもその他のヨーロッパ諸国も、悪名高い革命家を受け入れようとしなかった。しかし、トルコは応じることがわかった。そして一九二九年一月、トロツキーはオデッサに運ばれ、イスタンブールに向かう船に乗せられた。ほとんど四年間、彼はプリンキポ島で隠遁生活を送ったのである。

スターリンが、外国におけるトロツキーの不屈な反スターリン・キャンペーンの効果の有害性を過小評価していたのかどうかは別にして、ソ連国内では、彼が最後の主要敵を除いたことは確かであった。これ以後、彼の権威に異を唱える党内諸集団は、彼の権力独占に何の脅威も与えなかった。それらは同調者を組織しなかったし、合同反対派同様、何らかの積極的代替案を提示することは困難であった。合同反対派も後の異端者もともに、伝統的言葉を使って、官僚制および独自な意見の抑圧の弊害を非難した。「スターリンとわれわれとの相違は、われわれとあなた方の間にあった相違よりはるかに深刻だ」と一九二八年六月、ブハーリンはカーメネフに言った。しかし、これは厳密には正確ではなかった。彼らの間には重要な相違があったのである。それは、一つには一九二七年末の勝利後のスターリン自身の態度変化からきていた。トロツキー、ジノーヴィエフ、カーメネフは、スターリンを革命の目的を裏切り、国内のクラークと国外の民族主義者・社会民主主義者と妥協したと非難していた。これは左からの攻撃であった。ブハーリン、ルィコフ、トムスキーは、スターリンが革命の目的を遂行する際の性急さと仮借なさを非難し、この遂行の速度と強度とを緩和させようとした。これは、当時の用語法でいえば、右からの攻撃であった。後の異端者〔右派〕はかつての反対派のように自動的に党の枠から排除されることはなかった。彼らは普通、反対派の罪を犯したのではなく「偏向」の罪を犯したのだといわれた。

右翼「偏向」の新しい集団は、合同反対派の没落の数週間以内に、そしてトロツキーのソ連からの最終的追放よりかなり前に、形成され始めた。永らく党内の右派であったルィコフは、一九二八年の一―二月の強制的穀物調達への反感――多くの党員に分かちもたれていた感情――を公然と表明した。ブハーリンが自分の立場を表明したのはもっと遅かった。彼は反トロツキー・キャンペーンでスターリンと共謀していた。しかし、一旦反対派が敗北すると、彼は捨てられてもよい立場になり、スターリンはたちまちブハーリンの影響力を掘り崩すように働き始めた。反対派を追放した一二月の党大会で既に、ブハーリンはいわゆる「右翼的危険」を無視しているという、意地悪い皮肉を言われた。これは特にコミンテルンでの事件を指していたが、もっと深い含意もあった。一九二八年五月、スターリンは赤色教授学院――ブハーリンはここで指導的役割を演じていた――で講演して、工業化の速度緩和の提案に反対し、コルホーズ・ソフホーズの強化と穀物調達の改善の必要について述べた。ブハーリンの名は挙げられなかったが、彼の見解への挑戦であったことは見まがうべくもなかった。ほぼ同じ頃、ブハーリンは政治局宛てに二つの覚書を提出して、工業化の速度、それが農民に課する圧力、集団的農業の実行可能性に関して疑義を呈した。そしてトムスキーは、工業化が労働者および労働組合内における彼の役割に及ぼす影響について気をもんだ。ブハーリンは、他の職務と並んで、党機関紙『プラウダ』の編集長であり、また党機関誌『ボリシェヴィク』の編集委員会の一員であった。この二つの機関紙誌の委員会に新人事があったが、それは明らかにブハーリンの権威を抑制しようという動機によるものであった。七月の決定的な党中央委員会総会において、ルィコフ、ブハーリン、トムスキー――皆、政治局の一員であった――は、現時点の諸政策に異を唱える少数派三人組として現われた。ブハーリンは、指導的な党理論家としての名声と巧みな論争術とのおかげで、この集団の指導者となった。

まだ不和が表面化する機は熟していなかった。議事は空虚な妥協に終わり、政治局のうわべだけの全会一致が守られた。しかし、ブハーリンは今や徴候を読みとっていた。会期の進行中、ブハーリンはルィコフとトムスキーの了解を得て、秘密裡にカーメネフを訪問し、かつての対スターリン反対派の残党との連合を申し入れた。彼はスターリンのことを、「われわれが討論を始めるのを待ち、やがて喉元をかき切る」「チンギス汗《ハン》」と描いた。これは遅きに失した、無駄なふるまいであった。合同反対派は崩壊し、離散していた。そしてカーメネフは折れた葦〔頼りにならぬ人物〕であった。ブハーリンは策士ではなかった。しかし、スターリンがしばらく後にこの交渉のことを知ったとき、このことが、ブハーリンを壊滅し屈辱を与えようという彼の決意を固めさせたに違いない。七月の後半、ブハーリンは第六回コミンテルン大会を主宰した。しかしスターリンは、ブハーリンが大会のために作成したテーゼの修正を主張して、公然と彼を馬鹿にした。そして代議員の多くは、ブハーリンの運勢が傾いていることを知ったのである。九月末、彼は経済政策に関する一斉砲撃である「経済学者の覚書」を発表し、そして休暇をとって〔カフカースの保養地に〕出発した。しかし、彼は支持者たちを組織化するようなことは何もせず、彼の意見に反対する激しい宣伝キャンペーン——まだ主要異端者は名指しで言及されてはいないが——がなされるままにしておいた。一一月の党中央委員会の会議は、再び、表面上妥協に終わった(本書二〇一ページ参照)。しかし今回は、形式的統一を保つために退却を行ない、壊滅的敗北を被ったのは明らかにブハーリンの方であった。

トムスキーはそれほど柔軟ではなく、三人のうちで最初に公的な屈辱を受けることになった。彼は党中央委員会での敗北の一カ月後の一九二八年一二月、論争的な諸問題の詳細にたちいろうとはせずに労働組合大会を開催した。しかし、彼にしても、他の労働組合指導者たちにしても、工業化の問題に直面するのを嫌ったことは明白であった。『プラウダ』は、労働組合が「非政治的な」路線をとったこと——すなわち、労働者の日常的な関心事に専心したこと——と、「改造期の新しい任務」を無視したことを非難した。政治局は、スターリンの最も戦闘的な部下の一人であるカガノーヴィチを労働組合中央評議会への党中央委員会代表に任命することによって、トムスキーを服従させる決意を示した。トムスキーは、労働組合中央評議会議長を辞任して大会の最終会議に欠席するという、大胆ではあるが無意味な行動に走り、彼はこのことで強く非難された。彼はもう三カ月間、中央評議会の一員としての資格を保持したが、二度と労働組合の壇上に現われることはなかった。

ブハーリンが直接の攻撃を免れたのも、それほど永いことではなかった。一九二九年一月、絶望的になった彼は、更に二回、実りのない会合をカーメネフと行なった。前回の会合のカーメネフの記録は、今や党内で回覧されていた。分裂はもはや不可避であった。それが起きたのは、一月末の党政治局・中央統制委員会幹部会合同会議においてであった。異端の三人は辞表を提出した。そしてブハーリンは、名指しではなかったがスターリンを直接攻撃し、党内の抑圧的体制と、「単一の人物によってなされている党指導部の決定に」抗議した。スターリンは、ブハーリンの経歴のジグザグと彼のかつてのレーニンとの論争の毒々しい分析で応酬し、異端の「右翼日和見主義的・降伏主義的政綱」を非難した。会期の終わりの二月九日に採択された決議は、ブハーリンの過誤の数々を列挙し、彼の党への不忠をとがめた。しかし、それは公表されもしなかったし、公式に党中央委員会に伝えられもしなかったので、ブハーリンの地位はまだ形式上は無傷であった。ようやく四月になって中央委員会〔中央統制委員会との合同総会〕が開催され、スターリンによるブハーリンの経歴への一層すさまじい攻撃が行なわれ、二月九日の決定を承認した。そしてブハーリンを『プラウダ』とコミンテルンの職から、トムスキーを労働組合中央評議会から解任した。しかし、これは単に、既成の状況の形式的な是認にすぎなかった。中央委員会の会合の後、この決定はモロトフによって、第一次五カ年計画承認のため召集されていた大規模な党協議会に伝えられた。しかし、モロトフの報告も、この決定を承認した決議も、公表されなかった。ブハーリンの失脚について一字もまだ新聞に現われなかったし、世界に広く知れわたりもしなかったのである。

こうした極度の用心は、スターリンの特徴であった。彼はブハーリンを危険な敵対者とみなさなかったし、強いて結論を急ぐ理由もなかったのである。しかし、それはまた、一般党員たち――その多くは、特に農村では、ブハーリンの穏健な傾向を共有していた――の間でのブハーリンの人気に対する敬意のあらわれでもあった。次に問題が起こったのは、一九二九年七月にコミンテルン執行委員会が開かれたときであった。はじめは誰もブハーリンの不在に言及しなかった。しかし、会期半ばにモーロトフが現われて、三人の異端者、特に「右翼偏向」に関わり「わが国の社会主義経済」を攻撃したブハーリンを、大っぴらに非難する演説を行なった。この後、ソヴェト内外の多くの代議員たちが合唱に加わった。そして会期の終わりに、ブハーリンを弾劾し、彼が今後コミンテルンとその諸機関に参加することを禁ずる党中央委員会決定を承認する決議が可決された。しかし、またもや、この決議はその他の決議と同時には公表されず、数週間後にはじめて『プラウダ』に掲載された。しかし、今や徹底的な弾劾キャンペーンが新聞で開始された。その絶頂は、一一月の党中央委員会総会であった。三人の異端者は、多少中途半端ながら、彼らの見解の撤回に署名させられ、それは『プラウダ』に発表された。ブハーリンは政治局から解任されたが、トムスキーとルィコフは単に譴責され、二度とあやまちを犯さないよう警告されただけであった。ゆっくりした消耗戦の過程により、異端者は信用を落とされ、無力かつ無害なものとされたのである。

一カ月後の一九二九年一二月二一日、スターリンは彼の五〇回目の誕生日を祝った。この機会は、競争者たちとの闘争の中から無意識のうちに生じていた傾向と、彼の最高権力への上昇とを縮図的に示すものであった。レーニンの活動していた最後の年にスターリンが書記長に任命されて以来ずっと、スターリンの力は、党と国家の重要な地位への任命を統制する党機構を彼が厳格かつ細心に管理したことに依拠してきた。彼に認められた者は、確実に昇進することができた。彼は、自分のまわりに忠実な支持者たちの一団を集めていた。そのほとんどは二級の党指導者たちで、彼らの政治的命運はスターリンのそれと結びついており、彼に無条件の個人的忠誠の義務を負っていた。一九二四年のレーニン入党によって開始された党員補充政策は、党の路線に容易に従うことで知られる、信頼できる労働者たちから成る平党員群をつくりあげた。あまり得手でない党教義の分野では、スターリンは革新者としてではなく、レーニンの敬虔な弟子で党の正統性の保管者として自己をおしだすべく努めた。一国社会主義論をレーニンに帰そうとする偽造の試みは、自分の権威を師のそれに基づかせようとするスターリンの熱意の一例であった。同様のことが、彼のとりまきによって意識的に奨励された。レーニンの言葉同様、スターリンの言葉は、たえず新聞や彼の支持者たちの演説に引用され、権威あるものとして扱われた。彼の肖像画が公けの場の至る所に現われ、しばしばレーニンのそれと並べられた。こうした慣行は誕生日の讃辞に絶頂を極めたが、それは個人への追従の前代未聞の誇示で際だっていた。

しかしながら、多くの特質が、スターリン支配の性格を、レーニンの下で考えられえたいかなるものとも異なるものにした。スターリンはレーニンには全く無縁だった虚栄をもっていたが、それは、実際、官職の保持や装飾どころではなく、絶対服従と彼の無謬性を要求したのである。いかなる表だった批判も、いかなる異見の表現も、もはや党紙にも専門雑誌にさえも現われなかった。当面の問題に関してまだ見られる討論は、この指導者への無味乾燥で画一的な讃辞と、しばしば神秘的な業績の称賛を特徴としていた。スターリンは、隔絶した孤高の人物となり、普通の人間や、彼に最も近い同僚たちからさえも、はるかな高みにもちあげられた。彼は、仲間に対するいかなる温い感情にも欠けていたようである。彼は、彼の意志を妨害する人々に対して残酷で、恨み深く、あるいは憤激や反感をかきたてたりした。彼のマルクス主義と社会主義への傾倒は、ほんの表面的なものに過ぎなかった。社会主義は、客観的経済状況から、そして資本主義の抑圧的支配に対する階級意識をもった労働者の反乱から生じたものではなかった。それは、上から、恣意的に力によって課せられるべきものなのであった。スターリンの大衆への態度は、侮蔑的であった。彼は自由と平等に無関心であった。彼は、ソ連以外のいかなる国での革命の展望にも冷笑的であった。彼は、早くも一九一八年一月に、レーニンに反対して「西欧には革命運動はない」と主張した唯一の党中央委員だったのである。

一国社会主義論への傾倒は――この新しい教義に結晶化した態度は、必ずしもスターリンだけがつくりだしたものではなかったが――彼に全く似合いのものであった。それは彼に、社会主義の信条告白をロシア・ナショナリズム――とにかくもスターリンを深く動かした唯一の政治信条――に調和させることを可能にした。少数民族や小国へのスターリンの対処の仕方においては、ナショナリズムは容易に排外主義にまで堕落した。レーニンと初期ボリシェヴィキに厳しく批判された、旧ロシアの反ユダヤ主義の響きが聞かれた。そして、反ユダヤ主義に対する公式の非難は、継続してはいたが、歯切れが悪くなり始めた。芸術と文学においては、革命初期の熱心な実験好きが放棄され、次第に厳格になる検閲制度に強要されて、伝統的なロシアの様式に回帰する方向へと向かった。歴史と法律のマルクス主義学派は権威を失った。過去のロシアとの連続性を追求することは、もはや叱責の理由にはならなかった。一国社会主義は、マルクスによってもレーニンによっても拒絶された、古いロシアの民族的偏狭を志向するものであった。スターリン体制をロシア史の脈絡の中に位置付けることは、満更不適切というわけではなかったのである。

革命を狭いナショナリズムの拘束服の中にこのように押しこめることには、逆の面もあった。スターリンを、専ら個人的権力への欲望によってつき動かされた人物として描くのは、不公平であろう。スターリンは、原始的・農民的ロシアを、主要な資本主義列強と対等に対峙しうるような近代的工業強国に変えることに、彼の疲れを知らない精力を傾注した。資本主義諸国に「追いつき」「追いこす」必要性は、強迫観念的なテーマであり、スターリンの単調な散文の中の稀な華麗な部分のほとんどは、それに鼓吹されていた。それは、一九二九年一一月の革命記念日論文、「偉大な転換の年」の結論部をいろどっていた。

「われわれは、われわれの永年の『ロシア的』後進性をあとに残して、全速力で社会主義への工業化の道を進んでいる。

われわれは、金属の国、自動車の国、トラクターの国になりつつある。

そして、われわれがソ連邦を自動車に、農民をトラクターにすわらせるとき、そのとき、『文明』に得意になっている尊敬すべき資本家どもに、われわれに追いつくようにやらせてみよう。そのとき、どの国が後進国で、どの国が先進国とみなされうるか、拝見しよう」

そして後には、むしろもっと冷静に、彼は、ロシアが永きにわたって「蒙古の汗《ハン》たち」から「英・仏の資本家たち」や「日本の貴族たち」に至る、一連の外国侵略者に、「その後進性の故にうちまかされてきた」姿を呼び起こした。そして、以下のように結論づけた。

「われわれは先進国に五〇年か一〇〇年、遅れている。われわれはこの懸隔を、一〇年のうちに埋めなければならない。われわれがそれを成し遂げるか、それとも彼らがわれわれを粉砕するか、どちらかである」

経済の工業化・近代化への傾倒――これは、確信的なマルクス主義者たちに、社会主義への道の重要な一歩として訴えるものである――と、ロシア民族の権力と威信の復興への傾倒――これは軍隊、官僚・技術エリート、新体制の公務についたあらゆる旧体制の生き残りの人々に訴えるものである――との、この奇妙な組合せこそ、スターリンに、党、政府、行政への確固たる統制力を与えたのである。この力を、単に、スターリンの政治的巧妙さや機構の能率性、異論抑圧にとられた手段の過酷さ等に帰するのは誤りであろう。永らく期待された諸目的の追求におけるスターリンの断乎たる決意こそが重要であって、それに比べれば、政策実施のために行使された過酷な方法などはとるにたらないと感じたのは、一九二八―二九年の反対派からの脱落者たちだけではなかった。ある者は、こうした方法なしではこの目的は達成されえないと論じたし、また他の者は、スターリンの強力な指導性なしではそれは達成されえず、それ故、彼の歓迎されざる特性を容認することが必要なのだと説いた。これが上からの革命であり、その表向きの受益者である当の諸階級に最も重い負担を課したという事実は、必ずしも、著しくその像を混乱させるものではなかった。大躍進の熱狂は、この大構想を推進することに何らかの資格で携わっている党員その他の人々を席巻し、それらの人々を、他の考慮に関して無頓着にさせた。それは、政府から抑圧を連想し、それを不可避の悪とみなすことによく慣れた社会だったのである。

スターリンは、五〇歳の誕生日に彼の野望の頂点に立った。彼の粗野で恣意的な権力行使についてのレーニンの憂慮を裏づけるのに十分なことが、実際に起きていた。彼は既に、彼の意志を現実に移し、それへのあらゆる反対を粉砕するに当たって、異常なほどの残酷さを見せていた。しかし、彼の独裁の性質が十分露わになるのは、まだ先のことであった。農業集団化、強制収容所、大がかりな見世物裁判、そして過去に彼に反対したことのある人々のみならず、彼の権力到達を援助したことのある多くの人々までも、裁判によってであれそれ抜きであれ、無差別に殺害したこと――これらの戦慄は、出版・芸術・文学・歴史・科学への厳格かつ画一的な正統性の強制や、あらゆる批判的意見の抑圧とともに、戦争の勝利やその後の帰結によっても抹消されえない汚点を残した。同国人の目におけるスターリン死後の評価の動揺は、称賛と恥辱の入り混じった、葛藤しあう感情を反映しているかにみえる。この両面的価値感情《アンビヴァレンス》は、永く続くかもしれない。しばしばピョートル大帝の前例が引きあいに出されているが、それは驚くほど適切なものである。ピョートル大帝もまた、恐るべき精力と極端な狂暴性の人であった。彼は、以前のツァーリの最もひどい残酷さを復活させ、それを凌駕した。そして彼の記録は、後代の歴史家たちの反感を刺激した。しかし、西欧からの借用、原始的ロシアへの近代文明の物質的基礎の押しつけ、ヨーロッパ列強間中の地位をロシアに得せしめること――これらにおける彼の業績のために、歴史家たちは、不承不承ながらも大帝の称号を彼に与えずにはおれなかったのである。スターリンは、ピョートル以来ロシアに現われた最も残酷な専制者であり、また偉大な西欧化推進者であった。

第一八章　ソ連と世界(一九二七—一九二九年)

一九二七年五月のイギリスとの国交断絶、そして中国の革命運動とソヴェトの中国への関与が崩壊した後、ほぼ二年間、ソヴェトの対外関係は沈滞気味であった。モスクワからのイギリスへの数次の接近は、不面目な形で後者から拒絶された。旧債務と信用供与に関するフランスとの交渉は失敗した。そしてフランス政府は、外交関係を断絶させはしなかったが、口実をもうけてソヴェト大使ラコフスキーの召還を要求した。ドイツとの関係は、ドイツのロカルノ条約調印と国際連盟加入によって一時的にかき乱された。時おり、憤激をかきたてるような出来事が起こり、その平坦ならざる道を印した。しかし、秘密軍事協定、西欧一辺倒を回避しようとするドイツの欲求、ポーランドへの共通の敵意といった強固な基盤のおかげで、独ソ関係は依然として、ソヴェトの他のいかなる国との関係よりも緊密で、成果あるものであった。ポーランドとの関係は、一九二六年五月のピウスーツキ・クーデター以来更に悪化したが、それは、ピウスーツキが喜んで西欧列強の反ソ的企図の手先になるだろうとの危惧によって増幅され、後には、ポーランドの主導下での協定か同盟によってソ連西方の他の隣国——フィンランド、バルト諸国、ルーマニア——を組織化しようという、成功はみないものの一貫したポーランドの試みによって増幅された。対日関係は、日本のどっちつかずの対中政策と、日本の油断ない満州支配——これは、日本の被保護者である中国の軍閥首領、張作霖を通じて行なわれた——によって、不安定なものになっていた。

逆説的なことに、この時期にソヴェト外交によってとられた唯一の重要なイニシャティヴは、ジュネーヴでの国際的活動への参加であった。これまで、ソヴェトの国際連盟との協力は、その保健機構とのか細いつながりに限られてきた。国際連盟は、モスクワでは常に、一九一九年の抑圧的なヴェルサイユ講和処理の構成要素であり、連合国の軍事的準備を偽善的に隠蔽するものであると非難されてきた。この非難は依然続いた。しかし、ドイツが国際連盟に加盟した今となっては、行動の舞台から遠ざかっていることは孤立感を増大させるものであった。一九二七年五月、ソヴェトの大代表団が初めてジュネーヴに到着し、世界経済会議に出席した。ソヴェト代表団は、全体会議と小委員会の両方で名をあげ、資本主義的なやり方を酷評し、外国貿易の独占を擁護し、しかし「二つの経済体制の平和的共存」をよびかけた。具体的成果は欠如していたが、それでも、今後の進展の可能性をうかがわせるような接触が確立されたという印象が双方の側に残った。

一層大きな評判となったのは、六カ月後、軍縮準備委員会の会期中に、外務人民委員代理リトヴィノフに率いられたソヴェト代表団がジュネーヴに現われたことであった。リトヴィノフは陸・海・空軍すべての軍備の全面的廃止案を提出し、脚光を浴びた。これはセンセーショナルで、当惑させる振舞いであった。委員会は慌てて一九二八年三月の次期会期まで討論を延期した。倦《う》むことのないリトヴィノフは、この機会に、段階的全面軍縮を要求する修正案を提出した。これもまた棚上げにされると、彼は軍備制限を要求する代案に替えたが、それは前の二案ほどユートピア的ではなかったものの、西欧列強の考えていたどんな案よりも極端なものであった。これを多少とも共感をもって迎えたのは、ヴェルサイユ条約によって軍備を厳しく制限されているドイツと、この委員会の新しい一員となったトルコだけであった。このようなやり方は、更に延期する以外に手段を見出せない代表団の多数を困惑させ続けた一方、軍縮に関心のある西欧諸国の急進派——彼らは既に、この委員会の遅滞に我慢できなくなっていた——の眼には、リトヴィノフとソ連の株を大いに上げることになったのである。

ソヴェトの西欧との関係の更に重要な措置は、一九二八年夏にとられた。アメリカの国務長官ケロッグは、「国策の道具としての」戦争を放棄する国際協定の調印を提案した。ソ連は、初めに参加するよう誘われた一五カ国のうちに入ってはいなかった。しかし、一九二八年八月二七日の調印の日に、すべての他の非調印国同様、ソ連にもこの協定に同意するよう招請がなされ、ソ連はそれを速やかにかつ好意的に受け入れた。しかも、西欧列強の協定批准が遅れると、ソヴェト政府は近隣諸国に、ケロッグ条約の諸規定をこれらの諸国間で直ちに発効させる協定を締結するよう提案した。この補助的な協定は大々的宣伝の中で、ソ連、ポーランド、ラトヴィア、エストニア、ルーマニアによって、モスクワで一九二九年二月九日に調印された。リトワニア、トルコ、ペルシャは後に加わった。

こうした策略には、明らかにリトヴィノフの手が見えていた。リトヴィノフは、今や実質上、外務人民委員のチチェーリンにとってかわっていた。もっとも、形式上その称号を継ぐのは一九三〇年になってからであるが。風変わりな旧家の子孫で党員になっていたチチェーリンは、レーニンの信任を得ていた。しかし、リトヴィノフの粗野で無愛想なやり方を好んだスターリンと、チチェーリンの間には強い相互の反感があった。一九二八年、今や病人であったチチェーリンは活動的な生活から退いた。変化の意義は次の点にあった。すなわちチチェーリンは西欧諸国、特に一九一八年に彼が不名誉にも追放されたイギリスを信頼せず、ドイツにのみ気安さを感じたのに対し、リトヴィノフは永年イギリスに滞在したことがあり、流暢に英語を話し、イギリス人の妻をもっていたのである。数年前、リトヴィノフはソヴェトの政策の枠内でソ連と西方世界との和解を求めて活躍し、満更成果がなくもなかった。

一九二六年のゼネラル・ストライキ以来ずっと、イギリスの著名な政治家たちの演説は、ソ連の不俱戴天の敵という、モスクワで広く行きわたっているイギリス像を築くのに力を貸した。この時期の保守党政府の態度の基礎にあったのは、ソ連への深い不信と、モスクワとはできるだけ交渉をもちたくないという気持であった。しかし、一九二八年末までに冷遇政策は何の成果ももたらさず、穏健な風潮が始まった。アメリカとドイツが近代工業技術でイギリスを凌ぎ始めているとき、イギリスにとってソ連という市場を失ったことの損失は驚くべきものであった。そして、これは、二国間の関係の断絶に起因するものとされた。一九二九年三月末、八〇名からなるイギリス実業家の一行はソ連訪問に向かい、熱狂的に迎えられ、いくつかの注文をとりつけた。イギリスでの総選挙が今や目前であった。労働党も自由党も、その政綱にソ連との国交再開を書き込んだ。労働党は三党中最も強力になり、その公約を実行に移す政府を形成した。全面的な関係は、少し遅れてこの年の末頃に再確立された。しかし、和解は表面的なものにすぎず、ソ連と西方世界との底流にある緊張を破りはしなかった。

アメリカ合衆国との関係はどっちつかずで、独自の特別な性格を帯びていた。ソヴェトの指導者たちは、イギリスは主要な資本主義大国としての合衆国によって急速に影を薄くさせられている、と考えた。人によっては、これがこの英語国二国間の激しい敵対を生みだすと期待した。しかし、アメリカ政府、アメリカ労働総同盟、アメリカの新聞が示したソ連への一致した敵意にもかかわらず、モスクワの反応は驚くほど穏やかで、アメリカ工業の達成への称賛と羨望の色を帯びていた。合衆国は、工業技術・大量生産・規格化に関して世界の最先進国であった。大規模単位での生産の組織化のおかげで、アメリカは他のどの国よりもソヴェトの状況と要求に接近した。アメリカの機械と設備への依存は、ソヴェト工業化政策の重要な要素であった。一九二七年以降、合衆国は、ソ連への工業生産物の主要供給者としてのドイツに迫り始めたのである。

更にずっと重要なのは、アメリカ人技師の大量雇用であった。ソヴェトの工場と鉱山に、専門資格のある技師と技手を供給することは、政権当初からの問題であった。この資格で革命前に働いていた人々の多くは、姿を消していた。他の者の忠誠は疑わしかった。彼らに代わる新世代を訓練するための施設は、僅かしかなかった。初期には、多くのドイツ人技師がソヴェト工業で活躍した。しかし、第一次五ヵ年計画の開始とソヴェト工業の急速な拡大とともに、最上級の専門的知識への要求が強まった。そしてその間隙を埋めたのは、ほとんどアメリカ人技師であった。ドニェプロストロイは、幹部職員を連れたアメリカ人主任技師によって立案・監督されたいくつかの主要建設計画の最初のものにすぎない。ソヴェト当局は、ロシア人同僚の側からの嫉妬の爆発から彼らを守り、旧式のロシア人技師よりもアメリカ人の方を、能率の点でも忠誠心の点でも信用した。一九二九年までに、数百名の高度に専門的なアメリカ人技師がソ連で働いていた。この数は「全く不十分」だとされ、たちまち更に増やされることになった。合衆国の公式筋におけるモスクワへの敵意は依然として頑固なものであったが、工業戦線と貿易戦線では突破が成し遂げられていたのである。

コミンテルンの活動は、あらゆる主要問題に関して、ソヴェトの政策全体を指揮するのと同一の党指導者たちによって運営されており、この時期のソヴェトの対外関係の不安定と両義性を反映していた。一九二七年、特定の目的のために共産党が資本主義諸国の他の左翼政党・集団と協力することを意味する「統一戦線」は、依然として、コミンテルンの指示の中で顕著な位置を占めていた。しかし、その年に、統一戦線戦術の中で最も広く知られた二つの実験である、中国共産党の国民党との同盟と英露合同労働組合委員会のいずれもが、不名誉な形で失敗した(本書一三三―一三四、一四七―一四八ページ参照)。これらの試みにおいて協力の対象とされていた相手は、裏切者として非難された。そして、これまでこの用語に与えられてきた意味での統一戦線は、暗黙のうちに放棄された。この亀裂が起きたのは、ソヴェトの西欧列強との関係悪化への急激な変化の時期、戦争の恐怖がソヴェトの指導者たちにとりついた時期であった。そして、コミンテルンにおける左への転換は、ソヴェト外交においても、資本主義諸国での共産党の他の左翼政党との関係においても、和解的戦術が失敗したことの当然の帰結のようにみえた。合同反対派に勝利したスターリンが、今や国内政策で左旋回してブハーリンや右翼偏向と対決しようとしているということは、同様の状況にふさわしい符合であった。

一九二八年以降、新方針がコミンテルンの行動を支配した。資本主義諸国が「一時的」、「相対的」、「不安定的」にもせよ「安定化」の局面を達成していたとの認識は稀になり、より不承不承のものとなった。階級対立は一層激しくなっているとされた。「階級対階級」が新時代のスローガンであった。統一戦線は「下からの統一戦線」として解釈されたが、その意味は、社会党・社会民主党の堕落した裏切者の指導者たちを打倒するためにその平党員と協力するということであった。四年ぶりに開かれ、これまでで一番長い一九二八年七月のコミンテルン第六回大会は、コミンテルンの歴史を三つの時期に分けた。第一期は一九一七—一九二一年の鋭い革命的沸騰の時期、第二期は一九二一年から一九二七年の資本主義復興の時期であった〔第一期と第二期の境は、コミンテルン自身の認識では一九二三年であるが、カーは敢えてそれを一九二一年においている〕。大会によって開始された第三期は、資本主義のますます増大する矛盾がその崩壊の急を告げ、革命の新しい展望を開く時期なのであった。共産主義の最悪の敵は今や、日和見的な社会民主主義者であった。ドイツ代表は無遠慮に彼らを「社会ファシスト」と呼んだ。大会の決議は、彼らがファシズムのイデオロギーと何らかの接点があると認めた。そして、大会で採択されたコミンテルンの新綱領は、社会民主主義とファシズムとをブルジョワジーの双生児の手先として一括した。大会の会期中、リトヴィノフは慎重に、ソヴェト政府をケロッグ条約——大会終了前に宣言された——の承認に向かわせていた。大会では、ロシア共産党〔当時の正式名称は「全連邦共産党(ボリシェヴィキ)」〕のどの代表もこの条約に触れなかった。しかし、他国の党の数人の代表や、また西欧諸国の共産党新聞は、この条約のことを、帝国主義的侵略の偽善的仮面として攻撃した。そして大会の決議は、この条約には触れなかったが、「資本主義政府がその策略を隠蔽するために使う公式の平和主義」の例として、皮肉に(カッコ付きの)「戦争放棄」に言及した個所を含んでいた。政府の政策とコミンテルンの政策の間の明白な不一致は、おそらく、ソヴェト指導者たちの間における確信の欠如、未解決な意見の不一致によって説明されるものであった。しかし、結局、二つの路線が並行して追求され、外務人民委員部とコミンテルンは、両者間の矛盾を全く感じることなく各自の道を進んだのである。

ブハーリンの失脚は、一九二八年の「第三期」の宣言における付随的な要素であった。彼のスターリンとの争いは、第一次的には経済問題にかかわるものだったからである。しかし、彼のコミンテルンでの在職期間は妥協的な統一戦線政策と結びついていた。そして彼が不興をこうむった後、方針は一層激しく反対方向に揺れたのである。「客観的革命状況」が——世界経済恐慌の襲来が、この主張に僅かながらもっともらしさを与えるより以前ですら——資本主義の主要諸国にあると診断された。革命的階級闘争はすべての共産党の第一義務であった。ドイツで考案された「社会ファシスト」の用語は、今やすべての左翼「改良主義」政党に適用された。彼らとの妥協を求めたり、容認したりすることは、

「日和見主義」と「右翼偏向」の罪とされた。こうした指示は西欧共産党を悩ませた。イギリスとフランスでは、その指示にもかかわらず、選挙の際、共産党は〔イギリス〕労働党と〔フランス〕社会党の候補に秘かな支持を与えた。社会ファシズム論が最も厳格に適用され、そして最も悲惨な結果をもたらしたのは、ドイツにおいてであった。ドイツ社会民主党がロカルノ条約とドイツ政策の西方志向を支持したことは、彼らに対するソヴェト政府とコミンテルンの鎮めがたい敵意のもととなった。ドイツ共産党と社会民主主義諸党との不和は続き、後に、差し迫るヒトラーの権力奪取の危険によってすら癒しえないほど深い亀裂となったのである。

他の左翼政党との軋轢は、国際的「戦線」――非共産党左翼が、共通の事業の大義のために共産党員と協力するよう招かれている組織(本書一二九―一三〇ページ参照)――の組織化の仕事に致命的な一撃を与えた。これらの共同事業を推進、指揮していた勤勉で多才なドイツ人、ミュンツェンベルクは、第六回コミンテルン大会で、こうした活動は「『日和見主義的政策』やら『右翼』偏向やらとは何の共通性もない」と申したてる必要があると感じた。しかし、今や各国共産党で常態となっている、抑制されることのない社会民主党への罵詈とこうした事業とを両立させることは難しかった。コミンテルンの路線の厳格な固守以外の何ものも許容されなかった。一時は目ざましい成功をおさめた反帝同盟でさえ、新たな雰囲気の中で衰退した。そして、一九二七年の創立大会で生まれた自然発生的熱狂を蘇らすことは不可能であった。二年後にフランクフルトで反帝同盟の第二回――そして最後の――大会が開かれたとき、ソヴェト代表団が圧倒的な優勢を占め、非共産党員の共鳴者は、出席できなかったか、姿を消していた。一九二七年一一月にモスクワで革命一〇周年記念式典の折に創立された国際《ソ連の友の会》も、同様に短命で、イギリス以外のどの国でも永続きしなかった。コミンテルン保護下の、表向き無党派的なこうしたデモンストレーションの最後のものは、一九二九年三月にベルリンで開かれた反ファシズム大会であった。

コミンテルンの新強硬路線の一つの自然な帰結は、諸国共産党の一層厳格な規律の実施であった。外国共産党のボリシェヴィキ化が目標と公言された一九二四年以来ずっと、コミンテルンは時おりこれらの党の指導者たちの選択に影響を及ぼそうとしてきた。一九二八年以後、そのような介入は直接的で不断のものとなった。この年の秋、ドイツ共産党中央委員会は、党財政に関する醜聞事件の結果、主としてモスクワからの支持を受けて台頭した党指導者テールマンを解任することを決定した。コミンテルン当局はこの決定を拒否し、それを覆させた。一九二九年初め、コミンテルンはその命令に最も従順なグループをポーランド共産党の指導部に就け、長期にわたった党内分裂に決着をつけた。そして、アメリカ共産党の当時の指導者たちは、突然、スターリンの個人的介入の後に追放された。フランス共産党とイギリス共産党では、どちらかといえばもっと慎重な形で、同様の変化が起きた。こうした変化のほとんどのものの特徴は、申し分のない労働者階級の出身である指導者——ドイツのテールマン、フランスのトレーズ、イギリスのポリットなど——の選択を新たに強調したことであり、それは、今やコミンテルンの趨勢である左派傾向に一致するかにみえ、また異端的知識人によって惹き起こされたもめごとへの反動でもあった。労働者は、この点では概してもっと従順だったからである。新しい指導者たちはきまって左派として歓迎され、彼らの前任者は右派として指弾されたが、この新規任命の本質的な試金石は、モスクワからの指令にすぐさま必ず従うことであった。

しかしながら、これはもう一つのディレンマを生んだ。コミンテルンの決定は事実上、ロシア党の決定であった。それらは諸外国の共産党に課すことができたし、また実際課されたが、それは当該諸国の労働者をますます遠ざけるという犠牲を払ってのことであった。労働者たちは、かけ離れた異国の権力の、恣意的で、時には全く不適切な命令とみえたものに呼応しなかったのである。一九二〇年代の末には、西欧諸国の共産主義運動は、数の上でも影響の上でも衰退しつつあり、同調者をも次第に惹きつけなくなっていた。イギリスとアメリカの党は大衆的支持者をもたなかった。ドイツ、フランス、チェコスロヴァキアでは大衆的な共産党が労働者運動を分裂させていたが、決してそれを支配することに成功しなかった。至る所で、党指導者たちとモスクワとを繋ぐ絆の強化は、一般労働者に対する掌握力を弱めさせた。これらの損失がとり戻されたのは、モスクワの政策がようやく一九三〇年代中頃に急激に変更されたときのことにすぎなかった。

一九二九年後半におけるソヴェトの対外関係で最も重要な出来事は、極東で起きた。一九二七年の大敗北後の二年間、ソヴェト政府は中国問題にいかなる形でも関与できなかった。そして中国共産党は、数カ所の主要都市で地下活動する分散的集団に転落した。一九二七年一二月、党の残党は、モスクワから促されて、広東で絶望的な武装蜂起を試みた。それは悲惨な失敗で、共産党員とその支持者たちの更なる大虐殺に導いた。この頃、共産党の農民指導者、毛沢東と共産党の将軍、朱徳が、中国南西部の辺鄙で人の寄りつきにくい山岳地帯に、逃亡者と土地を持たない農民からなる数千人の小さな軍勢を集めた。そして一年後、彼らは農民ソヴェトを設立して、近隣農村への権威を確立し始めた。毛沢東は、党とコミンテルンに形式上の忠誠を表明した。しかし、彼は独自の道を進み、党指導者たちとはあまり接触しなかった。指導者たちは、都市労働者ではなく農村地帯の農民に革命の希望を繋ぐような運動など信用していなかったのである。この間、中国共産党とソ連への敵意を少しも弱めていなかった蔣介石は、南京の国民党政府の権威を、中国のより広い地域に拡げた。満州の軍閥の長、張作霖は一九二八年夏に〔日本の関東軍によって〕殺害された。そして、この年の末に蔣介石は、北部地方の自治を維持しながら、張作霖の後継者である息子〔張学良〕と国民党旗下での再統一の協定を結んだのである。

ソヴェト領土と境を接する北部地方は、永らくモスクワの悩みの種であった。ここでは、革命前のロシア政府が中国領土に建設し所有していた東清鉄道(CER)が、永らく両国間の論争の種であった(本書一四二―一四三ページ参照)。その経営委員会に中国代表を出すという外交協定は、鉄道の支配をめぐる危機が継続することを防ぐことができなかった。しかし、三年間は、相対的に平穏であった。そして一九二九年春、中国当局がこの鉄道に多くの小規模な襲撃を始めたのである。五月二七日、彼らは東清鉄道本部であるハルビン領事館を手入れし、官吏を逮捕し、書類を押収した。これは、二年前の北京のソヴェト大使館の襲撃を小規模にまねたものであった。南京からの声明は、この襲撃が蔣介石に示唆されたものであり、鉄道奪取へ向かっての第一歩であったことに、ほとんど疑いの余地を残さなかった。遂に七月一〇日、中国当局は鉄道施設を接収し、満州のソヴェト通商代表部その他のソヴェト施設を閉鎖し、ソヴェトの鉄道総支配人を逮捕し、そして彼を他のソヴェト人官吏六〇名とともに中国領土から追放した。ソヴェト政府は、こうした高圧的な手段に空しく抗議した後に、東清鉄道からスタッフを撤退させ、中国との鉄道連絡を中止し、すべての中国人官吏のソ連からの召還を要求した。

蔣介石は、一九二七年にそうであったように、ソヴェト政府は声高に抗議はするであろうが、何もしないであろうし、またなしえないだろうと考えていた。これは重大な誤算であった。中国中部におけるソヴェトの権益は決して大したものではなかったし、それを守るためになしうることも何もなかった。一九二七年の敗北は屈辱的なものではあったが、実質的な災厄をもたらすものではなかった。しかし、満州におけるロシアの歴史的地位を失い、そしてロシア資本でロシア人技師によって建設され、ソヴェトの唯一の太平洋沿岸の港であるヴラジヴォストークと直接連絡している鉄道を放棄するならば、それは大変な打撃であったろう。その上、赤軍は今や実戦力ある軍隊になっていた。それは大戦争向けの装備はされていなかった。しかし、一旦日本が現下の紛争における中立を表明すると、装備も規律も悪い割拠状態の中国軍よりも、赤軍の方がたちまさっていた。蔣介石はまた、西欧列強は二年前と同様一九二九年にも、ソ連に対する彼の措置に好意的であろうと考えたようである。これはもう一つの誤算であった。共産主義の恐怖は弱まっており、イギリス労働党政府はまさにソ連との国交を再開させようとしていた。蔣介石の攻撃的態度は、外国の条約上の権利を中国軍閥の長が侵犯するという、西欧列強がよく熟知していた行為をまた繰り返すもののようにみえた。そして、西欧の共感が初めてソヴェト側に転じたのである。

ソヴェト政府は、七月一〇日にとられた措置の全面的撤回と、東清鉄道へのソヴェトの権益の回復を出発点としない限り、いかなる交渉もしないというきっぱりとした態度をとった。八月にはブリュッヘルが、増強された東方軍の司令官に任命された。国境を越えた散発的な襲撃は、次第に募るソヴェトの苛立ちを示した。そして一一月、こうしたいやがらせでは中国当局に影響を及ぼすことができなかったとき、赤軍は中国領土への広汎な侵入を開始し、各地の中国軍を追い散らして二つの小さな都市を占領した。今回の警告は功を奏し、交渉は真剣に始められた。一二月二二日、ソヴェト人の東清鉄道総支配人とその他のソヴェト官吏を復職させ、以前の状態《スタトゥス・クオ・アンテ》を回復し、紛争中の問題は将来の会議に託すという議定書が調印された。赤軍は、中国軍閥の無力さを暴きだした。ソ連は極東における軍事的・外交的勢力として登場し、西欧列強との共通の関心で結びつけられた。これはソヴェトの対外関係における転換点となった。

中国共産党は離散させられ、迫害され、意気阻喪しており、この事件において何の役割も演じなかった。コミンテルンに指導されたその中央委員会は、「ソヴェト連邦の擁護」のスローガンを掲げ、南京政府への攻撃の度を強めた。しかしながら、モスクワがソヴェトの安全への著しい脅威とみなしたものは、一部の愛国的中国人にとっては、外国すなわちソヴェトの支配から中国領土を解放する動きにみえた。一九二七年の敗北の後、党指導者から退けられていた陳独秀は、今度はこうした当惑を表明したために党から追放され、その後自らをトロツキー支持者であると宣言した。他国でと同様、ここでもコミンテルンは規律を課すことができたが、弱体化した党の隊伍――その都市中心部での無力さはもはや覆うべくもなかった――に生気を回復させることはできなかった。毛沢東の農民兵とそれに後援された地方ソヴェトだけが、一定の革命活動の成功を誇ることができた。しかし、こうした功績は中国の辺地に限られ、その指導者たちは、党とコミンテルンの首脳にせいぜい偽善的な口先だけのお世辞しか払わなかった。中国の共産主義運動は多くをロシアの鼓舞と模範に負ってはいたが、それが生き延び、最終的に勝利するのは、モスクワによって意図されず、むしろ疑念をもたれたような形においてだったのである。

第一九章　歴史的展望の中の革命

レーニンが四月テーゼにおいて、一九一七年二月の革命は単にブルジョワ革命ではなく、労働者・貧農に指導されて将来の目標である社会主義革命に向かう過渡を画するものだと宣言したとき、彼は彼がペトログラードに戻ったとき支配していた騒然たる状況に対して鋭敏な反応をしていたのであった。西欧のブルジョワジーに比して弱体かつ後進的なロシア・ブルジョワジーは、経済的力量も政治的成熟ももちあわせず、権力を握るのに必要な独立性も内的凝集性ももたなかった。他方、ブルジョワ革命を完了するためのプロレタリアートとブルジョワジーの同盟という観念は、全く架空のものであった。プロレタリアートは、一旦実力をそなえた勢力となったからには、労働搾取をその機能とするブルジョワ体制を権力の座につけるわけにはいかなかった。ブルジョワジーの方は、ブルジョワジー打倒を究極的機能とするプロレタリアートとの同盟を許すわけにはいかなかった。レーニンがこの袋小路から脱出しようとして、ブルジョワ革命の完了と社会主義革命の開始の両方の任務を、貧農に支持されたプロレタリアートに課したとき、彼は疑いもなく、二つの別個の継起的革命というマルクス主義の図式を放棄しているとは考えず、むしろそれを特殊な諸条件に適用しているのだと信じていた。しかし、一〇月革命の綱領となったこの解決法は、アキレス腱をかかえていた。マルクスは、先行するブルジョワ革命によってうちたてられた資本主義とブルジョワ民主主義の基礎の上に展開する社会主義革命を想定していた。ロシアにおいては、この基礎は萌芽状態か、あるいは全く存在しなかった。レーニンは、経済的にも政治的にも後進的な国で社会主義を建設することを期待したのである。このディレンマが回避されうるのは、革命がまもなく国際的なものとなり、ヨーロッパのプロレタリアートも資本家への反逆に立ちあがって、孤立したロシアには欠けている社会主義への前進の諸条件を提供するであろうと想定される限りにおいてであった。プロレタリアート自身が経済的に後進的で政治的に弱体であるような国に革命によって導入された社会主義は、マルクスとレーニンによって経済的先進国の統一したプロレタリアートの革命の産物として考えられた社会主義ではなかったし、またありえなかったのである。

それ故、ロシア革命は最初から混血児的で両義的な性格をもっていたのである。マルクスは、ブルジョワ社会の胎児は封建制の母胎の中で形成され、ブルジョワ革命がそれを権力の座につけるときには既に成熟に達していると述べた。何かしらこれと類似のことが、社会主義革命勝利以前の社会主義社会にも起こるだろうと想定された。ある面――一面でしかないのだが――では、この期待は正しいことが立証された。資本主義社会の達成の一つとして高く評価されていた工業化と技術的近代化は、社会主義の重要な前提条件でもあった。一九一四年よりもずっと前から、西欧世界の資本主義経済は、個人企業家による小規模生産の限界を超え始め、経済の場を支配する大規模単位による生産に移行し始め、否応なしに政治権力の行使にまきこまれるようになった。既に資本主義自体が、経済と政治を分かつ線を不明瞭にしつつあり、何らかの形の集権的統制への道をひらき、社会主義社会がその上に築かれうる基礎をおいていたのである。

こうした過程は第一次大戦において頂点に達した。ドイツの戦時経済を研究したことが刺激となって、レーニンは一九一七年夏に、「国家独占資本主義は社会主義の最も完全な物質的準備である」と書いた。そして数週間後には、やや気まぐれに、社会主義の「物質的・経済的片われ」は「国家独占資本主義という形で」ドイツに実現されたとつけ加えた。資本主義の諸矛盾は、資本主義秩序の枠内で、ソ連の計画経済の胎児を既に生みだしていたのである。この事実から、ソヴェト計画化の下で達成されたものを「国家資本主義」とよぶ批判者もいる。こうした見解は支持されえないように思われる。企業家もいなければ、失業も自由市場もない資本主義、労働者によって生みだされた剰余価値を収奪する階級もなく、利潤は純粋に補助的な役割を演じている資本主義、価格と賃金が需要供給の法則には従っていない資本主義などは、もはやいかなる意味でも資本主義とよびうるものではない。ソヴェト計画経済は、至る所で資本主義への挑戦とみなされた。それは社会主義の

「物質的・経済的片われ」であり、革命の主要な産物なのであった。

しかしながら、この達成に「社会主義」の名称を与えるのを拒むのがばかげているとするならば、それがマルクスの「生産者の自由な連合」とかプロレタリアートの独裁、あるいはレーニンの過渡的な「労働者・農民の民主的独裁」といったものの実現であると主張するのも、同様に誤った判断であろう。また、それは、マルクスの「労働者の解放は労働者自身の課題でなければならない」という要請も満たしていなかった。ソヴェトの産業革命と農業革命は、明白に、党と国家の共同の権威によって課された「上からの革命」のカテゴリーに属するものである。「一国社会主義」の限界は明白に露わにされた。封建社会内のブルジョワジーと同様にブルジョワ社会内で成長する、訓練され、教育を受けたプロレタリアートというヴィジョンは実現されなかった。とりわけ、労働者階級が小さく、踏みにじられ、非組織的で、ブルジョワ民主主義の条件つき自由さえも吸収していなかった後進的ロシアではなおさらであった。階級意識をもった労働者の小さな核は、革命の勝利に大きな役割を演じた。しかし、ソヴェト共和国に包含された広大な領土を指令し管理するという課題は、より複雑でより知的に洗練された組織形態を必要とした。少数の献身的な革命的知識人の一団に率いられた規律ある集団であるスターリンの党が空所を満たし、レーニン死後、ますますあからさまに独裁的で、ますますプロレタリア的基盤への依存を弱めていくようになった方法で、体制の政策を指揮した。当初は内戦の情熱と残虐性の中で控え目に行使されたやり方が、徐々に精緻化され、粛清と収容所の広大な制度に転化した。目標が社会主義的と称されうるとするならば、それを獲得するために用いられた手段は、しばしば社会主義のまさに否定そのものであった。

このことは、社会主義の最も高い理想――過去の抑圧からの労働者の解放と、新たな種類の社会における彼らの平等な役割の承認――への前進が全くみられなかったことを意味するものではない。しかし、進歩は停滞しがちで、一連の逆行や惨禍――避けられえたものも、不可避のものもあったが――によって中断された。内戦の荒廃と欠乏の後、短い休息期間がやってきて、労働者・農民双方の生活水準は徐々にツァーリ・ロシアの悲惨な水準よりもやや上になった。一九二八年以後の一〇年間は、この生活水準は、工業化の強烈な圧力の下で再び引き下げられ、農民は強制的集団化の恐怖を体験した。再度の回復が始まる矢先に、国は世界大戦の大変動にさらされ、ソ連は、ドイツのヨーロッパ大陸攻勢中でも最も執拗で最も破壊的な攻勢の目標となった。このおそるべき経験は、ソヴェトの生活にも、ソヴェトの指導者と民衆の心にも、物質的・精神的にその跡を残した。革命の最初の半世紀の惨禍がすべて、国内的要因あるいはスターリン独裁の鉄の手に帰せられるわけではないのである。

しかし、一九五〇年代と六〇年代までには、工業化、機械化、長期的計画化の成果が熟し始めた。どのような西欧の基準によるにしても、多くのものが依然として原始的かつ後進的であった。しかし、生活水準はかなり向上した。医療および初等・中等・高等教育を含む社会サーヴィスは、より効率的になり、都市から国土の大半へと広がった。スターリンの最も悪名高い抑圧の道具は取り除かれた。普通の人々の生活様式は改善された。革命五〇周年が一九六七年に祝われたとき、前進の大きさが考量された。半世紀の間に、ソ連の人口は一億四五〇〇万から二億五〇〇〇万以上へと増大していた。都市住民の比率は二〇パーセント以下から五〇パーセント以上へと上昇した。これは都市住民の巨大な増加であって、新来者のほとんどは農民の子、農奴の孫あるいは曾孫《ひまご》であった。一九六七年のソヴェト労働者は——そしてソヴェト農民さえも——、一九一七年における彼の父や祖父とは大いに異なった人間であった。彼が、革命が彼のためにしてくれたことを意識しないということは、ほとんどありえない。そしてこのことは、彼がかつて享受したこともなければ夢みたこともない自由なるものの欠如を上まわるものであった。体制の厳しさと残酷さは現実のものであった。しかし、その成果もまた現実のものだったのである。

国外では、ロシア革命の直接的効果は、西欧で右翼と左翼に態度が鋭く分極化したことであった。革命は保守派にとっては悪夢であり、急進派にとっては希望ののろしであった。この根本的二分への信念がコミンテルンの創設を鼓舞した。しかし、統一したヨーロッパ・プロレタリアートの大衆運動としてマルクスとレーニンによって思い描かれた国際革命が起きたなら、いかなるマルクス主義者も、弱体なロシア・プロレタリアートが支配的な役割を果たすとは主張しなかったであろう。ヨーロッパ革命が現実化しそこね、一国社会主義がロシア共産党の公認イデオロギーとなったとき、ソ連を社会主義実践の模範とみなし、コミンテルンを社会主義正統教義の保持者とみなすようにという、ますます独断的に主張される要求は、左翼内部での東方派と西方派の新たな分極化をもたらした。共産主義者と西欧の社会民主主義者あるいは社会主義者は、初めは信用できない同盟者として、後には公然たる敵として、相互に対峙した。この状態は、モスクワでは、背信的指導者の裏切りのせいだと誤って解釈された。共通の言葉が見出されなかったことは、分裂の徴候であった。一九二四年以後モスクワで考えられた国際革命は、自国の革命に勝利した唯一のプロレタリアートの名において行動すると称する制度によって「上から」指図される運動であった。この方向変化の自然な帰結は、ロシアの指導者が革命の遂行方法について知識と経験を独占しているというばかりでなく、国際革命の第一にして最大の利益は、革命が現実に達成された一国を防衛することだとされたことであった。しかし、こうした想定や、その結果指令された政策と手続きは、西ヨーロッパの労働者の多数派にとって全く受容できないものであった。彼らは、後進的なロシア・プロレタリアートよりも自分たちの方がずっと経済的・文化的・政治的に進んでいると信じ、ソヴェト社会の否定的側面に目を閉ざすことができなかったのである。西欧労働者の目からは、こうした政策への固執は、モスクワの当局、彼らに従属する各国共産党、更には革命そのものに対する不信をもたらすだけであった。

後進的な非資本主義諸国との関係は、大いに異なったものであった。先進諸国における資本家の支配からの労働者の解放をめざす革命運動と、帝国主義者の支配からの後進的従属諸民族の解放との結合を最初に発見したのはレーニンであった。資本主義と帝国主義の同一視は、アジアのほとんど全域におけるソヴェトの宣伝と政策の実り多いテーマであり、一九二〇年代中葉に中国の民族革命を触発した点において最も劇的な成功をおさめた。ソ連がその地歩を固めるにつれ、「植民地」諸民族の庇護者にして指導者としてのその威信は、急速に増大した。ソ連は、革命と工業化の過程を通じて、経済的自立と政治的力量を目ざましく増大させたが、これは羨望と模倣に値する成果であった。ヨーロッパ以外の地域では、コミンテルンの誇張された主張さえもが意味をもった。ソ連の防衛は、革命の綱領における厄介で余計な要素とみえるどころか、後進諸国が先進帝国主義諸国と闘争する際の最有力な同盟者の防衛を意味したのである。

ブルジョワ革命が既に過去の事柄に属し、強力な労働運動が柔軟な自由民主主義の枠内で成長した諸国においては反撥を惹きおこしたような方法も、ブルジョワ革命が今なお将来の課題であり、ブルジョワ民主主義が見かけだけの幻影であり、一定の大きさのプロレタリアートも存在していないような諸国においては、それほど忌むべきものでもなかった。

飢えた文盲の大衆がまだ革命的意識の段階に達していないようなところでは、上からの革命は、革命が無いよりはましであった。先進資本主義世界では、ロシア革命によって生みだされた発酵状態は主として破壊的なものにとどまり、革命的行動のための建設的モデルを提供はしなかったが、後進的な非資本主義諸国では、その影響はもっと浸透力があり、より生産的であった。ほとんど援助を受けずに自力によって主要工業強国の地位にまで自己を高めた革命体制の威信のおかげで、ソ連は、一九一四年まではほとんど争われなかった西欧資本主義の世界的支配に対する後進諸国の反乱の当然の指導者となった。そして、この文脈では、西側の目からみてその信任状を損なう汚点とされたものは、大した問題ではないかのようであった。後進的非資本主義世界の反乱を通じて、革命は資本主義諸列強への新たな挑戦を提起したのであり、その潜勢力はまだ尽きてはいない。一九一七年のロシア革命は、それが自らに課した目標と、それが生みだした希望の実現にははるかに遠い。その記録は欠陥をはらみ、両義的である。しかし、それは、近代の他のいかなる歴史的事件よりももっと深く、もっと持続的な反響を世界中に及ぼしている源なのである。

E・H・カー氏の ソヴィエト・ロシア史研究について

溪内　謙

この本は、ソヴィエト・ロシア史研究の第一人者の声望をもつ著者エドワード・ハレット・カー氏が、大作『ソヴィエト・ロシア史』完成を機会として、非専門的な一般読者のためにと書き下した著作である。したがって、専門的な大作とは違って一般向きに書かれた別個の性格の作品であるが、その土台となっているのはこの大作である。両者の密接な関係をカー氏は「蒸留」ということばでいいあらわしている。そこでこの本の理解の一助とするために、大作を中心として氏のソヴィエト・ロシア史の若干の特徴点について解説をこころみることとしたい。

一

カー氏は政治学、歴史学の専門家だけでなくわが国の一般読者にも馴染み深い名前であろう。氏の著作の多くが既に紹介されており、そのうちには広範囲の読者をえたものが少なくない。数年前氏との対話のなかで、氏が自分の著作が最も多く翻訳されている国として日本とイタリアをあげていたことを想い出す。その例外はここで取り上げる『ソヴィエト・ロシア史』であって、三分の一程度が訳刊されているにとどまる。一八九二年六月二八日生まれの英国人であり、ケンブリッジ大学トリニティ・カレッジを卒業後、外交官、ジャーナリスト、学究の経歴をもち、その学問的業績も伝記、国際政治、歴史等多方面に及ぶ。

『ソヴィエト・ロシア史』(以下大史とよぶ)の第一巻が刊行されたのは一九五〇年であり、最終巻の刊行が一九七八年であるから、氏の年齢でいえば五〇代の半ばから八〇代の半ばにかけての仕事である。準備期間を含めれば三〇年を越える年月がほとんどこのために費されたことになる。大史は一〇巻一四冊から成り、全体が四部にわかれ、第一部は一九一七―一九二三年を扱った『ボリシェヴィキ革命』三巻三冊、第二部は一九二三―一九二四年を扱った『空位期間』一巻一冊、第三部は一九二四―一九二六年を扱った『一国社会主義』三巻四冊、第四部は一九二六―一九二九年を扱った『計画経済の基礎』三巻六冊という構成である。このうち第四部第一巻二冊は、バーミンガム大学R・W・ディヴィス教授との共著となっている。対象としている時期は、簡単な前史を別とすれば、一九一七年の一〇月革命からスターリンの政治的勝利が確定した一九二九年四月までである。頁数にすれば優に六〇〇〇頁を越える。

二

今日カー氏の大史が洋の東西を問わずこの分野の最も包括的で最も高い水準を指し示す労作であるとの評価は専門家の間でほぼ定着しているといってよいであろう。もとより氏の研究にいかなる欠陥も批判すべき点もないというのではない。またそのことは別としても、今日の生き方につらなるさまざまな価値観の交錯とそれらのなまなましい投影が避けられないこの研究領域において、いかなる立場からも均等の評価をかちえる歴史記述はありえないことであろう。一見無味乾燥にみえる史料集にさえも、取捨選択や改竄などなどのかたちでときにはどぎついまでの政治の反映をみることは、この領域では珍しくはない。かかる環境のなかで、しかも自信満々の独断と絶望的な懐疑の間の動揺が絶えないこの研究領域において、三〇年にわたり体系的な歴史記述が持続されたこと自体驚嘆すべきことといわなければならない。しかも評価は時とともに高まってきたといってよいのである。

しかしカー氏の研究に対する定評は一挙に確立されたものではなかった。むしろ初期の仕事に対しては否定的な評価が優勢であったようにおもわれる。それは、戦後のソ連研究を風靡した非歴史的な接近方法と、冷戦期におけるコミュニズム観の分極化的傾向という、研究内在的および研究外的要因から生まれたものとみることができる。

戦後アメリカを中心として隆盛を呈した西側のソ連研究、コミュニズム研究は、ひとつの動向として捉えれば、クレムリン学、全体主義論にみるように、すぐれて現状分析的志向をもち、また方法的には先端的な社会科学理論の適用、その事例研究という性格を濃厚にもっていたと要約できよう。かかる動向のなかでは、カー氏の研究はあまりにも没理論的な「ファクトロジー」であり、平板な叙述であるとしばしば冷嘲的に扱われていた。他方マルクス主義の陣営からは、カー氏はその非マルクス主義の故に、あるいはマルクス主義理論への理解の不十分の故に同じような攻撃にさらされていたのである。

このような研究内在的な批判はよくみれば戦後冷戦期のイデオロギー的分極化状況と無関係ではなかった。西側の戦後のソ連研究が冷戦に多分に触発されて発達したという点は別としても、当時のソ連研究が前提しあるいは経験的方法によって導き出したソ連像がそのときどきの西側の支配的イメージといかに重なり合っていたか今にしてわかるのである。カー氏のソ連史に対する批判には、学問的外見をとりながらも、実は冷戦的心理とはなじめない冷静な分析に対する感情的反撥が多分に働いていたことは否めないであろう。他方ソ連の歴史学およびその影響下にあった西側の左翼主義者の眼からみれば、カー氏の歴史研究は、見方においてあまりにも冷徹であり、コミュニズムに対して非同情的と映った。スターリンが神格化された独裁者として君臨していた冷戦絶頂期のソ連では、権力は狂気じみた盲目的愛国心を国民心理に植えつけようとしていたのであり、歴史家は大ロシアが世界文明のあらゆる偉業の達成者であるかのように歴史を書くことが要求された。そこには自国の現代史の冷静な分析とはおよそ相容れない空気が支配していた。要するに、カー氏の歴史は西側からはあまりにも容共的であり、東側からはあまりにも反共的ないし非共的であるとして攻撃されたのである。

カー氏はこれらの批判、攻撃に対して個別の反論を公にしなかった、というよりもする必要がなかった。時の経過が氏の代役を果たしてくれたからである。ただ『歴史とは何か』(一九六一年、邦訳一九六二年岩波新書)のなかで、「この一〇年間に英語使用諸国が生んだソ連関係の文献の大部分」が「無価値である」と述べたことがある。ソヴィエト・ロシア史の研究史的著作を書いたW・ラカー氏も五〇年代の西側のソ連研究を総括して、「最近わずか一〇年間に呈示されたアプローチ」のなかで六〇年代に残ったものは皆無であると述べ、政治学も社会学も社会心理学も「歴史的方法」にとって代わることはないであろうと結論した。もとより五〇年代の西側のソ連研究が全く不毛であったという批判はあまりにも一掃的であろう。少なくとも事実の意図的歪曲というソ連の歴史学が犯していた罪からは免れていた。しかし非歴史的方法に立つ研究が提示したさまざまな理論モデルはしばしば高度に抽象的な外見をとっていたにもかかわらず、そのときどきの一時的状況が生み出した心理や感情によってつよく拘束されていた。それ故にそれらは状況からの変化を十分に見通すことができず、硬直的な冷戦期からの流動化のなかで時の試煉に耐えることができなかった。

このような事実の確認から生まれたひとつの反省として、コミュニズム研究の歴史的方法を見直そうとする気運が現れたことは無理からぬことであった。コミュニズムのすべてが悪であり人間性の冒瀆であるという思考が全く消えたわけではないが、冷戦から雪解けへの国際情勢の変化とともに、ロシア革命とボリシェヴィズムに関係するすべてのこと、すべての人間を際限なく非難することにあきたらなくなった人が増えてきたことも事実である。スターリンの蛮行の告発がほかならぬコミュニズム陣営内から劇的なかたちでおこなわれたことも、この方向への思考を促したかもしれない。トロツキー、ブハーリンのようなロシア革命の指導者であり最後までボリシェヴィズムに忠誠を表明していた人物がスターリン政治の頑強な反対者であったことに気付いたとき、正統史観や全体主義論が考えていたような単線的なソ連史像に不満を抱くひとが現れたことは当然であろう。アメリカの政治学者でありブハーリンの伝記作者であるS・コーエン氏は、このような文脈のなかで「歴史的であることの重要性」を熱っぽく主張したのである。

他方、ソ連邦の歴史学界、ひろくは西側も含めたマルクス主義知識人の間にも、いわゆる非スターリン化の到来とともに、ソヴィエト史を政治宣伝から自立して客観的に研究することへの関心が高まってきた。フルシチョフの「秘密報告」があったソ連共産党第二〇回大会(一九五六年)においてミコヤンは、自国の現代史研究の恐るべき沈滞をあからさまに攻撃した。歴史の神クリオを政治の侍女というよりも奴隷の地位におとしめていた張本人の一人が他人事のように歴史家の無為を非難することにはそらぞらしいひびきはあったが、しかしかかる状態の最大の被害者がほかならぬかれら指導層であることの告白でもある限りにおいて、切実な意味がこめられていたのである。スターリンの神性の否認はかれの神的権威を歴史評価の窮極の基準としていたこれまでの歴史――悪名高いスターリン版党小史(一九三八年)――の再検討の気運を生んだ。歴史の偽造と両立しない過去への自由な疑問もおずおずとではあるが提起されるようになった。ソ連の正統史観の影響下にあった西側のマルクス主義者の間にも同様の関心が現れた。それまでカー氏の仕事を「穴埋め」仕事にすぎないと攻撃してきたマルクス主義者のカー氏に対する再評価を象徴する出来事は、ソ連経済史を専門とするマルクス主義者、バーミンガム大学のR・W・デイヴィス教授(一九二五―)が大史の仕事に協力者として欣然と参加したことであった。ソ連内部でも専門家の間でカー氏の業績には深い敬意が払われるに至った。

こうして六〇年代に入ると西でも東でもカー氏の研究に対する高い評価、少なくとも高い関心が併行して現れた。この間にあっていち早く氏の大史に画期的意義を見出していたのはアイザック・ドイッチャー氏(一九〇七―一九六七)であった。氏は一九三〇年代ポーランド共産党をトロツキー主義のかどで除名されたのち、英国に移住、時事評論と伝記研究に従事した。除名後も、無党派の確信的マルクス主義者であり続けた。『スターリン伝』一巻、『トロツキー伝』三部作は代表作であり、『レーニン伝』執筆途中急逝した。氏は一九五四年、大史の最初の四巻に対する長文の書評を書き、「カー氏がソヴィエト体制についての最初の本物の歴史家であることが、氏の不朽の卓越した長所である」との評価を与えた。カー氏の研究は、事実と傾向、木と森をともに探求するものであり、それは氏が深い洞察力と鋭い才知とともにきびしい良心と細心さを併せもつことを示している。氏はまた事物の大綱と秩序を見分ける勘の持主であり、研究結果を明晰さを以て提示している。こうして「氏の歴史は真に卓越した業績と判断されなければならない」。カー氏に対するドイッチャー氏の讃辞は同時代の東と西の双方のソ連史研究を支配していた党派的・政治主義的接近に対するきびしい批判と表裏をなしていた。

だが同時に、かかる最大級の称賛にはカー氏が無視することのできない疑問と問題提起とがつけ加えられていた。事実カー氏がドイッチャー氏のこれらの指摘に真剣な関心をよせ、それに応えようとしていたことは、カー氏のその後の研究によって察知できる。カー氏とドイッチャー氏という戦後ソヴィエト・ロシア史研究の双璧の知的交流は実りゆたかな結果を双方にもたらしただけでない。本書の序文にみるように、ドイッチャー氏の死(一九六七年)後、氏の未亡人タマーラ女史のカー氏の仕事へのひたむきな協力という形をとってつづいてきているのである。

三

偉大な学者が三〇年を越える年月を費し、しかもその間ほとんど全精力を傾注した成果に接するときまず問わなければならないのは、研究の入口で抱かれていた動機、問題意識であろう。カー氏をソヴィエト・ロシア史研究にかくも強くひきつけたものは一体何であったのか。ここでは氏の遠い思想的経験的背景には立ち入らないでもっと直接的な問題関心のみを取り上げることにしよう。カー氏は大史のなかでこの点について直接的には語っていない。だが「わたくしの抱負は革命の諸事件を書くことではなく、……革命から発生した政治的・社会的・経済的秩序の歴史を書くことであった」という第一巻の序文の一節は、この大業に着手した前後の氏の論考と重ね合わせると、氏が仕事の発端で抱いていた問題関心を推論することを可能ならしめる。

第二次大戦前から戦争直後にかけて氏が世に送った多くの著作を貫いていたのは、「一九世紀の思想家たちが秩序ある人類の進歩というものについて抱いていた、燃ゆるがごとき信仰」の崩壊とそれに代わる「戦争と混乱と災害の二〇世紀」という認識から生まれた危機意識であったと要約できよう。『ドストエフスキー』(一九三一年)、『カール・マルクス』(一九三四年)、『バクーニン』(一九三七年)等の伝記的研究における一九世紀の異端的思想への関心のなかにこのような危機意識と「二〇世紀的なるもの」への探求という方向をみることができるが、第二次大戦の切迫とともに、氏の研究対象は現実問題とくに国際政治の領域へと移動していった。『講和条約以降の国際関係』(一九三七年)に続く『危機の二〇年』(一九三九年)、『平和の条件』(一九四三年)、『ナショナリズムの発展』(一九四五年)は、二〇世紀の新しい条件と氏が考える要因の分析とその上に立つ新しい国際秩序の可能性の探求の企てであった。氏は、ドイツの国家社会主義、イタリアのファシズム、日本の軍国主義、そしてソ連コミュニズムの興隆のなかに、イギリスを中心とした一九世紀的世界秩序への挑戦の要素を見出していた。「挑戦」という表現が示唆するように、氏の政治理念はこれらのいずれからもかけ離れたものではあったが、歴史家としての観点から氏はこれらを道徳的に断罪するのみでは問題の解決にはならないと論じていた。ヴェルサイユ体制の教訓から氏は、「ドイツの国家社会主義の支配者を打倒しても、国家社会主義の出現を可能ならしめた諸条件に触れずにそのままにしておくような解決では、一九一九年のそれと同様に短命で悲劇的なものに終わるしかないであろう」と論じた。歴史認識において道徳的断罪を排除する氏の思考はファシズムへの憎悪に充たされていた西側の知識人の眼からみれば余りにも冷ややかなものに映ったであろう。氏の業績に対するこの見地からする違和感はその後冷戦期におけるコミュニズム論のなかで再生することになる。

戦後氏の思考は危機意識そのものから二〇世紀的条件のうえに立つ新しい秩序の構想へと重点を移動させていったようにみえる。氏の関心はそれとともに、新しい国際秩序の構想からそれを可能にする社会的政治的条件の探求へと向かっていった。この方向を『平和の条件』のなかに既にみてとることができる。文明が生き残るための唯一の選択は、広汎な社会的政治的変革とそのうえに立つ国際秩序の形成であり、それなくしては世界は慢性的な社会的病弊の泥沼におちこむほかはないと氏は考えた。社会主義的未来への展望の書である『新しい社会』(一九五一年)において氏は、「自由競争から計画経済へ」「経済の鞭から福祉国家へ」「個人主義から大衆民主主義へ」という変化の方位決定のうえに自由と民主主義の新しいあり方を模索したのである。

氏のソヴィエト・ロシア史研究への沈潜はこの問題意識の軌跡の延長線上に生まれたものと了解できるであろう。氏の社会主義観はソ連の経験とは本質的に相容れないものであったにもかかわらず、それが社会主義の問題を検討するための経験的素材の主たるものになったことは争いえないことであった。戦後いち早く執筆した『西欧を衝くソ連』(一九四六年)は、「西欧文明にとってソヴィエトの業績がどれだけ意味をもつか」という問題の解明に捧げられた。「ソヴィエトの経験というものが、西欧において現在起こりつつある、あるいは将来起こるであろうと予想される多くの出来事にとって、大きな意味をもち、また多くの示唆を含むものであるにちがいない」。氏はその意味を歴史的展望において考える。「最近二五年間に西欧の社会をかたちづくるのに一役買った影響はいろいろあるが、そのなかでもボリシェヴィキ革命とその余波とはとくに顕著な地位を占めている」。戦後まもない戦勝気分、勝利への偉大な貢献者としてのソ連に対して好意的であった西側の世論、戦争の英雄としてのスターリンへの賞賛という雰囲気のなかでこの本が書かれたという事情を割り引いても、カー氏がそこで記述しているソ連観は大史のそれと比べるとかなり素朴なものである。しかし間もなく出現する冷戦状況のなかで、氏のソ連観は冷戦期の硬直した西側の支配的ソ連像と対決しながら一層精錬されていったようにみえる。『新しい社会』には氏の歴史への沈潜が既に進行していることを示唆することばがある。

このような問題意識からすれば、氏の主たる関心事が革命そのものではなく革命から生まれた秩序に向けられたことはむしろ自然である。しかも氏の眼が未来に向けられていたというそのことに対応して歴史的な接近方法が導き出される。『新しい社会』の「歴史的な見方」と題された第一章では、「当面の情勢の感情的な衝撃」から生じる無条件的な楽観と悲観を、歴史家の「方向感覚」によって整序された「過去の冷静な分析」と対置している。ここではのちに『歴史とは何か』で展開される氏の歴史哲学が凝縮された形で表明されている。大史の第一巻の序文のなかで氏は、「ソヴィエト・ロシアを取り扱う歴史家は、かれの仕事のあらゆる段階で真面目な歴史家のすべてに課されている二重の任務――かれの登場人物のものの考え方や目的についての想像的理解をもつとともに、その行為の普遍的意義について仮借のない評価をくだすこと――の厳しい性格を人並み以上に自覚するであろう」と書いた。ここにはR・G・コリングウッドの影響をうけた氏の歴史哲学の表明以上のもの、すなわち、歴史の想像的理解に欠けると氏が考える西側のソ連研究、ロシア史の文脈のなかでしか革命とその後の歴史を捉えようとしない伝統的ロシア史学から自分を切り離した地点で大史を書こうとする意欲をよみとることができるであろう。

四

三〇年にわたる著作活動中カー氏のソヴィエト・ロシア史研究によせられた論評は少なくないが、そのなかにあって氏が最も真剣に受けとめたのはドイッチャー氏のものであった。長期の歴史研究の過程で歴史家の意識が認識の深まりとともに変化し成熟していき、新しい意識が今度は認識に一層の深まりをもたらすという相互作用は、カー氏の場合にもみてとることができる。氏自身最終巻の序文で承認していることであるが、仕事の初期と後期とでは、氏の歴史認識には無視することができない変化が現れている。この変化はいうまでもなく、氏自身のたゆみのない精神的努力の結果であり、歴史への一層深い理解への到達を証明するものであるが、ドイッチャー氏との「対話」はそのためのひとつの重要な機縁となっていたと考えられる。

カー氏はドイッチャー氏と戦後まもなく出会ったが、両者の知的交流が始まったのは一九四七年初めである。ドイッチャー氏の『スターリン』(一九四九年)にはカー氏の専門家的論評への謝辞が含まれており、カー氏の大史第一巻(一九五〇年)には草稿全体に対するドイッチャー氏の「円熟した学識と助言」の寄与に対する感謝が表明されている。

一九五四年に発表した書評のなかでドイッチャー氏はカー氏の業績に最大級の讃辞を呈

しながらも、同時に幾つかの注目すべき批判と疑問をつけ加えた。そのなかで特に核心的な論点であり、かつカー氏の心を捉えた指摘は、おそらくレーニンとスターリン、レーニン主義とスターリン主義の関係をどう捉えるかという問題であった。それはロシア革命の根本的な性格規定に深くかかわっており、また一般的には変化と継続という歴史の基本原理の緊張をどう理解するかという問題でもあったからである。

ドイッチャー氏の批判は、カー氏が初期の著作においてふたつの主義の間にある連続的な局面にあまりにも重きをおき、非連続的な局面、両者の本質的相違点を無視しないまでも軽視するきらいがあるということにあった。カー氏は、レーニン主義とスターリン主義の間にある連続と変化という問題の存在さえも認めようとしないスターリン主義者、トロツキー主義者、反共的「ソヴィエト学者」等とは違って、この問題に真正面から取り組んできた、この点にこそ氏の研究の卓越した長所があるが、とはいうものの氏はレーニンのなかにスターリン的なものをあまりにも多く見すぎているという。ドイッチャー氏はこの問題が極度に複雑な難問であって、簡単に決着のつく性質のものでないことを認めるが、しかもなおカー氏がレーニンあるいはレーニン主義のなかに含まれている理想主義の契機を附随的にしか扱わない結果、レーニンからスターリンへの移行をあまりにも連続的な過程としてとらえる傾向をもつと不満を述べる。それはいいかえればカー氏が歴史的要因として理念ないし思想が果たす役割を正当に秤量しない結果であり、氏は結局革命的理念が歴史の登場人物の行動要因としてもつ意義をいちじるしく失ったスターリン時代を過去に投影しているのである。「カー氏はときとして知らず知らずのうちにスターリン主義のプリズムを通してマルクス主義を眺めている。その理由はマルクス主義に対する氏の関心がソヴィエト国家研究のための第二義的なものにすぎないからである」。カー氏はロシア革命をロシア一国だけの現象としてとらえがちである。氏の初期の著作に登場するレーニンは革命家レーニン、理想主義者レーニンではなく、治国の術に長じたレーニン、ビスマルク的レーニンであって、この局面のみについてみればレーニンとスターリンの間に太い境界線をひくことはできない。ドイッチャー氏の批判はさらにこのような史像の基礎にあるカー氏の歴史の見方にも及ぶ。「カー氏は社会が国家をつくるものとみるよりも国家が社会をつくるものとしてみがちである」。

たしかに大史の初期の部分についてはドイッチャー氏の批判は的外れではなかったといわなければならない。この時期のカー氏の思考をとらえていたのは、旧秩序の破壊すなわち革命から新秩序の形成すなわち新国家の建設へという発展図式であったことは否めない。こうして氏は『ボリシェヴィキ革命』第一巻において、レーニンの功業の主たるものが新国家の建設者としてのそれであると論じ、また現実とは関係のうすい憲法的制度の記述に多くの頁を割いた。『ボリシェヴィキ革命』につづいて『権力闘争――一九二三―一九二八年』のシリーズによって著作を完結するという当初の著述プランにもこのような考え方は反映されていた。

ドイッチャー氏が指摘しているように、カー氏は研究が進むにつれてこのような接近方法の限界を「氏の分析精神のほとんど英雄的ともいえる自己批判的努力によって」めざましく克服していった。努力の跡は既に『空位時代』に顕著であった。しかしつづくシリーズ『一国社会主義』まではカー氏はドイッチャー氏の批判を全面的には受け容れていなかったようにみえる。その第一巻は、歴史における「継続と変化というふたつの相対立する原理のあいだの緊張」を理論的に論じた一章を冒頭に置くが、そこでは一九二四—二六年の時期を、革命=変化に対し伝統=継続の要素が決定的に優位を占めた歴史の転機として描いている。カー氏はここで革命の理念よりも国家理性と歴史的伝統の方に軍配をあげる。ドイッチャー氏はこの巻によせた書評のなかで、カー氏の見方が一九二四—二六年のロシアを覆った保守的ムードにあまりにもとらわれていると批判した。「わたくしの考えでは氏の前提は本質的に保守的である」。氏がしばしば引用するトックヴィルやソレルがフランス革命を扱ったときにそうしたように、「氏は継続の要素を誇張する傾向がある」。もしカー氏がいうように「革命の最初の衝撃からの時間の距離が大きければ大きいほど、継続の原則が変化の原則に抗して一層決定的に自己を再主張する」とすれば、二〇年代末にはじまる工業化と大衆教育の激動、それがロシアの古い伝統に及ぼした破壊的影響をどう説明したらよいのか。またスターリンの晩年におけるコミュニズムの拡大、とくに中国革命、スターリン死後のソ連や東欧の変化はロシア革命の動力が使いつくされていないことの証明ではないのか。

これに対してカー氏は一九六九年に再版されたドイッチャー氏の論集によせた序文のなかで、ドイッチャー氏の批判点、とくにカー氏が政策の大の崇拝者であり、ときには革命的理念と原則の軽蔑者であるという論点に対する自分の見解を表明している。氏はそこでドイッチャー氏が理念的要素を歴史認識においてあまりにも強調する別の偏向をもつのではないのかと反論しながらも、氏の批判に対しては、「もしかかる偏向があるとすれば私自身これを正すべく努めるべきである」との謙虚な反省を示した。これと前後してカー氏は、ドイッチャー氏の『未完の革命』の書評のなかで、「革命というものはそれを鼓舞したユートピア的夢想を容易に忘れるものではない」ことを認め、ロシア共産党の代表的理論家であったブハーリンとプレオブラジェンスキーとが革命後まもなく著した革命的ユートピアの書『共産主義のＡＢＣ』の英語版(一九六九年)に寄せた好意的な序文では、「ユートピア的夢想家としてのレーニンはレーニンという人間の不可欠な構成要素である。初期ボリシェヴィズムのユートピア的渇望はボリシェヴィズムの本質的部分であったのであり、したがって見過ごすことはできないものなのである」と書いた。これらのことばは、カー氏が歴史的要因として理念がもつ意義について過小評価があったことを承認したものと受け取ることができるし、さらにより一般的にはマルクス主義の歴史的射程について誤認があったことの反省でもあった。ドイッチャー氏のトロツキー伝第三巻の書評のなかでカー氏は一定の留保をつけてではあるが、マルクス主義者ドイッチャー氏の史観への共感さえも表明している。ドイッチャー氏がカー氏から歴史の経験主義的分析の手法を吸収したように、カー氏もまたドイッチャー氏から理念が現実的・実践的力として歴史のなかで果たした役割について大きな示唆を受けていたのである。

　ドイッチャー氏の立場への接近と受け取れるカー氏のかかる見解の発展は氏のマルクス主義的方法への回心をただちに意味したとはいえない。イギリスの伝統的史学の一面に批判的であったとはいえ、氏はその良き継承者としての本質を失ったのではなかった。理念の歴史的意味の重要性の承認へと氏を導いた決定的なものは、二〇年代の歴史の登場人物の行為の周到な経験的分析であった。だが理念的要素への着目は、レーニン主義とスターリン主義の関係についてドイッチャー氏の見解に近い認識に氏を導いていく。こうして一九六九年にはじまる最終シリーズ『計画経済の基礎』では、レーニン的なものとスターリン的なものの間によこたわる深淵に一層注意深い眼が注がれる。そこには、両者の継続と変化という複雑な関係について均衡のとれた秤量をおこなうためのひたむきな分析的努力の跡をみることができる。例えばソヴィエト工業化の理論的分析に捧げられたシリーズ第二巻の一節では、スターリン的工業革命が工業化の達成自体はマルクスとレーニンの理念の継承の局面を形成していることを承認しながらも、そのために採用された手段、方法がマルクス主義、ボリシェヴィズムの「プロレタリア的または社会主義的革命の本来の観念」を破壊したこと、したがってそれは革命であるとともに反革命であったことが説得的に論ぜられている。最終巻の序文では、『ボリシェヴィキ革命』において現実とは関係がうすい憲法的制度の記述に多くの頁を割き社会構造の分析が欠けていたこと、『一国社会主義』において歴史の継続への強調が過度になされたことを認め、ドイッチャー氏の批判をほぼ全面的に受け容れた。内容的に大史全体の総括といえる最終巻の結論の章では、レーニンとスターリンの間にある革命の理念に対する態度の根本的相違が一九一八年一月の党会議における討論にまでさかのぼって論じられている。「スターリンは、マルクスとレーニンの信条の大前提であった大衆への信頼を欠いていた」。カー氏の大史の認識の到達点を示す言葉としてこの一節は象徴的である。

『ロシア革命』は三〇年を越えるカー氏のたゆみのない知的探求の結果を凝縮しただけでなく、歴史認識のこのような到達点から全体を再構成しているという意味で新しい著作として受け取ることができる。「レーニンからスターリンへ」という副題はこの本のためにに氏が設定した視点を端的に表現するものである。その意味においてこの本は大史よりもさらに一貫した視点に立って書かれているといってよいであろう。われわれはカー氏の最も円熟したソヴィエト・ロシア史像をこの本から読みとることができるであろう。

カー氏はこの本の結びの章において、スターリンの工業革命と農業革命の歴史的意義を論じている。それを読むと、氏が大史の出発点において抱いていた視点、危機にある西欧文明の救済の原理としての社会主義という文脈のなかにロシア革命を位置づけるという『西欧を衝くソ連』で示された視点からいくらか後退しているとの印象をうけるかもしれない。ソ連の計画経済が資本主義経済の計画化に対してもった先駆的意義は承認されている(二一四―二一五頁)が、全体としてみればロシア革命の積極的意義は日本を除く非西欧世界の民族革命、近代化と工業化への衝撃の文脈において主として論ぜられている。それは出発点からみればかなり局限されたロシア革命の性格規定であるといわなければならない。ドイッチャー氏がロシア革命の精神の再生として捉えた非スターリン化はこの本では取り上げられていない。それはおそらく一九二九年までというこの本が対象とした時代の研究が切り拓いた展望としては妥当といえるであろう。しかしこの結論を以て氏がロシア革命の完結点をそこに見出しているものと考えるならば誤りであろう。氏の「方向感覚」は、ロシア革命の歴史的帰結が「はるかな将来によこたわっている」という序文の一節からも明らかである。

五

イギリス共産党の雑誌『社会主義ヨーロッパ』第一号(一九七七年)の一文は、カー氏が「ソヴィエト体制についての最初の本物の歴史家」であるというドイッチャー氏の二五年前の評価が今日においても依然妥当すると論じている。カー氏がソヴィエト・ロシアについての「唯一の本物の歴史家」でありつづけていることは、歴史家としての氏の資質を測る尺度であるとともに、ソヴィエト歴史研究の状態の悲しむべき反映である。世界で最初の社会主義革命の歴史の最良の記述を非マルクス主義歴史家の仕事に求めなければならないとは、なんと逆説的なことであろうか。

この逆説は、真の意味での歴史を生み出していないソヴィエト歴史学の悲劇的事態とまじり合っている、と一文はいう。非スターリン化の一時期ソ連邦においてほのみえた自由で批判的な歴史研究への希望は今日ではるかかなたに遠のいている。いつの日かソ連の歴史家が文書庫(アルヒーフ)に眠る厖大な資料を用いて、より決定的な自国の現代史を書くかもしれないが、今日われわれはそのことを近い将来に期待することはできない。他方西側では、歴史への関心の目ざめとともに、ソヴィエト・ロシア史についての研究が多く公刊されるようになった。カー氏が利用しなかった資料を用いた詳細な研究も現れてきている。しかし、M・レヴィン、R・タッカー、A・ウラム、S・コーエン等の諸氏の仕事をカー氏のそれと較べてみた場合、カー氏の歴史は依然巨峰のようにそびえ立っているのである。

高い山は遠くからはじめてその全容を眺望できるように、カー氏の業績の周到な論評には一定の時間的距離を必要とするであろう。ここで述べたところは、氏の研究の周辺的なことがらに力点をおいたあくまで中間的な性格をもった感想にすぎない。最後に蛇足をひとことつけ加えれば、氏の業績は、一九二九年までのソヴィエト・ロシア史に含まれている諸問題を網羅的とはいえないまでも外延的に展望し叙述したところに特色があった。ソヴィエト・ロシア史という複雑でしばしば極端に対照的な局面から成り立っている現象についての均衡のとれた認識をうるためには、このような接近方法はきわめて有益である。氏の歴史の最大の長所は、歴史の細部を相互に関連づけながら巨匠のようにひとつの全体像にまでまとめあげた見事な造型力に求めることができるであろう。カー氏はこのことを一個人に望みうる最大限においてなしとげたのである。だが同時に、ロシア革命の諸結果や現象形態の総体を叙述するばかりでなく、それらを特徴的な深部において捉えその規定原理を解明することは、今後の課題として残されたのである。

大史の最終巻の序文においてカー氏は、フランス革命についての本格的な歴史研究が革命後半世紀を経てはじめて企てられたことからすれば、自分は仕事をはじめるのを急ぎすぎたのかもしれないと述べている。しかしこれは謙譲のことばであって、部分的な非一貫性は免れなかったものの、全体としてみれば氏の歴史はソヴィエト・ロシア史についての最初の真の歴史の名に値する不朽の労作であるといっても決して過大評価ではない。将来ロシア革命に源を発する現代史の広大な局面を研究しようとするひとは、必ずやカー氏の業績をそのための最良の手引きとしてかえりみることであろう。氏の歴史からわれわれは現代社会主義が当面する論争的問題に対する直接的解答をひきだすことはおそらくできない。しかし氏の研究は、これらの問題に十分な理解力を以て立ち向かうことを可能にするものである。ドイッチャー氏の死を悼んでカー氏は、学識と均衡のとれた判断とが欠乏している歴史のこの領域において、ドイッチャー氏が「双方の資質を例外的に備えた学者」であったと惜しんだ。「学識と均衡のとれた判断」、このことばは歴史家カー氏に最も的確にあてはまる評言である。

六

以上は、一九七九年刊の岩波現代選書版によせた解説である。わずかな過誤の訂正と用語上の補筆を除けば原文に変更はない。カー氏は、本書完成後もケンブリッジ大学トリニティ・カレッジ終身フェローとして、三〇年代コミンテルン史の研究に没頭し、成果の一端を『コミンテルンの黄昏——一九三〇—一九三五年』(一九八二年、邦訳一九八六年岩波書店)にまとめたが、一九八二年九〇歳で他界した。その直前まで資料と格闘する英雄的な姿は、最近出た氏の伝記(Jonathan Haslam, *The Vices of Integrity, E. H. Carr, 1892–1982*, 1999.)に詳しい。それから一七年の時間の経過があり、氏の問題関心をかきたてた「二〇世紀」は終わりに近い。この間、カー氏の「大史」および本書の評価に深刻な影響を及ぼしかねない重大事が相次いだ。その最大のものが一九九一年のソ連体制の「崩壊」であったことはいうまでもない。しかし大方の予測に反して、八年たったいまも、歴史は未完であり混沌の度合いを増している。それとともに、氏の業績の学問的・社会的評価の歴史もまた未完である。以下、「崩壊」後のカー氏の業績評価の変遷を概観し、氏の晩年の思想的到達点からみて、もし存命ならそれをいかに受け止めたであろうかを論じて、解説を補うこととしたい。

「崩壊」がカー氏の業績にとって重大な試練となったことは、氏のロシア革命史像に照らして疑いをいれない。この出来事をもって「社会主義の終焉」とする見方がロシア知識人を捕らえ、それが西側の知的世界にも広がって資本主義万歳の大合唱が世界に轟いたことは記憶に新しい。「崩壊」とエリツィン氏の「体制転換」路線とは、氏の研究対象である制度の終焉だけでなく、氏をソヴィエト史研究にかりたてた理念の破産宣告ともみなされた。フランシス・フクヤマ氏の「歴史の終り」が大きな影響力をもった一時期である。ロシア革命の歴史的正統性は否定され、革命後の歴史過程は、エリツィン氏の言を借りれば「繰り返してはならない古い過ち」とされた。「少数の陰謀家のクーデタによって打立てられた独裁権力が、その後の数々の悪行の重みに耐えかねて崩壊した。民主主義の権力が樹立され、ロシアは真の(市場的)文明化の道に踏み出した」、これが「エリツィン革命」のシナリオであり、世界的に認知されたロシア革命史像であった。

このような清算主義的心理には氏の歴史を受け入れる余地はなかった。ドイッチャー氏により「大史」の最大の功業とみなされた、レーニン(主義)とスターリン(主義)の歴史的関係の内在的分析は、そこでは無意味な問題設定となるしかない。七〇年代の西側左翼の後退とともに挫折者を捕らえたシニシズムが先鞭をつけた「レーニンもスターリンもひとつ穴のむじな」的思考は、いまやロシア革命史解釈の公理となった。公開されたアルヒーフ資料は、スターリンに劣らぬ残虐行為の首謀者としてのレーニンを演出するために利用された。西側でも、レーニンの政治思想発展の内的論理を追究した重厚な研究によってドイッチャー賞を受けた英国の政治学者が、「崩壊」後一転して、レーニン(主義)をスターリン(主義)の単なる先行者・創始者にすぎないと断定した(Neil Harding, *Leninism*, 1996.)。ましてやレーニンの歴史的役割を高く評価するカー氏の史観は時代錯誤としてむしろ冷笑の的になる。影響力あるソ連史研究者が公開の席上、カー氏の業績はもはや無意味になったと発言する光景が東京でみられたのもこの頃であった。

「崩壊」とともに高まったカー氏の業績に対する否定的傾向には、ロシア革命史評価における「総崩れ現象」のほかに、「歴史と政治」といういまひとつの問題が伏在していたことを忘れるべきでない。冷戦期東西に分極化した政治思考に強く影響されたソヴィエト史研究の大勢のなかでカー氏が「超然」(detachment)の精神をもって歴史記述につとめたこと、そのことによって孤立を招いたこと、氏の業績への高い評価が「雪解け」に伴う冷戦心理の後退と歴史の政治からの自立の動きを背景として現れたことは、すでに述べた。

八〇年代の「ペレストロイカ」時代、ロシアでは歴史の「空白」を埋めるべく数千万の市民が参加する熱烈な歴史論争が展開され、歴史の真実と政治からの自立を求める社会的圧力が強まった(R・W・デイヴィス『ペレストロイカと歴史像の転換』一九八九年、邦訳一九九〇年岩波書店)。ブレジネフ時代、歴史の政治からの自立を固守し、それゆえに異端視されたダニーロフ氏(農業史)、ヴォロブーエフ氏(革命史)らロシア歴史家が脚光を浴び、禁書扱いであった「大史」のロシア語版の公刊が開始されたことが示すように、カー氏の業績への高い関心も現れ始めた。しかしそれは歴史にとって短い春であった。かつて歴史を支配し「崩壊」とともに解体したスターリン主義正統に代わったのは、歴史の政治からの解放ではなく、歴史的想像力を欠いた冷戦的思考としてカー氏が退けていた全体主義論という新しい正統の支配であった。「大史」のロシア語版の刊行は、一九九二年、「財政的事情」を理由に第二巻で刊行が打ち切られた(R・W・デイヴィス『現代ロシアの歴史論争』一九九七年、邦訳一九九八年岩波書店)。

ソヴィエト史全面否定の時流に圧倒されて歴史は再び政治の侍女となった。賛美から弾劾へ、全面肯定から全面否定へと評価は急転したが、歴史の政治への従属という構図自体は変らなかったのである。歴史認識における客観性と自立性を固守し、十月革命とレーニンを弾劾するキャンペインに同調しない歴史家も少数であるがいた。しかしかれらは「頑迷なレーニン主義者」「確信犯」と攻撃され、再度孤立を経験することになる。

しかし「崩壊」から八年、「体制転換」は期待した結果を生まなかった。惨めな失敗に終わった、というのが一九九八年夏の金融危機を機にほぼ定着した評価である。国民生活にとって結果は総じて破壊的であり、悪しき旧態の温存であって、建設的成果は乏しかった。破壊の対象となったのは主としてソヴィエト時代の達成であった。「資本主義化」がもたらした生産力の破壊、社会生活の荒廃、精神文化の衰退から生まれた深刻な喪失感は、かつてエリツィン体制の熱烈な賛美者であった一ジャーナリストの言に示されている、「ソ連という国を失い、社会主義下での福祉制度や文化が失われた。失ったものの大きさに国民はいま愕然としている」。「体制転換」への幻滅は、「社会主義」とソヴィエト史の再評価に結びつき、清算主義の根本的再考を促した。しかしソヴィエト史とりわけスターリン時代は容易に忘れるにはあまりにも過酷な体験をも含んでいた。

過去への両義的態度は、現状への不信と重なり、未来への方向感覚の喪失に連なった。政権が求心力を失い漂流状態にある現実では、国民は「どこに行くのか」の問いを「どこからきたのか」の問いに結びつけざるをえない。社会意識の変化に照応して休眠状態にあったソヴィエト史研究が復活し、有能な古参歴史家が研究現場に復帰し、四〇歳未満の有望な自立的歴史家世代が登場した。西側でもソヴィエト史研究がロシアの現状の理解と未来の展望のために不可欠であることが再認識されただけでなく、二〇世紀世界史総括のために重要かつ未開拓な問題領域であることが語られるようになる(例えば、I・ウォーラーステイン『アフター・リベラリズム』一九九五年、邦訳一九九七年藤原書店)。このような機運は早晩、カー氏の業績への関心の高まりと再評価に結びつくことであろう。兆候はすでに現れている。

アルヒーフの公開という研究条件の革命的変化も、目下のところ、「大史」の意義を致命的に損なうものではない。たしかにカー氏が利用できなかった膨大なアルヒーフ資料に基づく研究が新しい知見を加え、ときとして氏の歴史記述に修正を求めることもある。しかしアルヒーフ公開前の良心的歴史研究の意義は公開後も失われていない、というのがアルヒーフ資料に取り組んだ歴史家の目下の合意である。この判断はカー氏が対象とした一九二九年までの歴史にとりわけ妥当する。アルヒーフが威力を発揮する領域は、権力による偽造と隠蔽がシステム化した三〇年代(とくにその後半)以後の歴史である。近年、アルヒーフ資料を用いた、大粛清、農業集団化、権力構造、地方史などの特殊研究が相次いでいる。しかし英国の歴史家デイヴィス氏がいうように、多彩な特殊研究を総合して新しいパラダイムでこれまでの解釈を一変させるような「大史」が、近い将来カー氏のそれにとってかわることはないであろう。

氏は晩年ソ連の現状と未来をどのように診断していたであろうか? ソ連の秘密主義と西側の反ソ宣伝が信頼できる情報の決定的不足を招いているとして、三〇年代以降の歴史と現状を論じることにはきわめて慎重であった(『歴史とは何か』第二版〔一九八七年刊〕序文)

が、一九七八年のインタヴュー「今日の左翼」では、ソ連の過去・現在・未来を例外的に率直に語った(『ナポレオンからスターリンへ』一九八〇年、邦訳一九八四年岩波書店所収)。莫大な犠牲や暴力にもかかわらず、資本主義列強の妨害と干渉を排して達成された工業化、教育、文化、社会保障などの偉業は否定されるべきでないと氏は力説する。それなくしてナチズムに勝利することはできなかったであろう、ロシア革命のみがこれを可能にしたのである。しかし氏は、ソ連で達成されたものは「社会主義」ではないと確信していた。真の社会主義社会へのブレイクスルーの展望について問われて、氏は明言を避けた。空想をたくましくするなら、新しいプロレタリアートが六〇年前の弱体な先行者が担いきれなかった重荷を背負い社会主義社会の実現に向けて前進すると想像できるかもしれないが、「私自身はその類の憶測をたくましくすることを好まない、歴史は理論的にはっきりわりきれるような解決をすることはほとんどない」というにとどまった。

氏が存命なら一九九一年の出来事をどのような感慨をもって迎えたであろうか？　他のすべてのひとと同じく、氏もソ連崩壊を予知していなかった。計画経済制度の解体と資本主義的私有化は氏の驚愕を招いたことであろう。しかし「崩壊」に対するパニック的反応とは無縁であったであろうことは、冷戦的思考から超然としていた学問的態度から、また晩年の氏に最も近かったバーバー(ケンブリッジ大学)、デイヴィス(バーミンガム大学)両氏の冷静な反応からも推定できる。九〇年代ロシアの変動を、ロシア革命史の文脈のなかで、またフランス革命史と対比しつつ、巨視的に思索したことであろう。氏はまた、社会主義を含む理念的なものに対するシニシズムの流行にも同調しなかったであろう。七〇年代末にしるした未刊のメモワール（バーミンガム大学E・H・カー・コレクション所蔵）で「多分世界は、なにものにもいかなる意味を見ようとしない冷嘲主義者(cynics)と、立証できない壮大な仮定に基づいてものごとを意味づけるユートピア主義者とに二分される。私は後者をとる」と書いた。「立証できない壮大な仮定」とは氏にとって社会主義であった。「私はそれを〝社会主義〟と呼ぶべきであろうし、その限りにおいて私はマルクス主義者であると思う。しかしマルクスは、二、三のユートピア的章句を除いて社会主義の内容を定義しなかった。私もできない」(R. W. Davies, *Carr's Changing Views of the Soviet Union*, Paper for Conference on E. H. Carr, July 12-14, 1997. よりデイヴィス氏の同意を得て引用した)。価値体系としての社会主義を思想的信条とする旨を明言した晩年の丸山真男氏を想起させる。

二〇〇〇年一月

（東京大学名誉教授）

本書は一九七九年三月、岩波書店より刊行された。

岩波現代文庫［学術］

G204
民衆の大英帝国
―近世イギリス社会とアメリカ移民―
川北 稔

一七・一八世紀イギリス社会の貧民層にとって、帝国の形成は何を意味したか。人の行き来の側面から大英帝国をヴィヴィッドに描きだす社会史。

G205
自我の起原
―愛とエゴイズムの動物社会学―
真木悠介

生命史における「個体」発生とその主体化の画期的意義とは何か。遺伝子理論・動物行動学等の成果から「自我」成立の前提を解明する。〈解説〉大澤真幸

G206
近代日中関係史断章
小島晋治

アヘン戦争以後の日本と中国の歴史がどのようにからみあい、両国国民はお互いをどう認識したかをさぐる比較近代思想史の試み。

2008. 11

岩波現代文庫［学術］

G197
源氏物語
大野晋

五四巻の物語が巻数順に執筆されていないことは、何を意味するか。ほのかな言葉遣いから主題の展開をどうつかむか。画期的源氏論。〈解説〉丸谷才一

G198
国際政治史の理論
高橋進

権威主義体制、開発独裁、国家の生成と機能、古典的権力政治、帝国主義という五つのテーマについて、長年の研究を集成する。

G199-200
明治精神史（上）（下）
色川大吉

大学紛争が全国的に展開し、近代の価値が厳しく問われた時代に刊行され、大きな共感をよんだ、戦後歴史学・思想史の名著。
〈解説〉花森重行

G202
定本 日本近代文学の起源
柄谷行人

明治二十年代文学における「近代」「文学」「作家」「自己」という装置それ自体を再吟味する。古典的名著を全面改稿した決定版。

G203
新版 地球進化論
松井孝典

いかなる偶然によって、地球は生命を育む天体となりえたのか。地球の起源、海の誕生、大気の進化など、近年の研究成果を踏まえ考察する。

2008. 11

岩波現代文庫[学術]

G192

歴史のなかのからだ

樺山紘一

人間の「からだ」はどのように考えられてきたのか。古今東西の豊富な例をもとに「からだ」イメージの変遷を縦横無尽に解き明かす。

G193

昭和天皇・マッカーサー会見

豊下楢彦

戦後史の謎として長らく未解明だった全一一回の極秘会談。二人は何を話したかが「松井文書」の解読によって初めて明らかにされた。

G194

中国の民族問題
—危機の本質—

加々美光行

中国近現代史と国際政治の動向の中にチベット、ウイグル、モンゴルを位置づけ、民族自決運動の実態、共産党の民族政策等について考察。

G195

ケインズ『一般理論』を読む

宇沢弘文

『雇用、利子および貨幣の一般理論』は二〇世紀経済学で最大の影響力を持ち、その難解さでも知られる。その全体像を平明に解読する。

G196

「かたち」の哲学

加藤尚武

同じ「かたち」をしているものは、同じ存在？　双子姉妹との恋愛物語を通して、哲学の古くて新しい問題群をわかりやすくかたる。

2008.11

岩波現代文庫[学術]

G187
地中海世界を彩った人たち
――古典にみる人物像――
柳沼重剛

古代の地中海世界ではどんな人々が活躍していたのか。英雄豪傑、美女、賢者など古典文学に登場する多彩な人物の織りなす一大絵巻。

G188
昭和の政党
粟屋憲太郎

政友会、民政党の二大政党が牽引する戦前政党政治はなぜ凋落し、戦争に抗し得なかったか。多彩な主題の解明で昭和史を描く一冊。

G189
フランス革命
柴田三千雄

「フランス革命」とは何だったのか。貴族・ブルジョワ・民衆の三者の勢力関係から、近代国民国家が再編成される過程を読み解く。

G190
空間〈機能から様相へ〉
原広司

機能的な均質空間の支配に抗して、著者は21世紀の建築は「様相」に向かうというテーゼを発信する。著名な建築家による哲学的著作。

G191
パリの聖月曜日
――一九世紀都市騒乱の舞台裏――
喜安朗

一九世紀パリの民衆騒乱の背景には何があったのか。日常生活の細部から浮かび上がる都市民衆の「文化」を活写した社会史の傑作。

2008.11

岩波現代文庫[学術]

G182
哲学コレクションⅣ
非神秘主義
―禅とエックハルト―
上田閑照
ドイツ神秘主義の主峰エックハルトと禅に通底する根源的経験に、神秘主義的合一から脱却した非神秘主義の自由な平常心を見る。

G183
哲学コレクションⅤ
道程
―思索の風景―
上田閑照
東洋と西洋、哲学と宗教、その二重の「と」を場所として歩んだ半世紀余の思索と人生。その独自の成果と風景の輝く描写との集成。

G184
カントの自我論
中島義道
「私」とは何か――「自我」という壮大な迷宮の構造を一つひとつ明らかにしたカント『純粋理性批判』を、たったひとりで読むための手引き。

G185
猫の大虐殺
R・ダーントン
海保・鷲見訳
パリの労働者街の猫大量虐殺事件は何を物語るのか。史料の奥底に隠された人々の心性に鮮やかな推理で迫る、社会史研究の傑作。

G186
近代天皇像の形成
安丸良夫
明治維新前後の約一世紀に、天皇制をめぐる観念の大部分が創出された。その過程を思想史の手法で解明する渾身の一冊。

2008.11

岩波現代文庫［学術］

G177
光と物質のふしぎな理論
―私の量子電磁力学―
R.P.ファインマン
釜江・大貫訳

「あなたは何を研究しているの？」友達の奥さんが尋ねてきた。はてさて、どうする、ファインマンさん。面目躍如の語りが冴える。

G178
アドルノ
マーティン・ジェイ
木田元、村岡晋一訳

フランクフルト学派の泰斗アドルノ。その人物像と経歴、哲学思想、社会思想、文化論・芸術論を解明する。恰好の「アドルノ入門」。

G179
哲学コレクションⅠ
宗教
上田閑照

私とは何か。人間の生涯をいかに捉えるか。人間の生死と宗教はどう関わり続けているか。著者の思想の深みを鮮やかに示す著作集成。（全五冊）

G180
哲学コレクションⅡ
経験と場所
上田閑照

西田哲学の基本思想、純粋経験／自覚／場所という連関を考察し、人間存在の基本態である経験から場所へと転回する論理を究明する。

G181
哲学コレクションⅢ
言葉
上田閑照

虚空に於いてある世界に存在する人間の真実を虚と実の間で顕し、また隠す言葉。言葉とは何か。言葉を言うことの意義を考究する。

2008.11

岩波現代文庫の発足に際して

新しい世紀が目前に迫っている。しかし二〇世紀は、戦争、貧困、差別と抑圧、民族間の憎悪等に対して本質的な解決策を見いだすことができなかったばかりか、文明の名による自然破壊は人類の存続を脅かすまでに拡大した。一方、第二次大戦後より半世紀余の間、ひたすら追い求めてきた物質的豊かさが必ずしも真の幸福に直結せず、むしろ社会のありかたを歪め、人間精神の荒廃をもたらすという逆説を、われわれは人類史上はじめて痛切に体験した。

それゆえ先人たちが第二次世界大戦後の諸問題といかに取り組み、思考し、解決を模索したかの軌跡を読みとくことは、今日の緊急の課題であるにとどまらず、将来にわたって必須の知的営為となるはずである。幸いわれわれの前には、この時代の様ざまな葛藤から生まれた、人文、社会、自然諸科学をはじめ、文学作品、ヒューマン・ドキュメントにいたる広範な分野のすぐれた成果の蓄積が存在する。

岩波現代文庫は、これらの学問的、文芸的な達成を、日本人の思索に切実な影響を与えた諸外国の著作とともに、厳選して収録し、次代に手渡していこうという目的をもって発刊される。いまや、次々に生起する大小の悲喜劇に対してわれわれは傍観者であることは許されない。一人ひとりが生活と思想を再構築すべき時である。

岩波現代文庫は、戦後日本人の知的自叙伝ともいうべき書物群であり、現状に甘んずることなく困難な事態に正対して、持続的に思考し、未来を拓こうとする同時代人の糧となるであろう。

（二〇〇〇年一月）

ロシア革命　E. H. カー

2000年2月16日　第1刷発行
2008年12月5日　第5刷発行

訳　者　塩川伸明《しおかわのぶあき》

発行者　山口昭男

発行所　株式会社 岩波書店
〒101-8002 東京都千代田区一ツ橋 2-5-5

案内 03-5210-4000　販売部 03-5210-4111
現代文庫編集部 03-5210-4136
http://www.iwanami.co.jp/

印刷・精興社　製本・中永製本

ISBN 4-00-600011-1　Printed in Japan

索　引

この索引は，原書巻末の索引をやや簡略化し，多少の変更を施して作成したものである．概説書としての性格から，見出し語に原語・原綴を添えることはせず，また中国の固有名詞は日本式読み方に従って配列した．——訳者

ア 行

サ 行

タ 行

ナ 行

ハ 行

マ 行

ヤ 行

ラ 行

ワ 行